ADAC Reiseführer

Berlin

Potsdam mit Sanssouci

Museen · Architektur · Märkte · Plätze · Parks
Aussichtspunkte · Nachtleben · Hotels · Restaurants

von Ulrike Krause und Enno Wiese

Intro

Unterwegs

Leserforum

Die Meinung unserer Leserinnen und Leser ist wichtig, daher freuen wir uns von Ihnen zu hören. Wenn Ihnen dieser Reiseführer gefällt, wenn Sie Hinweise zu den Inhalten haben – Ergänzungs- und Verbesserungsvorschläge, Tipps und Korrekturen – dann kontaktieren Sie uns bitte:

Redaktion ADAC Reiseführer
ADAC Verlag GmbH
Hansastraße 19, 80686 München
Tel. 089/76 76 41 59
reisefuehrer@adac.de
www.adac.de/reisefuehrer

Service

Berlin Impressionen

Die junge Wilde – glorreiche Renaissance einer fabelhaften Hauptstadt

»Es gibt einen Grund, warum man Berlin anderen Städten vorziehen kann: weil es sich ständig verändert.«

Bertolt Brecht

Berlin ist eine Stadt mit dem gewissen Etwas, eine Stadt der **Kontraste**: Man findet hier elegante Boulevards und alternative Szeneviertel, königliche Palais und bröckelnde Mietshaus-Fassaden, heißes Nachtleben in der City und Idylle pur am Wannsee, vornehme Villen in Grunewald und Straßenstrich an der Oranienburger Straße, dörfliches Leben in Lübars und Wohnen in Trabantensiedlungen wie dem Märkischen Viertel. Berlin ist eine Stadt mit Tempo, Temperament und Turbulenzen. Und der Berliner ist wie seine Stadt. Die *Berliner Schnauze* ist sprichwörtlich, und Zwischentöne kennt diese Stadt ohnehin kaum. »Uns kann keener«, sagt der Einheimische. Wie auch, in dieser bärenstarken Stadt? Ach ja, der Bär ist den Berlinern Wappen und Wahrzeichen zugleich. Aber der Bär steht noch für viel mehr. In Berlin ist er los, hier steppt er. Berlin war immer schon ein bisschen unmöglich!

»Berlin ist mehr ein Weltteil als eine Stadt«, so sprach der Dichter Jean Paul. Er muss es wissen, lebte er doch 1800/01 in Berlin. Schon damals war Berlin anders als andere deutsche Städte. Eine **Metropole** von europäischem Rang. Eine Stadt, der Schiller »Ungezwungenheit im bürgerlichen Leben« attestierte, ein Fleckchen aber, das schon vor über 200 Jahren Durchsetzungskraft verlangte. Man brauche Haare auf den Zähnen und müsse mitunter etwas grob sein, um sich in Berlin über Wasser halten zu können – das waren die Erfahrungen des sonst so gar nicht zimperlichen Goethe. In Berlin kann jeder nach seiner Façon glücklich werden – das wusste schon der Alte Fritz. Und die berühmte *›Berliner Luft, Luft, Luft‹* ist ohnehin dufte!

An 40 Jahre Teilung erinnern heute nur noch ein paar Mauerstücke und zwei Grenzwachtürme, die kahlen Flächen des Todesstreifens sind weitgehend verschwunden. An vielen Stellen drehen sich nach wie vor Baukräne, die aufregende Skyline prägt viel brandneue Architektur. Berlin, bis 1989 Insel im Ostblock, dann Schnittstelle zwischen Ost und West, hat

Oben: *Blick in den Olymp – die Rotunde des Alten Museums mit Statuen antiker Götter*
Rechts: *Kulturforum und Potsdamer Platz: Philharmonie und Sony Center in Zeltoptik*
Rechts oben: *Berlin ist 'ne Wolke – koreanische Tanzgruppe beim Karneval der Kulturen*

heute ein neues, imposantes Hauptstadt-Gesicht. Seit dem Umzug der Bundesregierung ist Berlin auch Verwaltungs- und Wirtschaftszentrum. Ob Pariser Platz oder Friedrichstraße, Potsdamer Platz oder innerer Spreebogen, die neuen Regierungsbauten und Geschäftshäuser, die Shopping-Passagen und Designer-Hotels haben die Stadt verändert und ihr ein neues, faszinierendes Erscheinungsbild gegeben, das mit großen Gesten und vitalem Formenmix begeistert.

Die Linden und der Alex

Der beste Ausgangspunkt, um Berlin kennen und verstehen zu lernen, ist das geografische und historische Zentrum der Stadt, der Bezirk Mitte. Hier, auf dem großen Boulevard **Unter den Linden**, blickt das Reiterstandbild *Friedrichs des Großen* nach Osten zum *Lustgarten*, wo einmal des Alten Fritz offizielle Residenz stand, das **Berliner Stadtschloss**, Zentrum der Stadt und des preußischen Staates. Im Zweiten Weltkrieg wurde es

schwer beschädigt, doch im Gegensatz zu vielen anderen historischen Gebäuden, die wiederhergestellt wurden, riss man die Ruine Anfang der 1950er-Jahre ab. Der *Palast der Republik*, den die DDR-Machthaber auf einem Teil des Schlossareals errichten ließen, stand nach der Wiedervereinigung lange leer und wurde dann abgerissen. Nach kontroversen Diskussionen um den Wiederaufbau des Berliner Stadtschlosses plant man eine Teilrekonstruktion, kombiniert mit moderner Architektur. Dieses **Humboldt-Forum** soll u. a. das Ethnologische Museum und das Museum für asiatische Kunst aufnehmen, beide derzeit im Museumskomplex Dahlem beheimatet.

Östlich des Stadtschlosses lagen die beiden Urkerne der Stadt, die Siedlungen Cölln und Berlin. Vom alten Cölln blieb kaum etwas, doch Teile des alten Berlin wurden im **Nikolaiviertel** wieder aufgebaut. Westlich schließen sich der Lustgarten und die im frühen 19. Jh. von *Karl Friedrich Schinkel* konziperte **Museumsinsel** an. Schinkels Altes Museum mit der Antikensammlung direkt am Lustgarten war als Gegenstück zum Stadtschloss geplant: Kultur und Politik standen einander gegenüber. Schinkel, über 25 Jahre lang oberster preußischer Baubeamter, prägte das Gesicht des historischen Stadtzentrums wie kein anderer Architekt vor ihm: Er entwarf die **Neue Wache**, die **Schlossbrücke**, die Friedrichswerdersche Kirche, die Bauakademie und den Vorgängerbau des Berliner Doms.

Doch zurück zur Museumsinsel: Ihre weltberühmten Sammlungen sind heute Besuchermagneten par excellence. Das **Pergamonmuseum** präsentiert antike Architektur wie den reich geschmückten Pergamonaltar. Die **Alte Nationalgalerie** zeigt in opulentem Rahmen Kunst des 19. Jh., u. a. von Caspar David Friedrich, Adolph von Menzel, Paul Cézanne und Claude Monet. Das **Bode-Museum** an der Inselspitze birgt Schätze europäischer Kunsttradition, ferner Byzantinisches und die hochkarätige Münzsammlung. 2009 kehrten die Bestände des Ägyptischen Museums mit der einzigartigen Nofretete-Büste und die Papyrussammlung in ihr angestammtes Haus, das **Neue Museum**, zurück. Das **Alte Museum** am Lustgarten vereint seit 2011 wieder Griechisches, Etruskisches und Römisches.

Östlich der Museumsinsel setzen das **Rote Rathaus**, der **Fernsehturm** und vor allem der **Alexanderplatz** städtebauliche Akzente. Manchen ein Ärgernis ist dieser von kühlen sozialistischen Bauriegeln und Hochhäusern geprägte Platz, doch immer noch ein beliebter Treffpunkt. Edleres, gemütlicheres Ambiente bietet das einstige **Scheunenviertel**. Man bummelt durch die **Hackeschen Höfe** mit ihren Jugendstilfassaden, die von Gründerzeitbauten geprägte **Sophienstraße**, lernt die vielfältige **Galerienszene** kennen und besichtigt die vitale **Oranienburger Straße** mit der **Neuen Synagoge**, vielen trendigen Cafés und Restaurants.

Wer dem Boulevard Unter den Linden von der Schlossbrücke Richtung Westen folgt, passiert die Monumentalbauten der Hohenzollern und das als königliche Residenz geplante *Forum Fridericianum*, den heutigen **Bebelplatz**. Klassizistische Formen prägen die *Staatsoper Unter den Linden*, das **Alte Palais**, die *Alte Bibliothek, Humboldt-Universität* und *Staatsbibliothek*. Eine Augenweide ist der nahe **Gendarmenmarkt**, einer der schönsten Plät-

Links unten: *Echt lässig – ›Art Show‹ von Edward Kienholz in der Berlinischen Galerie*
Oben: *Oh, Salomé: Richard-Strauss-Klänge verzaubern das Staatsopernpublikum*
Rechts: *Traumstrand plus Eiland voller Kunst: Museumsinsel und Strandbar Mitte*

ze Berlins, mit seinen zwei Domen und dem Schinkelschen Schauspielhaus, das nun *Konzerthaus* heißt. Über die ebenso berühmte **Friedrichstraße**, Flaniermeile seit Kaisers Zeiten und heute Einkaufsparadies, geht es zurück zur Prachtstraße Unter den Linden und dann dem Wahrzeichen Berlins entgegen, dem von Viktoria und ihrem Wagen bekrönten **Brandenburger Tor**. Der **Pariser Platz** zu seinen Füßen, der schon früher als ›Salon‹ der Hauptstadt galt, wurde nach historischen Vorbildern neu bebaut. Das rekonstruierte **Hotel Adlon** verwöhnt heutzutage wieder Gäste aus aller Welt wie zu seinen Ruhmeszeiten Anfang des 20. Jh. Durch schnittiges Architekturdesign mit viel Glas und Treppengewirr macht die benachbarte **Akademie der Künste**, ein moderner Bau mit historischem Kern, von sich reden. Zum Weltstadtambiente des Pariser Platzes gehören ferner edle Bankhäuser, Botschaften und Café-Terrassen. Nicht weit von hier liegt eine der berühmtesten Gedenkstätten Berlins, das **Holocaust-Mahnmal**, ein riesiges Stelenfeld, das zur Erinnerung an die ermordeten Juden Europas hier errichtet wurde.

Tiergarten und Ku'damm

Hinter dem Brandenburger Tor erstreckt sich der **Tiergarten**, der größte innerstädtische Park Berlins. Nahebei erhebt sich der **Reichstag**, seit 1999 Sitz des Deutschen Bundestags. Mit seiner begehbaren Glaskuppel ist er eine der beliebtesten Sehenswürdigkeiten der Stadt. Am benachbarten *Spreebogen* setzen das **Kanzleramt** und Parlamentsbauten wie das **Paul-Löbe-Haus** Architekturakzente, und jenseits der Spree zieht der gewaltige Glaspalast des **Berliner Hauptbahnhofs** alle Blicke auf sich. Ein weiteres Highlight für Architekturfans ist das **Botschaftsviertel** am Tiergarten, das mit seinen zahlreichen originellen Beispielen aus al-

Oben: *Man fährt vierspännig auf dem Brandenburger Tor, im Hintergrund der Reichstag*
Unten rechts: *Berliner können gut auch einmal loslassen – Szene am Großen Wannsee*

ler Welt Anschauungsunterricht im modernen Bauen gibt.

Auf der Liste vieler Berlinbesucher steht der **Potsdamer Platz** an erster Stelle. Während seiner Jahrzehnte als ödes Brachland war sein Ruf als Amüsierviertel für gekrönte Häupter und Leinwandgrößen nicht vergessen, nach der Wiedervereinigung wurde er neu bebaut. Heute flaniert man durch Einkaufspassagen, sitzt in Cafés, geht ins Theater oder Kino und bei der Berlinale posieren die Filmstars der Gegenwart auf dem Marlene-Dietrich-Platz vor dem Filmpalast fast wie in den alten Zeiten. Stars waren es auch, die den neuen Potsdamer Platz konzipierten: Namhafte Architekten schufen die kontrastreiche Skyline, darunter das Sony Center mit seinem gläsernen Zeltdach, die riesige DaimlerChrysler-City und das kühne DB-Hochhaus. Etwas im Schatten des Potsdamer Platzes liegt das **Kulturforum**. Seine bahnbrechende Architektur der 1960/70er-Jahre birgt Prominentes wie die **Berliner Philharmonie** und die *Neue Nationalgalerie* mit Kunst des 20. Jh. Einen weiteren Akzent setzt der ab Ende der 1980-Jahre entstandene Bau der **Gemäldegalerie** mit Hauptwerken u. a. von Rembrandt, Rubens, Raffael und Tizian.

Ein Besuch des Zentrums von Westberlin beginnt am besten an der **Kaiser-Wilhelm-Gedächtniskirche**. Dieses symbolische Ensemble aus Kriegsruine und Architektur der 1960er-Jahre steht dort, wo die *Tauentzienstraße*, eine der großen Einkaufsstraßen Berlins mit dem berühmten Kaufhaus *KaDeWe*, auf den **Kurfürstendamm** trifft. Der Ku'damm ist eine der beliebtesten Flaniermeilen der Stadt. Neben legendären Cafés wie dem *Kranzler* säumen den Boulevard Einkaufstempel aller Art, Restaurants, Luxushotels, Nachtklubs und Kinos. Mit dem **Käthe-Kollwitz-Museum** und dem *Museum für Fotografie – Helmut Newton Stiftung* wird auch der Kunst Genüge getan. Familien zieht es unweigerlich in den nahen **Zoologischen Garten** mit Aquarium, den artenreichsten Tierpark der Welt.

Schlösser, Seen und Museen

Weiter westlich erhebt sich **Schloss Charlottenburg**, das einzige erhaltene Stadt-

schloss der Hohenzollern. Der schöne **Park** präsentiert sich als gelungene Synthese aus Architektur und Landschaftsgestaltung. Im Schloss und in seiner Umgebung sind einige sehenswerte Sammlungen ansässig. Berühmt ist das (bis Sommer 2012 geschlossene) **Museum Berggruen** mit allein 100 Arbeiten Pablo Picassos. Surrealisten zeigt gleich gegenüber das *Museum Scharf-Gerstenberg*.

Berlin hat auch außerhalb der City viele Attraktionen zu bieten. Ein Ausflug an die *Havel* und auf die **Pfaueninsel** zeigt dem Reisenden die *Mark Brandenburg* – eine Landschaft mit Flüssen, Seen und Sandboden. Im Südosten lohnt der ausgedehnte **Stadtwald** zwischen *Müggelsee* und *Müggelbergen* einen Besuch. Ein Bootsausflug nach **Potsdam**, die Besichtigung von **Schloss Sanssouci** und dem (mittelfristig geschlossenen) *Schloss Babelsberg* bieten weitere Einblicke ins preußische Arkadien. 1990 wurden die Schlösser und Parks in Berlin und Potsdam zum *UNESCO Weltkulturerbe* erklärt.

Hier steppt der Bär auch nachts!

Zu den lebendigsten Vierteln Berlins gehören heute Kreuzberg, Mitte, Prenzlauer Berg und Friedrichshain. **Kreuzberg**, Heimat der alternativen Szene, ist durch die Wiedervereinigung erneut ins Zentrum der Stadt gerückt. **Mitte** lockt mit Galerien und Klubs, Trend-Boutiquen und viel Fußvolk. **Prenzlauer Berg**, zu DDR-Zeiten Treffpunkt und Zufluchtsort von Künstlern und Dissidenten, präsentiert inzwischen ein buntes Gemisch aus Kneipen, Restaurants und Kult-Läden. Nicht weniger cool geht es im Szeneviertel **Friedrichshain** zu. Übrigens – das aufregende Berliner *Nachtleben* hält immer noch, was sein legendärer Ruf verspricht, jede Nacht der Woche bieten die zahllosen Klubs Party bis zum Morgengrauen.

Der Reiseführer

Dieser Band schildert die Sehenswürdigkeiten Berlins in 16 Kapiteln. **Stadtpläne** erleichtern die Orientierung. Besondere Empfehlungen zu Hotels, Restaurants etc. bieten die **Top Tipps**. An Kurzbesucher wendet sich die Rubrik **1 Tag/1 Wochenende**. **Berlin A bis Z** enthält praktische Hinweise zu Einkaufen, Essen und Trinken Nachtleben, Stadtbesichtigungen usw. Das **Kaleidoskop** mit Kurzessays rundet den Reiseführer ab.

Geschichte, Kunst, Kultur im Überblick

Vom märkischen Dorf zur deutschen Metropole

um 8000 v. Chr. Erste Besiedlung in der Altsteinzeit.

um 700 n. Chr. Frühgermanische Besiedlung.

6./7. Jh. n. Chr. Besiedlung durch westslawische Stämme.

1134–70 Albrecht der Bär, erster Markgraf von Brandenburg aus dem Haus der Askanier.

1197 Erste urkundliche Erwähnung von Spandau.

1237 Der Ort Cölln wird zum ersten Mal urkundlich erwähnt, 1251 folgt Wedding, 1264 Schöneberg.

1244 Erste urkundliche Erwähnung Berlins als Stadt.

1307 Vereinigung von Cölln und Berlin.

1308–19 Markgraf Waldemar der Große.

1320 Ende der Askanier-Herrschaft.

1338 Erste Verwendung des Berliner Bären als Signet für eine Ratsurkunde.

1369 Berlin erwirbt das Münzrecht.

1376/1380 Bei zwei großen Bränden werden weite Teile der Stadt zerstört.

1415 Das Haus Hohenzollern wird mit dem Kurfürstentum Brandenburg belehnt: Neuer Landesherr ist Friedrich IV. von Hohenzollern, nun Kurfürst Friedrich I. von Brandenburg.

1443 Kurfürst Friedrich II., ›Eisenzahn‹ genannt, legt den Grundstein für das Hohenzollernschloss in Cölln.

1470 Das Cöllner Hohenzollernschloss wird kurfürstliche Residenz.

1539 Die Reformation setzt sich durch.

1576–1611 Pestjahre: Die Cöllner Stadtschreiber registrieren 4000 Pesttote für das Jahr 1576; 1598 sind es 3000 und 13 Jahre später 2000. Um 1600 erreicht die Stadt eine Einwohnerzahl von 10 000 bis 12 000.

1618–48 Dreißigjähriger Krieg, Berlins Vorstädte werden niedergebrannt. 1648 leben 6000 Menschen in der Stadt.

1640–88 Der ›Große Kurfürst‹ Friedrich Wilhelm gibt Impulse für den Aufstieg Brandenburg Preußens.

Seine Bauten prägten Berlin: Karl Friedrich Schinkel

1647 In Berlin entsteht eine Allee vom Stadtschloss zum Tiergarten, die später als ›Unter den Linden‹ Berühmtheit erlangt.

1658 Berlin wird zur Festung ausgebaut.

1662–69 Mit dem Bau des Friedrich-Wilhelm-Kanals zwischen Spree und Oder entsteht eine direkte Wasserstraßenverbindung von Breslau nach Hamburg.

1685 Das Edikt von Potsdam regelt die Ansiedlung aus Frankreich vertriebener Hugenotten.

1688–1713 Kurfürst Friedrich III. Er krönt sich 1701 in Königsberg eigenhändig zum König in Preußen und nennt sich Friedrich I. Die Friedrichstadt wird angelegt.

1700 Gründung der Preußischen Akademie der Wissenschaften.

1709 Berlin, Cölln, Friedrichswerder, Dorotheenstadt und Friedrichstadt werden zur Königstadt Berlin vereinigt.

1710 60 000 Einwohner hat Berlin nun, darunter 6000 Franzosen, 5000 Schweizer und 500 Pfälzer.

1713–40 Regierungszeit König Friedrich Wilhelms I., genannt ›Soldatenkönig‹.

1717 Einführung der allgemeinen Schulpflicht.

1740–86 Friedrich II., ›der Große‹, macht Preußen zu einer europäischen Großmacht und zu einem Zentrum der Aufklärung, wo Wissenschaft und Kultur in Blüte stehen.

1756–63 Siebenjähriger Krieg: Österreichische und russische Truppen besetzen Berlin.

1786–97 Regierungszeit Friedrich Wilhelms II.

um 1790 Berlin wird eines der geistigen Zentren der deutschen Romantik.

1797–1840 Regierungszeit Friedrich Wilhelms III.

um 1800 Berlin ist – nach London und Paris – die drittgrößte Stadt Europas.

1806–08 Die Truppen Napoleons besetzen Berlin.

1813 6000 Berliner ziehen als Freiwillige in die Befreiungskriege.

1816 Der Baumeister Karl Friedrich Schinkel, Christian Daniel Rauch als Bildhauer und der Gartenarchitekt Peter Joseph Lenné gestalten nach den Befreiungskriegen das neue Berlin. Das erste in Deutschland konstruierte Dampfschiff fährt auf der Spree. Beginn der industriellen Revolution.

1826 Zum ersten Mal wird der Boulevard Unter den Linden durch Gaslaternen beleuchtet.

Friedrich Wilhelm I. – Friedrich der Große – Otto von Bismarck (von links nach rechts)

1838/39 Eröffnung der Eisenbahnstrecke Berlin–Potsdam und der ersten Berliner Pferdeomnibuslinie.
1840–61 Regierungszeit Friedrich Wilhelms IV., genannt ›der Romantiker auf den Thron‹. Berlin entwikkelt sich wird zu einer bedeutenden Industriestadt.
1847 Der erste Vereinigte Landtag von Preußen tagt in Berlin.
1848 18. März: Ausbruch der Märzrevolution. 22. Mai: Eröffnung der Preußischen Nationalversammlung (die am 5. Dezember aufgelöst wird). 23. August: 1. deutscher Arbeiterkongress.
1861–88 Regierungszeit Wilhelms I. als König von Preußen.
1862 Otto von Bismarck wird preußischer Ministerpräsident.
1867 Berlin ist die Hauptstadt des Norddeutschen Bundes.
1870/71 Deutsch-Französischer Krieg.
1871 Preußens König Wilhelm I. wird in Versailles zum Deutschen Kaiser proklamiert. Bismarck erhält das Amt des Reichskanzlers (bis 1890). Berlin wird (mit inzwischen 823 000 Einwohnern) Hauptstadt des neuen Deutschen Reiches.
1872 Dreikaisertreffen in Berlin (Franz Joseph I. von Österreich, Alexander II. von Russland und Wilhelm I.).
1879 Werner von Siemens führt auf der Gewerbeausstellung in Moabit die erste elektrisch betriebene Eisenbahn der Welt vor.
1881 Erster Telefonbetrieb (mit 45 Teilnehmern). In Lichterfelde fährt die erste Straßenbahn mit Elektromotor – weltweit.
1888 Wilhelm I. stirbt, sein Sohn, Kaiser Friedrich III., nach nur 99 Tagen Regierungszeit ebenfalls. Es folgt Kaiser Wilhelm II. (bis 1918).
1890 Wilhelm II. entlässt Reichskanzler Bismarck.
1894 Der Reichstag wird eingeweiht.
1900 Berlin hat nun bereits 1,9 Mio. Einwohner.
1902 Erste Hoch- und Untergrundbahn (von der Warschauer Brücke zum Zoo).
1905 Die ersten städtischen Autobusse verkehren. Max Reinhardt übernimmt das Deutsche Theater.
1912 Die Büste der Nofretete wird im Ägyptischen Museum ausgestellt.
1914–18 Erster Weltkrieg.
1918 Revolution: Nachdem am 9. November der Sozialdemokrat Philipp Scheidemann von einem Fenster des Reichstags die Republik ausgerufen hat, kündigt der Marxist Karl Liebknecht im Lustgarten die Räterepublik an. Am 10. November dankt Kaiser Wilhelm II. ab.

Barrikaden für das Bürgerrecht: Märzrevolution 1848

1919 Spartakus-Aufstand. 15. Januar: Ermordung von Karl Liebknecht und Rosa Luxemburg, den beiden bedeutenden Führern der Kommunistischen Partei. 11. Februar: Wahl Friedrich Eberts (SPD) zum ersten Reichspräsidenten der neuen Weimarer Republik.
1920 Kapp-Putsch: Rechte Freikorpssoldaten besetzen das Regierungsviertel.
ab 1923 Berlin wird zunehmend zum politischen, kulturellen, wirtschaftlichen und gesellschaftlichen Zentrum Mitteleuropas.
1924 Erste Funkausstellung.
1929 Weltwirtschaftskrise: 600 000 Arbeitslose leben in Berlin.
1933 30. Januar: Machtergreifung Adolf Hitlers. Ende Februar: Reichstagsbrand. 1. April: Erster Boykott jüdischer Geschäfte. 10. Mai: Bücherverbrennung auf dem heutigen Bebelplatz.
1936 XI. Olympische Spiele in Berlin.
1938 9./10. November: In der ›Reichskristallnacht‹ zerstören Nationalsozialisten die Berliner Synagogen.
1939 Beginn des Zweiten Weltkriegs; Berlin hat 4,3 Mio. Einwohner.
1940 Erster Luftangriff auf Berlin am 25. August.
1941 Erste Deportationen jüdischer Bürger aus Berlin.
1942 20. Januar: Wannseekonferenz: die massenhafte Ermordung von Juden in Europa wird von NS-Dienststellen organisatorisch koordiniert.
1943 NS-Propagandaminister Joseph Goebbels kündigt im Sportpalast den ›totalen Krieg‹ an. 1. März: erster großer Luftangriff auf Berlin.
1945 30. April: Selbstmord Hitlers. 2. Mai: Einmarsch der Roten Armee. 8. Mai: Kapitulation der deutschen Wehrmacht in Karlshorst. Berlin hat bei Kriegsende 2,8 Mio. Einwohner. 32 % des Wohnungsbestandes sind zerstört, der Trümmerschutt macht (geschätzt) 80 Mio. Kubikmeter aus. Im Juni wird die in vier Sektoren geteilte Stadt Sitz des Alliierten Kontrollrates.
1946 13. August: Die Alliierten erlassen die Vorläufige Verfassung von Groß-Berlin und setzen Wahlen an; Berlin wird Stadtstaat.
1947 Der Preußische Staat wird per Kontrollratsgesetz von den Alliierten aufgelöst.
1948 Währungsreform in den drei Westsektoren von Berlin. 24. Juni: Beginn der sowjetischen Blockade Westberlins und der Luftbrücke der Alliierten.
1949 12. Mai: Ende der Blockade. 7. Oktober: Gründung der DDR mit Ost-Berlin als Hauptstadt.
1950 1. Oktober: Die demokratische (West-)Berliner Verfassung tritt in Kraft.
1951 Eröffnung der ersten Internationalen Filmfestspiele Berlins (›Berlinale‹).
1953 17. Juni: Volksaufstand in Ost-Berlin und der DDR.
1957 Willy Brandt wird Regierender Bürgermeister von West-Berlin.
1958 Das Berlin-Ultimatum: Kremlchef Chruschtschow: fordert den Abzug der Westalliierten aus Berlin.
1961 13. August: Beginn des Mauerbaus. Die Mauer ist 155 km lang, 43,1 km ziehen sich quer durch Berlin. 16. August: Über eine halbe Million Menschen demonstrieren vor dem Schöneberger Rathaus gegen die Teilung Berlins. Rund 60 000 Ost-Berliner sind von ihren Arbeitsplätzen im Westen der Stadt abgeschnitten.
1963 Besuch von US-Präsident John F. Kennedy in Berlin. 17. Dezember: Erstes Passierscheinabkommen. Nach zwei Jahren können West-Berliner erstmals wieder Verwandte in Ost-Berlin besuchen.
1967/68 Studentenunruhen. 11. April 1968: Attentat auf den Studentenführer Rudi Dutschke.
1971 Unterzeichnung des Viermächte-Abkommens: Anerkennung des Status quo Berlins. Das Transit-Abkommen zwischen DDR und der Bundesrepublik tritt in Kraft.
1987 750-Jahre Berlin: Ost wie West feiern.

Berlin, 1903: Man sieht (von links nach rechts) das Alte Museum, die Schlossbrücke, den Berliner Dom, das 1950/51 abgetragene Stadtschloss sowie das Nationaldenkmal für Kaiser Wilhelm I.

Die Welt hält den Atem an: Mauerfall, 9. November 1989

1989 7. November: Rücktritt der DDR-Regierung. – 9. November: Maueröffnung.
1990 3. Oktober: Auflösung der DDR durch Beitritt zur Bundesrepublik. – 2. Dezember: Ost- und West-Berliner wählen zum ersten Mal gemeinsam: CDU und SPD bilden eine Große Koalition.
1991 20. Juni. Der Deutsche Bundestag beschließt, dass Berlin wieder die deutsche Hauptstadt sein wird.
1993 Umzug der West-Berliner Abgeordneten aus dem Rathaus Schöneberg in den ehem. Preußischen Landtag.
1994 Der Bundespräsident verlegt seinen Amtssitz vom Rhein an die Spree. Juni–September: Abzug der alliierten Streitkräfte aus Berlin.
1995 Das Künstlerehepaar Christo und Jeanne-Claude verpackt den Reichstag.
1996 Volksabstimmung gegen eine Länderfusion von Berlin und Brandenburg.
1999 Umzug von Bundesregierung und Parlament von Bonn nach Berlin.
2001 1. Januar: Die Anzahl der Berliner Bezirke wird von 23 auf 12 reduziert. – 16. Juni: Klaus Wowereit (SPD) wird erstmals Regierender Bürgermeister von Berlin.
2005 10. Mai: Einweihung des Holocaust-Mahnmals. – 21. Mai: Einweihung der neuen Akademie der Künste. – 22. November: Angela Merkel (CDU) wird Bundeskanzlerin:
2006 28. Mai: Der neue Hauptbahnhof wird eröffnet. – Juli: Endspiel der Fußball-WM im Olympiastadion. – Die Loveparade, ein seit 1989 in Berlin veranstaltetes Techno-Spektakel, findet letztmals an der Spree statt.
2008 7. Juli: Die UNESCO erklärt sechs Wohnsiedlungen der Berliner Moderne zum Weltkulturerbe. – 31. Oktober: Der Flughafen Tempelhof wird geschlossen.
2009 Mit dem Themenjahr ›20 Jahre Mauerfall‹ erinnert die Stadt ans Ende der Teilung. – 1. Mai: Schwere Krawalle in Berlin-Kreuzberg, wie sie schon in den Jahren zuvor immer wieder vorkamen, rufen die sozialen Probleme des von vielen Migranten bewohnten Stadtteils ins Bewusstsein.
2011 18. September: Bürgermeister Wowereit setzt sich bei der Wahl zum Abgeordnetenhaus durch und bildet im November eine Große Koalition aus SPD und CDU.
2012 2. Juni: Geplante Einweihung des Flughafens Berlin Brandenburg International, BER (ehemals Schönefeld).

Moderner wohnen: Großsiedlung Britz (1925–30)

City-West mit Gedächtniskirche,
Breitscheidplatz und Kurfüstendamm

Unterwegs

Brandenburger Tor und Reichstag, Unter den Linden und Friedrichstraße – das alte Preußen lässt grüßen

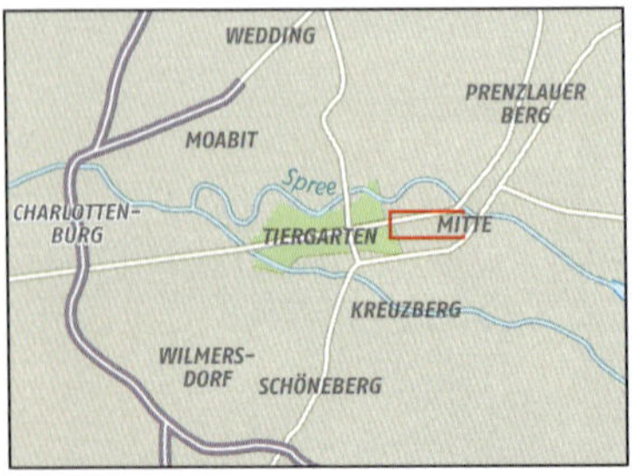

Der **Pariser Platz** und der Boulevard **Unter den Linden** waren seit dem 18. Jh. Empfangssalon und Promenade der Hauptstadt Berlin. Und das sind sie heute, nach Abschluss zahlreicher repräsentativer Bauprojekte, wieder. Der Spaziergang vom **Reichstag** über das **Brandenburger Tor** zur Prachtstraße Unter den Linden passiert Highlights der neuen Metropole wie das rekonstruierte Hotel Adlon oder die in zeitgenössischen Formen gestaltete Akademie der Künste. Durch das imposante Regierungsviertel geht es weiter ins Zentrum des preußischen Berlin. Hier ließ *Friedrich der Große* einst seine Residenzstadt bauen, die der Macht des aufstrebenden Preußen Ausdruck geben sollte. Heute prägen entlang der Prachtstraße Bauten wie Adelspalais und Opernhaus das Flair, Museen und Cafés tun ein übriges. Auch der klassizistisch gestaltete **Gendarmenmarkt**, ein weiterer Glanzpunkt preußischer Baugeschichte, verströmt Eleganz. Und die nahe **Friedrichstraße** lockt mit Luxuskaufhäusern und gediegenen Hotels.

1 Brandenburger Tor

Monument für Frieden und Sieg, Symbol der Wiedervereinigung – das Wahrzeichen der Stadt.

Pariser Platz
S1, S2, S25, U55 Brandenburger Tor, Bus 100, M41, TXL

Am westlichen Ende des Pariser Platzes, gleichsam als fulminanter Schlusspunkt des Boulevards Unter den Linden, ragt das Brandenburger Tor auf. Nach dem Zweiten Weltkrieg als das eindringlichste Symbol des geteilten Deutschland geltend, stand es ab 1961 im abgesperrten Niemandsland der Berliner Mauer. Seit seiner feierlichen Wiedereröffnung im Dezember 1989 sieht man es als Sinnbild für die deutsche **Wiedervereinigung**.

Gedacht hatte es sein Auftraggeber, König Friedrich Wilhelm II., als Siegestor nach antikem Vorbild. Es sollte dem Gedenken an das für Preußen so ruhmreiche Ende des Siebenjährigen Krieges im

Von der Terrasse der Akademie der Künste aus passt das Tor zur Optik der Moderne

Jahr 1763 dienen und zugleich den 1786 verstorbenen König Friedrich II. ehren.

1788 begannen die Arbeiten an dem Sandsteintor nach Pänen von *Carl Gotthard Langhans*. Die frühklassizistische Formensprache erinnert an die *Propyläen*, den prunkvollen Torbau der Athener Akropolis. Langhans nahm aber auch ein typisches Element römischer Triumph-Symbolik auf, die **Quadriga**, den von vier Pferden gezogenen Wagen der Siegesgöttin Viktoria. Die das Tor krönenende, 5 m hohe kupferne Skulpturengruppe schuf *Johann Gottfried Schadow*. Allerdings musste der bald nachbessern: Eigentlich war die Siegesgöttin wie ihr antikes Vorbild nackt gewesen. Ausgerichtet auf das Berliner Stadtschloss, hätte sie Reisenden, die sich von Westen der Stadt näherten, allerdings als erstes ihr bloßes Hinterteil gezeigt. Auf königlichen Befehl wurde daher ein Chiton (Unterkleid) für die Göttin angefertigt. So fehlte die Quadriga noch, als der Monarch den 26 m hohen, 65,5 m breiten und 11 m tiefen Bau mit seinen fünf Durchfahrten am 6. August 1791 einweihte – die zwecks Vermeidung jeden Anstoßes inzwischen bekleidete Viktoria bezog ihren Platz erst 1793.

Doch schon 13 Jahre später musste sie ihn wieder räumen: Am 27. Oktober 1806 zog **Napoleon** durch das Brandenburger Tor ein, um die Hauptstadt Preußens zu besetzen. Gemäß Siegerrecht ließ der Franzosenkaiser die Quadriga demontieren und nach Paris transportieren. Den Rückweg trat sie schon 1814 an, nach der napoleonischen Niederlage in den *Befreiungskriegen*. Anschließend stattete man die Viktoria zur Erinnerung an den Sieg über Frankreich mit einem Eisernem Kreuz aus, das seither Lorbeerkranz und preußischen Adler ergänzt.

Nach dem Zweiten Weltkrieg lag die Quadriga gänzlich in Trümmern. Im Westteil der Stadt existierten einzig die 5000 unnummerierten Teile eines Gipsabdruckes von 1942. So kam es zum einzigen **Aufbauprojekt**, bei dem Ost und West zusammenarbeiteten – es ermöglichte die 1957 abgeschlossene Rekonstruktion. SED-Chef Walter Ulbricht verfügte allerdings, dass Adler und Kreuz als Symbole Preußens nicht mehr zu verwenden seien. So hielt die Viktoria zu DDR-Zeiten einen Stab mit einem Eichenlaubkranz in der Hand, der erst 1991 durch die ursprüngliche Standarte ersetzt wurde.

2 Pariser Platz

Empfangssalon der Metropole.

S1, S2, S25, U55 Brandenburger Tor, Bus 100, M41, TXL

Der Pariser Platz ist mit den repräsentativen Botschaften der wichtigsten Partner Deutschlands und dem mondänen Hotel Adlon der Empfangssalon Berlins.

Er entstand 1734, als Berlin um die Friedrichstadt erweitert wurde. Der Platz diente damals als **Exerzierfeld** und **Vorplatz** zum zeitgleich errichteten ersten Brandenburger Tor. Das Areal galt fortan als vornehme Wohngegend am Rande der Stadt, hier residierten deutsche und ausländische Gesandte. Den Zweiten Weltkrieg überstand kaum eines der im klassizistischen Schinkelstil gestalteten Gebäude, nur ein Seitenflügel der Preußischen Akademie der Künste und das Hotel Adlon blieben zurück. Da unmittelbar am Platz die **Berliner Mauer** [s. S. 50/51] verlief, blieb er während der DDR-Zeit eine Brache. Erst nach der Wiedervereinigung begann der Neuaufbau, und seit der Eröffnung der Amerikanischen Botschaft im Jahr 2008 ist auch die letzte Baulücke geschlossen.

Blickfang des Pariser Platzes ist natürlich das Brandenburger Tor [Nr. 1]. Ihm zur Linken bezog die **Commerzbank** (Pariser Platz 1) eine repräsentative, am klassizistischen Vorgängerbau orientierte Repräsentanz. Es folgt die **Amerikanische Botschaft** (Pariser Platz 2), ein trutziger Bau, der sich über einen ganzen Block bis zur Behrenstraße erstreckt. Besonders von dieser Seite aus wirkt er wie eine abweisende Festung, ganz dem seit langem gesteigerten Sicherheitsbedürfnis der Vereinigten Staaten entsprechend.

Mit der **DZ Bank** (Pariser Platz 3) nebenan schuf Frank O. Gehry, der Meister der architektonischen Dekonstruktion, 2001 sein erstes Berliner Bauwerk. Während sich das Äußere der Bank in die historischen Vorbildern nachempfundene Fassadenreihe einfügt, durfte Gehry sich im Inneren austoben: Denn dort, im Atrium, wölbt und wabert ein amorpher Konferenzsaal aus Glas und Stahl unter dem eigentlichen Glasdach.

Nebenan empfängt die **Akademie der Künste** (Pariser Platz 4, Tel. 030/20 05 70, www.adk.de, bei Ausstellungen Di–So 11–20 Uhr) seit 2005 ihre Besucher. Die gläserne Fassade der Architekten Behnisch & Partner mit Werner Durth bricht ganz bewusst mit der historisierenden Gestaltung des Platzes – von Anfang an hatte sich die Akademie gegen diese ihrer Meinung nach rückwärtsgewandte Vorgabe des Berliner Senats gewandt. Im Inneren allerdings blieben die Überreste des Palais Arnim, den die Akademie 1907 bezogen und der im Krieg schwer beschädigt worden war, erhalten. Ausstellungsräume, eine Bibliothek, Skulpturengarten, Café und Buchladen bespielen die gelungene Mischung aus Alt und Neu. Die Lehrstätte blickt auf eine lange Geschichte zurück: 1696 gründete Kurfürst Friedrich III. die Stiftung der Akademie der Künste – nach Paris und Rom die dritte europäische Kunstakademie. Als *Preußische Akademie* erlangte sie Weltruhm, zur Weimarer Zeit zählte sie Persönlichkeiten wie Heinrich und Thomas Mann, Alfred Döblin und Käthe Kollwitz zu ihren Mitgliedern.

Was wäre der begehrteste Platz Berlins ohne das berühmteste Hotel der Stadt? TOP TIPP Im an die Akademie angrenzenden **Hotel Adlon** (Unter den Linden 77, s. S. 181) wohnt alles, was Rang und Namen hat, von Amerikas Präsident Barack Obama bis zur Queen Elisabeth, von den Rolling Stones bis zu Brad Pitt. Lorenz Adlon hatte sich in Berlin als Hotelier und Restaurantbesitzer bereits einen Namen gemacht, als er 1906 von Kaiser Wilhelm II. die Erlaubnis erhielt, das denkmalgeschützte *Redernsche Palais* abzureißen, um dort eines der luxuriösesten Hotels der Welt zu bauen. Und wirklich logierte bald die Hautevolee im Adlon, darunter die Rockefellers und indische Maharadschas. Das Gebäude blieb wie durch ein Wunder von den Bomben des Zweiten Weltkrieges verschont, brannte dann aber kurz nach Kriegsende ab. Als *Kempinski-Haus* wurde es – mit originalgetreuer Fassade und nostalgischer Innenausstattung – 1997 wiedereröffnet. Gleich um die Ecke, an der Wilhelmstraße 70/71 und teilweise in den Adlon-Baukörper integriert, prunkt die von Michael Wilford konzipierte **Britische Botschaft** (2000) mit ihrer schicken Lochfassade.

Eher unspektakulär gibt sich das Geschäftshaus jenseits des Boulevards Unter den Linden. Allerdings bietet es Raum genug für das kleine Museum **The Kennedys** (Pariser Platz 4 a, Tel. 030/20 65 35 70, www.thekennedys.de, tgl. 10–18 Uhr) mit Fotos, Dokumenten und Erinnerungsstücken zum so glanzvollen wie tragischen Geschick der legendären amerikanischen Politikerdynastie.

Spitzenreiter auf der Liste Berliner Sehenswürdigkeiten ist der Reichstag mit seiner Glaskuppel

Anschließend folgt die **Französische Botschaft** (Pariser Platz 5). Seit 2002 nimmt sie jene Stelle ein, an der bis zur Zerstörung im Krieg das *Palais Beauvryé* (1735–37) stand, das bereits seit 1835 die französische Vertretung beherbergt hatte. Das Nachbarhaus nutzt derzeit nach wie vor die **Dresdner Bank** (Pariser Platz 5a–6) als Hauptstadt-Vorzeigefiliale – wie lange noch, bleibt angesichts der Fusion mit der Commerzbank abzuwarten.

Auf das Palais am Pariser Platz (Nr. 6 a) folgt schließlich die von *Josef Paul Kleihues* entworfene Replik des 1735 erbauten **Max-Liebermann-Hauses** (Pariser Platz 7, Tel. 030/22 63 30 30, www.brandenburger tor.de) rechts des Brandenburger Tores. Hier finden *Wechselausstellungen* und die *Torgespräche* zu Kultur und Wissenschaft statt. Der Name des Hauses erinnert an den großen Maler *Max Liebermann*, der dort von 1894 bis zu seinem Tod 1935 lebte. Der Impressionist war 1920–32 Präsident der Akademie der Künste und musste am 30. Januar 1933 zusehen, wie Hitlers Anhänger die Machtergreifung auf dem Pariser Platz feierten. Im selben Jahr brandmarkten die Nazis den jüdischen Künstler als ›entartet‹ und verhängten ein Berufsverbot gegen ihn.

3 Reichstag

Eines der symbolträchtigsten Gebäude deutscher Geschichte und Sitz des Bundestages.

Platz der Republik 1
Tel. 030/22 70
www.bundestag.de
Führungen, Besuche von Plenarsitzungen etc. nach frühzeitiger schriftlicher Voranmeldung, s. Website
S1, S2, S25 Brandenburger Tor,
U55 Bundestag, Bus 100, M41

Mit der Kaiserproklamation vom 18. Januar 1871 wurde Preußens Hauptstadt Berlin zur Kaptitale auch des neuen Deutschen Reiches. Das **Parlament**, also der Reichstag, war provisorisch in der Leipziger Straße Nr. 4 untergebracht, brauchte aber ein größeres, repräsentatives Gebäude. So wurde nach Plänen von *Paul Wallot* 1884–94 nördlich des Brandenburger Tors ein 137 m langer und 97 m breiter Prachtbau im damals populären Stil der Neorenaissance errichtet.

Schon vor der Einweihung am 5. Dezember 1894 sorgte das Gebäude für heftige Diskussionen, Einsprüche verschiedener Entscheidungsträger zwangen Wallot immer wieder zu Planänderungen. Kaiser Wilhelm II. übrigens nannte den Reichstag, dieses große Symbol parlamentarischer Demokratie, despektierlich ›Reichsaffenhaus‹. Es passte dem Monarchen gar nicht, dass die Kuppel mit 75 m höher war als die des Berliner Stadtschlosses (67 m). Selbst die von Wallot konzipierte *Inschrift* ›Dem deutschen Volke‹ kam zunächst, vermutlich auf Betreiben des Kaisers, nicht zur Ausführung, erst 1916 wurde sie im Giebel über dem Hauptportal angebracht.

Von einem Fenster des Reichstags rief der Sozialdemokrat *Philipp Scheidemann* am 9. November 1918 die Deutsche Republik aus und bis 1933 tagte hier das Parlament der *Weimarer Republik*. In der Nacht vom 27. auf den 28. Februar 1933 kam es dann zum **Reichstagsbrand**. Nach dem Anschlag, vermeintlich von Kommunisten als Vorbereitung zu einem Staatsstreich verübt, setzte Adolf Hitler sein *Ermächtigungsgesetz* durch, das den Weg zur Alleinherrschaft der Nazis freimachte. Für die Sowjets war der Reichstag das Symbol Nazi-Deutschlands, und deshalb hissten sie am 30. April 1945 hier die Fahne der UdSSR, um die Niederlage des Hitler-Regimes zu demonstrieren.

In den Jahren 1961–73 wurde der durch Bomben beschädigte Reichstag wiederhergestellt: Ein Plenarsaal für Arbeitstagungen der Fraktionen und Ausschüsse des Deutschen Bundestages, 30 Sitzungssäle und 200 Büroräume entstanden. Außerdem war das Gebäude eine würdige Kulisse für viele Großereignisse wie etwa Konzerte, und hier fand auch die Feier zur deutschen **Wiedervereinigung** am 3. Oktober 1990 statt.

Kein Ereignis aber brachte den Reichstags so stark ins Bewusstsein der Menschen wie die höchst spektakuläre Aktion **›Verhüllter Reichstag‹** von Christo und Jeanne-Claude im Sommer 1995. Kaum waren die Stoffbahnen gefallen, verschwand das Gebäude hinter Baugerüsten: Nach Plänen des britischen Architekten *Sir Norman Foster* wurde das Gebäude 1996–99 zum Sitz des **Deutschen Bundestages** ausgebaut und erhielt eine neue, begehbare **Glaskuppel**. Zwei spiralförmige Rampen führen durch sie hindurch hinauf zur *Aussichtsplattform* in 40 m Höhe und wieder hinunter. Auf dem Weg kann man auch in den **Plenarsaal** des Bundestages blicken (Besichtigung nur nach schriftlicher Anmeldung mindestens 2 Werktage zuvor möglich, Fax 030/23736436 oder per Anmeldeformular unter www.bundestag.de). Von der **Dachterrasse** rund um die Kuppel bieten sich ebenfalls unvergessliche Panoramen. Das **Dachgartenrestaurant** [s. S. 167] wiederum kombiniert einen wunderschönen Ausblick mit allerlei kulinarischen Genüssen.

TOP TIPP

Der Ehrenhof vor dem Kanzleramt bei der feierlichen Eröffnung des neuen Amtssitzes 2001

Kühne Verbindung: die Brücke vom Marie-Elisabeth-Lüders-Haus (links) zum Paul-Löbe-Haus

4 Regierungsviertel

›Band des Bundes‹: monumentale Architekturakzente am Spreebogen.

Spreebogen, Dorotheenstraße, Konrad-Adenauer-Straße, Schiffbauerdamm, Willy-Brandt-Straße
S1, S2, S25, S5, S7, S75, S9 und U6 Friedrichstraße,
S1, S2, S25 Brandenburger Tor,
U55 Bundestag, Tram M1, 12,
Bus 100, 147, 200, TXL

Am **Spreebogen**, in unmittelbarer Nachbarschaft des Reichstags und mit ihm durch ein Tunnelsystem verbunden, stehen heute die wichtigsten Regierungsgebäude. Für den umfassendsten Komplex, das südöstlich und zu beiden Seiten der Dorotheenstraße 1997–2000 von fünf Architektenteams entworfene **Jakob-Kaiser-Haus**, konnte historische Bausubstanz genutzt werden: Das Reichspräsidentenpalais, die Kammer der Technik und das alte Bankgebäude der Dorotheenstadt wurden in das aus insgesamt acht Bauten bestehende Ensemble integriert, das viele Sitzungssäle und Büros für Abgeordnete, Fraktionen und Vizepräsidenten zur Verfügung stellt.

Hier wie auch bei den Baukomplexen, die nördlich des Reichstags mächtigen Riegeln ähnlich die Arme des Spreebogens überspannen, haben die Planer mittels Glasfassaden, Glasgalerien und Glashallen das demokratische Prinzip von Transparenz und Öffentlichkeit in der Architektur thematisiert. So im **Paul-Löbe-Haus** (1997–2001, Stephan Braunfels) am inneren Spreebogen, das wegen seiner doppelten Kammstruktur mit acht Rotunden in den Außenhöfen bei den Berlinern nur ›Achtzylinder‹ heißt. Drinnen befinden sich Abgeordnetenbüros, 21 Sitzungssäle für die Ausschüsse und, in der exponierten Ostrotunde, der große *Europasaal*. Das Löbe-Haus ist durch eine doppelstöckige Spreebrücke mit dem **Marie-Elisabeth-Lüders-Haus** (1998–2002, Braunfels) verbunden, das in seiner Baustruktur die Fortsetzung des Riegels in östlicher Richtung bildet. Es bietet den wissenschaftlichen Diensten und, in der Westrotunde, der *Parlamentsbibliothek* des Deutschen Bundestages (nach Washington und Tokio die drittgrößte ihrer Art weltweit) Obdach. Weitere architektonische Akzente setzt der benachbarte würfelförmige *Anhörungssaal*.

Ebenfalls in Reichstag-Blickweite liegt am westlichen Arm des Spreebogens das **Kanzleramt** (1997–2001, Axel Schultes und Charlotte Franke). Das zentrale, 36 m hohe *Leitungsgebäude* mit Kanzlerbüros, Kabinett- und Konferenzsälen wird von zwei je 18 m hohen und bis zu 335 m langen Büroflügeln flankiert. Das Foyer des Hauptgebäudes öffnet sich auf den für Staatsempfänge genutzten Ehrenhof, an der Rückseite liegen der *Kanzlergarten* und der über eine Spreebrücke erreichbare Kanzlerpark am Moabiter Werder. Die oft als klotzig und pompös kritisierte Architektur tauften die Berliner (respektive die hiesigen Taxifahrer) sogleich assoziationsträchtig: ›Waschmaschine‹.

5 Holocaust-Mahnmal

TOP TIPP *Das monumentale Stelenfeld erinnert an die ermordeten Juden Europas zur NS-Zeit.*

Ebertstraße/Behrenstraße
Tel. 030/26 39 43 36, 030/200 76 60
www.holocaust-mahnmal.de
Stelenfeld: tgl. 24 Std.
Ort der Information: April–Sept. Di–So 10–20, letzter Einlass 19.15, Okt.–März Di–So 10–19, letzter Einlass 18.15 Uhr,
Führungen: Sa 11 und 14, So 11 Uhr
S1, S2, S25, U55 Brandenburger Tor, S1, S2, S25 und U2 Potsdamer Platz, Bus 100, 200, 347, M 48, M 85, TXL

Südlich von Brandenburger Tor und Pariser Platz wurde 2005 das viel diskutierte Holocaust-Mahnmal nach Entwürfen des US-amerikanischen Architekten *Peter Eisenmann* eingeweiht. Das **Denkmal für die ermordeten Juden Europas** besteht aus dem *Stelenfeld*, einem begehbaren Labyrinth aus 2711 grauen Betonstelen unterschiedlicher Höhe (von ebenerdig bis 4,70 m). Sie wurden so zusammengestellt, dass sie von oben betrachtet eine gigantische wellenbewegte Fläche bilden. Das notwendige Hintergrundwissen liefert der **Ort der Information**, ein unterirdisches Dokumentationszentrum.

Das Mahnmal gedenkt der 6 Millionen Juden, die in Europa Opfer des Holocaust wurden. Heute kommen täglich Tausende Besucher aus aller Welt hierher. Im Ort der Information wird der Opfer namentlich gedacht, ferner kann man hier einzelnen Schicksalen nachgehen, die exemplarisch dokumentiert sind. Für eigene Recherchen steht die Namensdatenbank der israelischen Gedenkstätte Yad Vashem in Jerusalem zur Verfügung.

Das Holocaust-Mahnmal geht auf eine Bürgerinitiative der 1980er-Jahre zurück. Nach vielen Kontroversen wurde die Errichtung des Denkmals im Jahr 1999 vom Bundestag beschlossen. Eisenmanns Entwurf erfuhr mehrfach Modifizierungen. Anlässlich der Einweihung trat der Architekt Interpretationsversuchen des Stelenfeldes als Friedhof oder Ehrenfeld entgegen. Er sieht sein Werk als *Ort der Hoffnung*, der Besucher soll bei seinem Gang durch die Stelenreihen die Stimmen der Opfer hören. Hinweis: Über diese und weitere NS-Gedenkstätten in Berlin und Brandenburg informiert das Internet-Portal www.orte-der-erinnerung.de.

6 Unter den Linden

Prachtboulevard als Flaniermeile und Bilderbuch Berliner Geschichte.

S1, S2, S25 und U55 Brandenburger Tor, U6 Französische Straße, Bus 100, 147, 200, TXL

Unter den Linden ist zweifellos die bedeutendste Straße Berlins. Dem Flaneur des 21. Jh. bietet sie sich zugleich als eine Art Bilderbuch der Stadtgeschichte dar. Und dank der Bau- und Restaurierungs-

Durch die Geschichte verklammert: Holocaust-Mahnmal, Reichstag und Brandenburger Tor

Unter den Linden – den Reigen großer Bauten eröffnet das Deutsche Historische Museum (re.)

maßnahmen der vergangenen Jahre erstrahlt die Prachtstraße heute wieder im alten Glanz. Ursprünglich befand sich hier ein Reitweg. Der war 1575 zwischen dem Berliner Stadtschloss und dem seit 1527 bestehenden Tiergarten angelegt worden. Ab 1647 ließ Kurfürst Friedrich Wilhelm den Weg zu einer Allee mit **1000 Linden** und *1000 Nussbäumen* umgestalten. Anders als die Nussbäume, die eingingen, gediehen die Linden prächtig und gaben der Straße schließlich ihren Namen. Nachdem 1734 der Pariser Platz angelegt worden war, entwickelte sich Unter den Linden zum Boulevard des Hochadels. Um 1800 siedelten sich Hoteliers, Kaufleute und Hoflieferanten an, die Salons und Konditoreien waren Treffpunkte von Intellektuellen und Militärs. Mit der Reichsgründung 1871 übernahmen dann Bankiers und Aktienspekulanten mehr und mehr die Stadtpalais des Adels. Um 1900 sorgten **Amüsierbetriebe** wie das *Panoptikum* in der Kaiserpassage (an der Kreuzung zur Friedrichstraße) für Kurzweil. Gleichwohl galt Unter den Linden noch immer als der Boulevard des **Kaisers**. Nicht nur, dass sich Wilhelm I. täglich an seinem Fenster im Alten Palais zeigte, um die Huldigung des Volkes entgegenzunehmen – auch durften ohne seine Billigung keine baulichen Veränderungen vorgenommen werden.

Ein Großteil der Palais und Geschäftshäuser wurde im Zweiten Weltkrieg zerstört. Von der alten Pracht des Boulevards zeugen noch die Bauten am *Forum Fridericianum*, dem heutigen **Bebelplatz** [Nr. 14]. Zur DDR-Zeit gab es eine Dreiteilung der Flaniermeile. Der Bereich zwischen Wilhelmstraße und Glinkastraße war Botschaften vorbehalten, DDR-Bürger sollten sich der Grenze, die am Brandenburger Tor verlief, möglichst nicht nähern. Im Bereich zwischen Glinka- und Charlottenstraße waren Geschäfte angesiedelt. Von letzterer bis an die Schlossbrücke wurde das preußische Berlin wiederaufgebaut. Originalgetreu rekonstruiert hat man z.B. das Kronprinzenpalais und das Prinzessinnenpalais.

Nach der Wiedervereinigung erhielten auch die Linden ihre Schönheitskur. Der Deutsche Bundestag siedelte Abgeordnetenbüros an, und Altbesitzer wie die Deutsche Bank kehrten in restaurierte Häuser zurück. Allerlei Bausünden wurden beseitigt und durch Neubauten wie etwa dem noblen *Lindencorso* an der Friedrichstraße ersetzt.

Geht man vom Pariser Platz die Linden hinauf, so ist das erste Gebäude, das die

Aufmerksamkeit auf sich zieht, die **Russische Botschaft** (Nr. 63–65), deren Bau nach Plänen Anatoli Stryshewskis unmittelbar nach der Gründung der DDR begann und schon 1952 abgeschlossen war. Der Architekt setzte sich dabei souverän über alle Baubestimmungen, die an der Straße Unter den Linden galten, hinweg und plante weit höher als eigentlich erlaubt – und so entstand ein heute sehr deutlich auf die Stalin-Ära verweisender Prunkbau. Das Vorgängergebäude, ein 1837 von Zar Nikolaus I. erworbenes Palais, das als diplomatische Vertretung Russlands gedient hatte, war im letzten Krieg Luftangriffen zum Opfer gefallen.

Exakt gegenüber (Nr. 62–68) findet sich seit 2010 das **Forum Willy Brandt**, wo eine Ausstellung an den ehemaligen Bundeskanzler und Regierenden Bürgermeister West-Berlins erinnert. Die Geschäftshäuser auf dieser Straßenseite, so das ehem. *Haus Wagon-Lits* (Nr. 40) und der frühere *Zollernhof* (Nr. 36–38) mit dem Hauptstadtstudio des ZDF, entstanden um 1910. Beide sind Beleg dafür, dass die Linden damals als erste Adresse für die internationale Geschäftswelt galten. Als einziges Gebäude aus den 1930er-Jahren ist das *Haus der Schweiz* (Nr. 24) erhalten.

An der Ecke Friedrichstraße steht das **Westin Grand Hotel** [s. S. 182], errichtet 1985–87 zur 750-Jahr-Feier in Ost-Berlin. Zu diesem Zweck wurde damals das Grundstück der einstigen *Kaiserpassage* überbaut. 120 m lang, hatte diese 1873 geschaffene Anlage mit ihren Cafés, Kinos und Amüsierbetrieben um die Wende zum 20. Jh. eine Attraktion dargestellt. Hier befand sich auch das berühmte *Café Kranzler*, wo sich alles traf, was in Berlin Rang und Namen hatte. Beliebt war das Kranzler vor allem seiner Terrasse wegen, von der aus man das Treiben Unter den Linden beobachten konnte. 1958 wurde das Traditionslokal am Kurfürstendamm, im Westen also, wiedereröffnet – hervorgegangen aus einer Filiale [s. S. 113].

Beispiele für Luxushotels der Zeit um 1900 finden sich einige Meter weiter die Linden hinunter. Im Gebäude **Nr. 17** bot das *Hotel Karlton*, 1902 erbaut, noble Unterkunft. Auf der anderen Straßenseite (Nr. 10) befand sich das 1865 errichtete *Hotel de Rome*. Kaiser Wilhelm I., der im nahen Alten Palais lebte, ließ sich aus diesem Haus jede Woche vom Hotelbesitzer einen Badezuber über die Straße bringen. 1912 entstand in Nachfolge der **Römische Hof**, heute ein Nobelbürohaus. Den Namen *Hotel de Rome* [s. S. 33] trägt inzwischen ein Haus am Bebelplatz.

Wie Dresdner Bank und Commerzbank am Pariser Platz ließ es sich auch die *Deutsche Bank* nicht nehmen, eine repräsentative Adresse in der Hauptstadt zu beziehen. So erwarb sie 1997 ein Haus, das sich bereits bei Fertigstellung 1925 in ihrem Besitz befand, um dort die **Deutsche Guggenheim Berlin** (Tel. 030/2020930, www.deutsche-guggenheim.de, tgl. 10–20 Uhr) einzurichten. Das Forum für Wechselausstellungen moderner Kunst ist eine Kooperation mit der New Yorker Salomon R. Guggenheim Foundation.

Hinter der Barockfassade des benachbarten Gouverneurshauses (Nr. 11) aus dem Jahr 1721 büffeln angehende Juristen der Humboldt-Universität.

7 Staatsbibliothek zu Berlin (Bau 1) und Denkmal Friedrichs des Großen

Millionen alter Bücher bzw. Handschriften – und dazu der Alte Fritz zu Pferde, ein Meisterwerk des 19. Jh.

Unter den Linden 8
Tel. 030/26 60
www.staatsbibliothek-berlin.de
Katalog: www.stabikat.de
Mo–Fr 9–21, Sa 9–17 Uhr
S1, S2, S25, S5, S7, S75, S9 Friedrichstraße, U6 Friedrichstraße und Französische Straße, Tram M1, 12,
Bus 100, 147, 200, TXL

Gegenüber dem Gouverneurshaus befindet sich die **Staatsbibliothek zu Berlin – Preußischer Kulturbesitz**. Der Hofarchitekt Wilhelms II., Ernst von Ihne, entwarf ihr Domizil zunächst für die Königliche Bibliothek und ganz im Geist des Historismus – mit Barockfassade und repräsentativem Brunnenhof. Die Ursprünge der hochkarätigen Büchersammlung gehen auf Friedrich Wilhelm, den Großen Kurfürsten zurück: der nämlich war es, der seine Bücherschätze ab 1659 der Öffentlichkeit zugänglich machte. Die meisten seiner Nachfolger – der eines größeren kulturellen Interesses eher unverdächtige Soldatenkönig ausgenommen – bauten die Bibliothek aus, sodass diese bereits im 19. Jh. zu den bedeutendsten ihrer Art weltweit zählte. Seit 2005 wird das 1914 fertiggestellte und während des

Zweiten Weltkriegs teilzerstörte Gebäude saniert sowie durch Neubauten ergänzt. 2011 konnten erste Büros sowie Magazine und Restaurierungswerkstätten übergeben werden, 2012 folgt der neue Lesesaal, ein gewaltiger Glaskubus.

Heute verteilt sich der Bestand von etwa 10 Mio. Bänden und 12 Mio. Medieneinheiten auf zwei Häuser. Während am Kulturforum [s. S. 56] die nach 1945 erschienen Publikationen einzusehen sind, werden Unter den Linden die Altbestände gehütet, darunter wertvolle Autografen wie Boccaccios ›Decamerone‹ und die größte Mozart-Sammlung der Welt.

Auf dem Mittelstreifen des Boulevards, dem Lindenforum, steht das eindrucksvolle **Denkmal Friedrichs des Großen** (Höhe 13,5 m). *Christian Daniel Rauch* hat es ab 1839 im Auftrag König Friedrich Wilhelms III. geschaffen. Der Alte Fritz erscheint im Krönungsmantel, mit Dreispitz, Krückstock und Stulpenstiefeln. 150 Figuren bedeutender preußischer Persönlichkeiten, die den Sockel schmücken, gaben nach Enthüllung des Denkmals 1851 Anlass zu heftigen Diskussionen. Denn man beachte: Die *Militärs* befinden sich vorne, *Künstler* und *Wissenschaftler* (u. a. Kant und Lessing) fanden ihren Platz aber hinten, unter dem Pferdeschwanz! Nichtsdestotrotz: Das prachtvolle Monument gilt seiner lebensnahen, bewegten Darstellungsweise wegen als eine der bedeutendsten monumentalen Bildhauerarbeiten des 19. Jh.

Noch immer gut zu Pferd und eine strahlende Erscheinung – König Friedrich der Große

8 Humboldt-Universität

Die erste Universität in Berlin.

Unter den Linden 6
Tel. 030/20 93 29 51
www.hu-berlin.de
S1, S2, S25, S5, S7, S75, S9 und U6 Friedrichstraße, Tram M1, 12, Bus 100, 147, 200, TXL

Neben der Staatsbibliothek öffnet sich der Ehrenhof der Humboldt-Universität, vor dem Hauptgebäude links präsentiert sich deren Gründer **Wilhelm von Humboldt** (1882, Paul Otto) als Sitzfigur in dynamischer Denkerpose. Der große Gelehrte und Politiker (1767–1835) war 1809 als Leiter des Kultur- und Unterrichtswesens ins preußische Innenministerium berufen worden und veranlasste noch im selben Jahr die Gründung der Alma Mater. Im Semester 1810 waren bereits 256 Studenten an dieser Friedrich-Wilhelm-Universität immatrikuliert. Ihren heutigen Namen erhielt die Hochschule erst 1949. Heute studieren an der zweitgrößten Universität Berlins mit ihren 11 Fakultäten rund 34 000 angehende Akademiker.

Ursprünglich gehörte das imposante Bauwerk dem Bruder Friedrichs des Großen, Prinz Heinrich von Preußen. Für ihn entwarf es der Baumeister *Georg Wenzeslaus von Knobelsdorff* 1748–66. Nach dem Tod Heinrichs im Jahr 1802 blieb die Nutzung mehrere Jahre lang unklar, doch schon in der Gründungsorder für die neue Universität übereignete König Friedrich Wilhelm III. den Palast der nach ihm benannten Hochschule.

9 Neue Wache

Schinkels Tempel als Gedenkstätte.

Unter den Linden 4
S1, S2, S25, S5, S7, S75, S9 und U6 Friedrichstraße,
Tram M1, 12, Bus 100, 147, 200, TXL

Als ein Hauptwerk des Klassizismus in Preußen gilt die Neue Wache, ein von der klaren Formensprachen antiker Architektur geprägter, wuchtiger Baukörper mit eingeschobenem dorischen Säulenportikus. *Karl Friedrich Schinkel* errichtete ihn 1816–18 für die Wachen, die die gegenüberliegenden Palais schützen sollten. Ab 1929 diente die Neue Wache als Ehrenmal für die Gefallenen der Kriege: Ursprünglich Gedenkstätte für die Opfer des Ersten Weltkriegs, wurde das Gebäude in der NS-Zeit zum Reichsehrenmal. Nach dem Krieg richtete die DDR hier ein Mahnmal für die Opfer des Faschismus und Militarismus ein. Seit 1993 ist Schinkels Neue Wache die Zentrale Gedenkstätte der Bundesrepublik Deutschland für die Opfer des Krieges und der Gewaltherrschaft. Das Innere, der Grabmal-Funktion entsprechend ganz auf ergreifende Raumwirkung hin ausgereichtet, stellt die Skulpturengruppe ›Trauernde Mutter mit totem Sohn‹ in den Fokus. Das auch als Pietà bekannte Werk ist die vergrößerte Kopie einer Bronze, die Käthe Kollwitz 1937/38 geschaffen hat.

Hinter der Neuen Wache erhebt sich das **Palais am Festungsgraben** (1751–53, www.palais-am-festungsgraben.de). Die edle klassizistische Fassade geht auf einen Umbau von 1861 zurück. Zwischen 1804 und 1807 lebte im Palais der große preußische Staatsmann Karl Freiherr vom und zum Stein, später war hier das Finanzministerium ansässig. Heute werden der Marmorsaal und die anderen Prunkräume für Events genutzt. In der ersten Etage lädt die *Tadshikische Teestube* [s. S. 169] mit ihrem orientalisch-plüschigen Dekor zum Verweilen ein.

10 Deutsches Historisches Museum

2000 Jahre Geschichte, inszeniert im größten Barockbau Berlins.

Unter den Linden 2
Tel. 030/20 30 40
www.dhm.de
tgl. 10–18 Uhr
S1, S2, S25 Friedrichstraße, S5, S7, S75, S9 Friedrichstraße und Hackescher Markt, U6 Friedrichstraße,
Tram M1, M4, M5, M6, 12,
Bus 100, 200, TXL

Kurz vor der Schlossbrücke findet sich der älteste Großbau Berlins. Das **Zeughaus**, der 1695–1731 von Johann Nering, Andreas Schlüter und Jean de Bodt er-

Edle Einfalt, stille Größe – Schinkels Neue Wache prägt die Strenge antiker Architektur

Gelungene Synthese alter und neuer Bauformen: das Deutsche Historische Museum

baute Barockkomplex, diente bis 1876 als riesiges *Waffenarsenal*. Martialische Symbolik spiegelt denn auch der Skulpurenschmuck der Fassaden, Giebelfelder und Balustraden. Herausragend sind die Arbeiten *Andreas Schlüters*, allen voran die 22 ›Köpfe sterbender Krieger‹ im Innenhof, welche die Schrecken des Krieges eindrucksvoll heraufbeschwören.

Schon im Jahr 1828 waren Teile des Zeughauses als **Schausammlung** öffentlich zugänglich, und ab 1880 fungierte es als Ruhmeshalle der brandenburgisch-preußischen Armee. Auch später blieb die Bestimmung des Gebäudes historisch. Seit 1952 war im Zeughaus das Museum für Deutsche Geschichte – aus DDR-Sicht – beheimatet, 1991 übernahm das Deutsche Historische Museum (DHM) den Standort. Seit 2006 zeigt dieses nun seine Dauerausstellung mit über 8000 Exponaten zu rund 2000 Jahren deutscher Geschichte im europäischen Kontext.

Wer diesen historischen Zeitraum in chronologischer Reihenfolge ermessen will, sollte sich sogleich ins Obergeschoss des Zeughaus-Westflügels begeben. Dort durcheilt man in rascher Raumfolge eineinhalb Jahrtausende, vom im 19. Jh. mythisch verklärten Sieg der Germanen unter Arminius über die Legionen Roms bis zum Vorabend der Reformation am Ende des 15. Jh., als Kaiser aus dem Haus Habsburg das Heilige Römische Reich Deutscher Nation beherrschten.

Sodann befasst sich die Ausstellung mit einer der turbulentesten Epochen der deutschen Geschichte, dem Zeitalter der Reformation. Die Verheerungen des Dreißigjährigen Krieges und die Ära des Absolutismus werden anschließend thematisiert. Es folgen die Epoche der Französischen Revolution und deren Auswirkungen auf Deutschland, das Erwachen einer Nationalbewegung und die Gründung des Deutschen Reiches 1871. Das Erdgeschoss nimmt sich schließlich des ›kurzen 20. Jahrhunderts‹ an, der Zeit vom Ende des Ersten Weltkriegs über die Schrecken der NS-Zeit und die Gründung der beiden deutschen Staaten bis zur Wiedervereinigung. Der bereits 2003 eröffnete Erweiterungsbau von *Ieoh Ming Pei*, ein dreieckiges Konstrukt mit schneckenförmigem Glastreppenhaus, ist für Wechselausstellungen reserviert.

11 Kommandantenhaus, Kronprinzenpalais und Prinzessinnenpalais

Feudale Paläste, teilweise genutzt als moderne Kultureinrichtungen.

S1, S2, S25 Friedrichstraße, S5, S7, S75, S9 Friedrichstraße und Hackescher Markt, U6 Friedrichstraße und Französische Straße, Tram M1, M4, M5, M6, 12, Bus 100, 200, TXL

Auf der Südseite von Unter den Linden erhebt sich an der Schlossbrücke das **Kommandantenhaus** (Alte Kommandantur, Unter den Linden 1). Es wurde 2001–03 als neues Domizil für Bertelsmann AG und Bertelsmann Stiftung errichtet. Der originalgetreu rekonstruierte Außenbau umschließt eine moderne, lichtdurchflutete Architektur mit Wintergarten und Mediawand. Das ehemalige, 1795/96 errichtete Palais war ab 1799 Sitz des Kommandanten der Berliner Garnison. 1873/74 wurde die Kommandantur klassizistisch verändert. Die Bombardements des Zweiten Weltkrieges machten das Gebäude dem Erdboden gleich. Bis 1995 stand auf dem Grundstück das Außenministerium der DDR.

Die Ursprünge des nahen **Kronprinzenpalais** gehen auf 1663 zurück, errichtet hatte man es als Privathaus eines hohen Staatsbeamten. Beim Umbau 1732 wurde das nun den Kronprinzen zugedachte Palais barockisiert. 1793–1840 residierte hier König Friedrich Wilhelm III. mit seiner Familie. Für Kronprinz Friedrich Wilhelm, dem als ›99-Tage-Kaiser‹ Friedrich III. nur eine historische Fußnote vergönnt war, wurde das Palais 1856/57 klassizistisch erneuert. 1859 kam hier in einem der Gemächer sein Sohn Wilhelm II., der letzte deutsche Kaiser, zur Welt. Den Aufbruch in die Moderne markiert das Jahr 1919, als die *Berliner Nationalgalerie* in den Sälen das erste Museum für zeitgenössische Kunst der Welt einrichtete. Nach dem letzten Krieg standen Hohenzollernbauten bei der DDR-Obrigkeit lange nicht hoch im Kurs. Doch 1968–70 rekonstruierte man das Kronprinzenpalais und machte es zum *Gästehaus* der Regierung. Politische Bedeutung erlangte der Bau, als hier am 31. August 1990 der **Einigungsvertrag** zwischen Bundesrepublik und DDR unterzeichnet wurde. Heute finden im Haus Wechselausstellungen und Kultur-Events statt.

Nebenan befindet sich das **Opernpalais** (www.opernpalais.de) – mit Restaurants und dem beliebten *Operncafé* [s. S. 170], einem wahren Tortenparadies mit großer Sommerterrasse. Es geht auf zwei Wohnhäuser zurück, die man 1733–37 zu einem später als *Prinzessinnenpalais* bezeichneten Palast ausbaute. Hier residierten ab 1811 die drei Töchter König Friedrich Wilhelms III. In dieser Zeit schuf Karl Friedrich Schinkel den Brückengang zum Kronprinzenpalais. Ab 1931 diente das Prinzessinnenpalais dem Schinkelmuseum für Ausstellungen. Seine Wiederherstellung erfolgte 1962–64.

In der Friedrichswerderschen Kirche sind heute Skulpturen des 18./19. Jh. in Szene gesetzt

Gefüllte Ränge in Erwartung großen Musiktheaters – Staatsoper Unter den Linden

12 Friedrichswerdersche Kirche – Schinkelmuseum

Die Berliner Nationalgalerie nutzt die Schinkel-Kirche als Ausstellungsort für Skulpturen des 18. und 19. Jh.

Werderscher Markt
Tel. 030/266 42 42 42
www.smb.museum
tgl. 10–18 Uhr
U2 Hausvogteiplatz, U6 Französische Straße, Bus 147

Am Werderschen Markt steht die Friedrichswerdersche Kirche, die 1824–30 als neogotischer Bau nach Plänen *Karl Friedrich Schinkels* entstand. In der Außengestaltung folgte Preußens größter Baumeister der englischen Spätgotik, das Innere zeigt Züge deutscher Hochgotik.

Das Haus bildet einen idealen Rahmen für die Sammlung zur Skulptur des 18./19. Jh. der Nationalgalerie. Glanzstück ist der Originalgips der beliebten ›Prinzessinnengruppe‹ (1795–97) des *Johann Gottfried Schadow*, die, in Marmor ausgeführt, in der Alten Nationalgalerie steht. Das beschwingte Doppelstandbild zeigt Friederike von Mecklenburg-Strelitz mit ihrer Schwester Luise, der späteren Königin von Preußen. Auf der Empore lässt eine Dokumentation Leben und Werk Schinkels Revue passieren.

13 Staatsoper Unter den Linden

Hier sang schon Enrico Caruso.

Unter den Linden 7
Tel. 030/20 35 45 55 (Tickets)
Tel. 030/20 35 44 38 (Führungen)
www.staatsoper-berlin.de
Wegen Sanierung bis voraussichtlich Herbst 2014 geschl. Spielstätte während der Bauarbeiten: Schiller Theater, Bismarckstr. 110 (Charlottenburg)
S1, S2, S25, S5, S7, S75, S9 Friedrichstraße, U6 Friedrichstraße und Französische Straße, Tram M1, 12,
Bus 100, 200, TXL

Die Königliche Hofoper, heute Staatsoper, wurde 1741–43 unter der Leitung des Architekten *Georg Wenzeslaus von Knobelsdorff* in klassizistischem Stil errichtet. Sie war das erste große Bauprojekt Friedrichs des Großen im Zusammenhang mit dem Forum Fridericianum [s. S. 32]. Schon vor der Fertigstellung des Theaters, 1742, wurde die erste Oper aufgeführt. Die hier tätige **Staatskapelle Berlin** geht in ihren Ursprüngen auf das 15. Jh. zurück und ist damit eines der ältesten Orchester der Welt. Zu den bedeutendsten *Uraufführungen* der Lindenoper gehören ›Die lustigen Weiber von Windsor‹ (1849, Otto Nicolai), ›Wozzeck‹ (1925, Alban Berg) und Peer Gynt (1938, Werner Egk). Internationalen Ruhm erlangte das Haus auch dank Dirigenten wie Giacomo Meyerbeer, Richard Strauss und Otto Klemperer. Einer der berühmtesten Sänger auf dieser Bühne war der große italienische Tenor Enrico Caruso (1873–1921).

Vom Opernhaus der Anfangszeit ist heute nicht mehr viel erhalten. Bereits 1788 waren Umbauten fällig, denn es sollte fortan auch das bürgerliche Publikum in den Genuss der Oper kommen – deshalb musste Platz geschaffen werden. Nach einem Brand 1843 baute *Carl Ferdinand Langhans* das Gebäude wieder auf, das **Innere** wurde dabei spätklassizistisch verändert. 1926–28 kamen eine Drehbühne sowie Unter- und Seitenbühnen hinzu. Im Zweiten Weltkrieg wurde das Opernhaus gleich zwei Mal zerstört, der letzte Wiederaufbau erfolgte 1955.

Seit der Wiedervereinigung gilt die Staatsoper wieder als eines der besten Musiktheater der Welt. *Daniel Barenboim* (*1942) wirkt hier in Personalunion als ihr Generalmusikdirektor und Chefdirigent auf Lebenszeit. Seit 2004 ist auch das **Staatsballett Berlin** unter *Vladimir Malakhov* in der Staatsoper beheimatet.

Zu den zukunftsweisenden Projekten gehören die experimentellen Inszenierungen im **Magazin** der Staatsoper.

14 Bebelplatz

Einer der schönsten Plätze Berlins mit edlen Palais der Ära zwischen Barock und Klassizismus.

U6 Französische Straße, U2 Hausvogteiplatz, Tram M1, 12,
Bus 100, 147, 200, TXL

Gleich neben der Staatsoper öffnet sich das von *Georg Wenzeslaus von Knobelsdorff* konzipierte **Forum Fridericianum**, einer der schönsten Plätze Berlins. Seit 1947 trägt es den Namen Bebelplatz. Hier wollte Friedrich der Große gleich zu Beginn seiner Regierungszeit ›seinem‹ Berlin ein neues Zentrum geben, hier sollte ein Residenzschloss entstehen, das sich mit *Versailles* messen konnte. Auch eine Oper und ein Ballhaus (für Ballspiele) waren eingeplant. Das 1740 begonnene Großprojekt kam zwar nicht zur Ausführung, weil sich die Interessen Friedrichs II. nach Potsdam verlagert hatten, doch selbst die als kleine Lösung verwirklichte Anlage fand den Beifall der Zeitgenossen. Seiner Schönheit wegen war das Forum Fridericianum rasch in aller Munde.

Das **Alte Palais** (auch Kaiser-Wilhelm-Palais) vis à vis der Staatsoper entstand 1834–37 als Stadtpalast des Kronprinzen und späteren Kaisers Wilhelm I. Über einem Vorgängerbau 1690 führte *Carl Ferdinand Langhans* einen streng klassizistischen Bau auf, der durch die säulengezierte Vorhalle mit Balkon, eine Pergola und das terrakottageschmückte Mezzaningeschoss sein besonderes Gepräge erhielt. Bis zu seinem Tod im Jahre 1888 residierte der Kaiser im Alten Palais, von hier aus beobachtete er das Leben Unter den Linden. Im Zweiten Weltkrieg brannte das Palais aus, der Wiederaufbau erfolgte 1960–62, und anschließend zog die *Humboldt-Universität* darin ein.

Auch die benachbarte **Alte Bibliothek** ist heute Teil der Universität. Bereits 1661 wurde eine Büchersammlung angelegt und ab 1701 als *Königliche Bibliothek* ausgebaut. Für sie entstand 1775–80 der hochbarocke Neubau, den Georg Christian Unger in Anlehnung an alte Pläne *Joseph Emanuel Fischer von Erlachs* für die Wiener Hofburg gestaltete. Das Gebäude wird seiner abwechselnd konkav und konvex geschwungenen Fassade wegen im Volksmund augenzwinkernd Kommode genannt. 1914 erfolgte der Umzug der Büchersammlung ins Stammhaus Unter den Linden, wo sich auch die Wandlung zur *Staatsbibliothek* [s. S. 26] vollzog. Die im Krieg zerstörte Kommode selbst wurde 1967–69 rekonstruiert und entzückt das Auge nach wie vor mit ihrem üppigem Wiener Charme.

Zwischen Alter Bibliothek und Staatsoper rotteten sich am 10. Mai 1933 Zehntausende Studenten und andere Anhänger der Nationalsozialisten zusammen, um in einer ausnehmend widerwärtigen Zeremonie etwa 20 000 Bücher ›undeutscher‹ Autoren zu verbrennen. Seit 1995 erinnert das **Denkmal Versunkene Bibliothek** von Micha Ullmann an dieses Ereignis. Durch eine Glasplatte im Pflaster blickt man in einen 5 m tiefen Raum, der mit leeren Bücherregalen vollgestellt ist. Eine Gedenkplatte zitiert die Worte *Heinrich Heines*: »Das war ein Vorspiel nur. Dort, wo man Bücher verbrennt, verbrennt man am Ende auch Menschen«.

Im Süden des Bebelplatzes erhebt sich die 1747–73 errichtete **St.-Hedwigs-Kathedrale** (Tel. 030/2034810, www.hedwigs-kathedrale.de, Mo–Sa 10–17, So/Fei 13–17 Uhr), ein überkuppelter Rundbau mit Tempelfront, der deutliche Anklänge an das antike *Pantheon* in Rom zeigt. Die Skizzen zur Kirche stammen von Friedrich II., die Pläne von *Georg Wenzeslaus von Knobelsdorff*. Die St.-Hedwigs-Kathe-

Wie aus einer anderen Zeit – Bebelplatz mit St.-Hedwigs-Kathedrale und Hotel de Rome

drale, die erste katholische Kirche Berlins, ist der Schutzpatronin Schlesiens geweiht. Friedrich der Große hatte im Zweiten Schlesischen Krieg 1745 das katholische Schlesien erobert und Preußen einverleibt. Durch schlesischen Zuzug war die katholische Gemeinde Berlins auf 10 000 Mitglieder angewachsen und erhielt vom König eine Kirche. St. Hedwig wurde 1930 Bischofssitz, während des Zweiten Weltkriegs brannte die Kathedrale aus und wurde 1952–63 mit moderner Innenausstattung rekonstruiert. Seit 1994 ist sie Sitz des Erzbistums Berlin.

Im opulenten Neorenaissancebau nebenan können heute die Gäste des noblen **Hotel de Rome** [s. S. 182] den herrlichen Ausblick auf die Prachtkulisse des Bebelplatzes genießen. Glanzpunkte im Inneren des Hauses sind der glasüberwölbte Ballsaal und der Keller mit dem 25-m-Pool, einst Tresorraum der Dresdner Bank, für die das repräsentative Gebäude im Jahr 1896 errichtet wurde.

15 Gendarmenmarkt

Ein Platz als wahre Augenweide – mit den Highlights Konzerthaus, Französischer Dom und Deutscher Dom.

U2 und U6 Stadtmitte, U6 Französische Straße, Bus M48, 147, 347

Der weitläufige Gendarmenmarkt entstand ab 1688 nach Plänen *Johann Arnold Nerings*. Der Name des Platzes erinnert daran, dass hier 1736–82 das berühmte preußische Reiterregiment *Gens d'Armes* Kasernen und Stallungen unterhielt. Sein vornehmes Flair errang der Gendarmenmarkt vor allem durch die großen Bauprojekte des 18./19. Jh. Von den Zerstörungen des Zweiten Weltkriegs erholte er sich nur langsam, die Rekonstruktion der Prachtbauten wurde erst in den 1990er-Jahren abgeschlossen.

Platzbeherrschend sind der Französische und der Deutsche Dom. Diese Bezeichnung verweist hier einmal nicht wie sonst üblich auf einen Bischofssitz, sie erklärt sich vielmehr durch die Bauform: nämlich die der **Kuppeltürme**, mit denen Friedrich der Große 1780–85 zwei vorhandene Kirchen versehen ließ. Das Konzept identischer Kuppelbauten orientierte sich an der Piazza del Popolo in Rom.

Der **Französische Dom** an der Nordseite überragt die Französische Friedrichstadt Kirche (Tel. 030/20 64 99 22, www.franzoesischer-dom.de, Di–So 12–17, Di 15 Uhr Orgelkonzert), die 1701–05 für die Hugenotten errichtet worden war. Im 70 m hohen Turm residiert das **Berliner Hugenottenmuseum** (Tel. 030/229 17 60, www.franzoesischer-dom.de, Di–Sa 12–17, So 11–17 Uhr). Es informiert über die Geschichte der französischen Glaubensflüchtlinge. Vom Turm erklingt täglich zur

Triumphaler Klassizismus – der Deutsche Dom am Gendarmenmarkt mit seinem Kuppelturm

vollen Stunde zwischen 10 und 18 Uhr das 60-teilige Glockenspiel. Bekrönt wird die Kuppel von der Skulptur ›Triumphierende Religion‹. Einen schönen Blick über den Gendarmenmarkt bietet sich von der Aussichtsplattform (im Sommer tgl. 9–18, im Winter tgl. 9–17 Uhr).

An der Südseite des Gendarmenmarktes entstand 1701–08 die *Deutsche Kirche*. Der Kuppelturm des als **Deutscher Dom** bekannten Gotteshauses kam 1780–85 hinzu, auf seiner Spitze steht die Skulptur ›Siegende Tugend‹. Im Innern ist eine Ausstellung unter der Ägide des Deutschen Bundestages zu sehen: Wege, Irrwege, Umwege. Die Entwicklung der parlamentarischen Demokratie in Deutschland (Tel. 030/22730431, Mai–Sept. Di–So 10–19, Okt.–April Di–So 10–18 Uhr).

Zwischen den beiden Domen erhebt sich Schinkels klassizistisches *Schauspielhaus* (1818–21). Es geht auf zwei Vorgängerbauten zurück, der erste ein französisches Komödienhaus, der zweite das Nationaltheater von Carl Gotthard Langhans, das 1817 abbrannte. Als **Konzerthaus Berlin** (Ticket-Tel. 030/203092101, www.konzerthaus.de, gelegentlich Führungen beim Besucherservice im Nordflügel, Mo–Sa 12–19, So 12–16 Uhr) ist das Schinkeltheater heute Spielstätte des renommierten Konzerthausorchesters Berlin und vermag mit über 500 Veranstaltungen pro Jahr zu beeindrucken.

Vor der Tempelfront des Konzerthauses steht das **Schillerdenkmal** (1864–69), ein Werk *Reinhold Begas'*. Es stellt Friedrich Schiller (1759–1805) als jungen Denker dar. Ausdrucksstark wie die Statue selbst sind auch die allegorischen Frauenfiguren zu ihren Füßen, die des Dichters Lebensthemen verkörpern: Lyrik und Tragödie, Geschichte und Philosophie.

16 Friedrichstraße

Elegante Einkaufspassagen flankieren die legendäre Flaniermeile.

U2 und U6 Stadtmitte Tor, U6 Oranienburger Tor, Bus M48, 147, 347

Die Friedrichstraße führt schnurgerade in Nord-Süd-Rchtung vom Oranienburger Tor in Berlin-Mitte über Unter den Linden bis zum Halleschen Tor in Kreuzberg. Edeldesigner und Theater sind an dieser Flaniermeile versammelt.

Brandenburgs Kurfüst Friedrich III. (der spätere König Friedrich I. in Preußen) ließ die Straße und die sie umgebenden Viertel Ende des 17. Jh. anlegen. Um 1830 war sie in ihrer heutigen Länge erschlossen und erhielt mit der Eröffnung des Bahnhofs Friedrichstraße für Fern- und Stadtbahn zugleich große Bedeutung als Verkehrsknotenpunkt. Ihren legendären Ruf erlangte die Friedrichstraße um 1900, als sie zugleich pulsierende Verkehrsader, geschäftige Flaniermeile und schillernder Boulevard der Vergnügungen war.

Dem großstädtischen Treiben machte der Zweite Weltkrieg ein Ende, die Friedrichstraße versank in Schutt und Asche. In der Nachkriegszeit versuchte die DDR-Regierung zwar, mit einigen Neubauten an die alten Glanzzeiten anzuknüpfen, doch erst in den Jahren nach der Jahrtausendwende avancierte die Straße wieder zu einer Einkaufsmeile, die mittlerweile den Vergleich mit den ersten Adressen der Welt nicht scheuen muss.

Beginnt man den Spaziergang entlang der Friedrichstraße an der U-Bahnstation Oranienburger Tor, fällt zunächst das Revuetheater **Friedrichstadtpalast** (Nr. 107, s. S. 79 und 174) von 1984 mit seiner am Jugendstil orientierten Fassade ins Auge. Auf der Weidendammer Brücke geht es nun über die Spree. Rechts kommt das Theater am Schiffbauerdamm in Sicht, das Brechtsche *Berliner Ensemble* [s. S. 77]. Unterhaltung bietet der **Admiralspalast** (Friedrichstr. 101, www.admiralspalast.de, Tel. 030/47997499). Eröffnet 1911 als Vergnügungstempel mit Unterhaltungsangebot und integriertem Soleheilbad, hat er einen prachtvollen Theatersaal, wo u. a. das *Kabarett Distel* [s. S. 174] auftritt. Den **Bahnhof Friedrichstraße**, ein paar Meter weiter gelegen, umweht der Hauch der Geschichte – fungierte er doch nach dem Mauerbau 1961 als alleinige Verbindung für Fern-, S- und U-Bahn zwischen beiden Teilen der Stadt. Die kurz nach dem Mauerbau errichtete Grenzabfertigungshalle mit großer Glasfront, an dem sich West-Berliner nach dem Besuch im Osten von ihren Verwandten verabschieden mussten, trägt bis heute den Spitznamen **Tränenpalast**. Nach umfassender Restaurierung beherbergt das Gebäude seit September 2011 die Ausstellung *GrenzErfahrungen. Alltag der deutschen Teilung*.

Jenseits der Bahngleise ragt das aus DDR-Zeiten stammende **Internationale Handelszentrum** (1978) empor. Vorbei am gut sortierten *KulturKaufhaus Dussmann* (Nr. 90), bekannteste Adresse unter den Buchhandlungen Berlins, geht es weiter zu einem weiteren DDR-Prestigebau, dem *Maritim proArte Hotel* (Nr. 151), das 1977 als Metropol eröffnet wurde.

Vor allem südlich der Linden sprüht die Friedrichstraße vor Eleganz. Die *Quartiere*, luxuriöse Büro- und Geschäftsblocks mit Cafés, Restaurants, Einkaufspassagen und Edelboutiquen, tragen allesamt die Handschrift von Starachitekten aus der ganzen Welt – mit Stilzitaten von Art Déco über Bauhaus bis Postmoderne. Hohes Renommee genießen die **Friedrichstadt-Passagen**, die gleich drei von diesen Quartieren miteinander verbinden. Der größte Besuchermagnet hier sind die **Galeries Lafayette** [s. S. 166], die einzige Dependance des berühmten Pariser Luxuskaufhauses in Deutschland. Hinter gleißenden Glasfassaden, die nach Plänen *Jean Nouvels* entstanden, öffnet sich ein exquisites Innenleben, eine Bühne für kostspielige Mode, Accessoires, Kosmetik und Feinkost mit wahrhaft französischem Touch.

TOP TIPP

Berlin, Friedrichstraße – Glanzlichter ziehen den Besucherblick in Richtung Unter den Linden

Lustgarten, Museumsinsel und Schlossplatz – preußische Prachtbauten und weltberühmte Museen

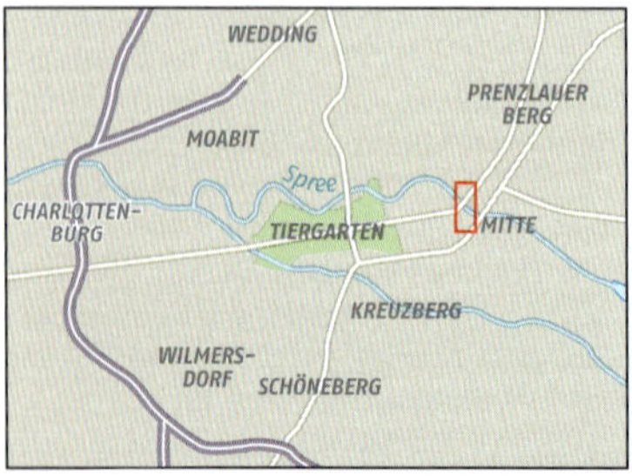

Der Weg vom Boulevard Unter den Linden über die Schlossbrücke führt in einen der ältesten Teile der Stadt. Das historische Berlin repräsentieren der **Lustgarten**, der **Berliner Dom** und die **Museumsinsel**. Von der Büste der Nofretete über den Pergamonaltar bis zum Farbenrausch der Impressionisten reicht der Bogen der Kunstschätze, die in den Sammlungen von Weltrang gezeigt werden. Den südlich des Lustgartens gelegenen **Schlossplatz** beherrschte einst das Berliner Stadtschloss. Was der Zweite Weltkrieg von ihm übrig ließ, wurde 1950 gesprengt. Auf einem Teil des Areals errichtete man in den 1970er-Jahren den Palast der Republik, doch der einstige Vorzeigebau der DDR ist längst Geschichte. Ab 2014 soll das Stadtschloss in Teilen rekonstruiert werden, um als **Humboldt-Forum** die außereuropäischen Sammlungen der *Dahlemer Museen* sowie die wissenschaftliche Sammlung der Humboldt Universität aufzunehmen. Damit soll der Blick auf die Welt außerhalb Europas geschärft und so im Sinne der Brüder Humboldt vorurteilsfreier Wissenschaft ein Zentrum gegeben werden.

17 Lustgarten

Die Grünanlage vor dem Alten Museum war einst Küchengarten, dann Aufmarschplatz.

S1, S2, S25 Friedrichstraße, S5, S7, S75, S9 Friedrichstraße und Hackescher Markt, U6 Friedrichstraße, Tram M1, M4, M5, M6, 12, Bus 100, 200, TXL

An der **Schlossbrücke** (1821–24) endet die Straße Unter den Linden. Die marmornen Skulpturengruppen am Geländer entstanden wie die Brücke selbst nach den Plänen *Karl Friedrich Schinkels* 1845–47. Die dargestellten Motive entstammen der griechischen Mythologie.

Von der Brücke aus gesehen rechts, zwischen Altem Museum und Berliner Dom, erstreckt sich der Lustgarten. Die Hohenzollern ließen hier 1573 einen Küchengarten anlegen, in dem 1649 erstmals in Preußen eine Frucht aus Übersee angepflanzt wurde: die *Kartoffel*. Später funktionierte man den Kräuter- zum Zier-

Pathos und Pomp: Durch die Säulen des Alten Museums sieht man den Berliner Dom

garten um, in dem es sich herrlich lustwandeln ließ – was den Namen der beliebten Anlage erklären mag.

Friedrich Wilhelm I., der Soldatenkönig, hatte für solcherlei Zeitvertreib indessen wenig übrig und wandelte den Garten zum Exerzierplatz um. Auch Nazis und Kommunisten nutzten ihn für Aufmärsche und Kundgebungen. Heute dient die Grünanlage ganz zivil der Erholung im Bannkreis des *Alten Museums* [s.S.39].

18 Berliner Dom

Zentralbau mit spektakulärer Kuppel, Grablege der Hohenzollern.

Am Lustgarten
Tel. 030/20 26 91 36
www.berlinerdom.de
April–Sept. Mo–Sa 9–20, So 12–20, Okt.–März Mo–Sa 9–19, So 12–19 Uhr
S1, S2, S25 Friedrichstraße, S5, S7, S75, S9 Friedrichstraße und Hackescher Markt, U6 Friedrichstraße, Tram M1, M4, M5, M6, 12, Bus 100, 200, TXL

An der Ostseite des Lustgartens erhebt sich der Berliner Dom (1894–1905, Julius Raschdorff), den eine mächtige, fast 75 m hohe **Kuppel** krönt. Der achteckige Zentralbau mit den vier Ecktürmen zeigt deutliche Anklänge an die *Peterskirche* in Rom, wobei Stilmittel der Hochrenaissance und des Barock aufgeboten wurden. Wie seine Vorgängerbauten diente er als *Grablege* der Hohenzollern.

Die Predigtkirche ist reich mit Skulpturen und Reliefs ausgestattet. Die Kuppel ziert innen ein Mosaik, im erhöhten Chor prangt ein *Marmoraltar* von Hand Friedrich August Stülers, die opulent vergoldeten *Chorschranken* entstanden nach Entwürfen Friedrich Karl Schinkels. Sehenswert sind auch der *Taufstein* (Christian Daniel Rauch) und die mit Schnitzwerk verzierte *Kanzel*. Die Orgel, ein Meisterwerk Wilhelm Sauers, erklingt oft auch bei Konzerten [s. S. 173]. Die *Prunksarkophage* von Andreas Schlüter am Eingang zur Tauf- und Traukirche und die 94 Grabstätten in der **Hohenzollerngruft** bergen die Gebeine brandenburgisch-preußischer Herrscher der Zeit vom 16.–20. Jh. Ihre letze Ruhestätte fanden hier z.B. der Große Kurfürst, König Friedrich I. und Kaiser Friedrich III. Sehr lohnend, wenn auch nicht ganz einfach, ist der Aufstieg (270 Stufen) zum äußeren **Kuppelumgang**. Oben bietet sich ein herrliches Stadtpanorama mit Museumsinsel und Schlossplatz.

Das kuppelgekrönte Bode-Museum markiert weithin sichtbar die Spitze der Museumsinsel

19 Museumsinsel

TOP TIPP *Hier ist der Name Weltkulturerbe einmal wirklich wörtlich zu nehmen.*

Tel. 030/266 42 42 42
www.smb.museum
S1, S2, S25 Friedrichstraße, S5, S7, S75, S9 Friedrichstraße und Hackescher Markt, U6 Friedrichstraße, Tram M1, M4, M5, M6, 12, Bus 100, 200, TXL

Die ägyptische Königin Nofretete und der Pergamonaltar, griechische und römische Statuen und byzantinische Ikonen, Meisterwerke französischer Impressionisten und deutscher Romantiker: Es gibt kaum eine Epoche der Kunstgeschichte vor der Moderne, die nicht in einer der Sammlungen auf der weltberühmten Museumsinsel vertreten wäre.

Als König Friedrich Wilhelm III. im Jahr 1810 *Wilhelm von Humboldt* mit der Aufgabe betraute, in Berlin eine ›öffentliche, gut gewählte Kunstsammlung anzulegen‹, war an eine solcherart glänzende Zukunft lange noch nicht zu denken. Nach der Niederlage von Jena und Auerstedt gegen Napoleon im Jahr 1806 hatte Preußen, nun unter der Herrschaft Frankreichs, vordringlichere Sorgen. Erst 1825 konnte mit dem Bau des **Alten Museums** begonnen werden. 1830 eröffnete der stolze König dann die Sammlung.

In den Folgejahren stieg das Land wieder zu einer europäischen Macht auf. So mag es dem seit 1840 regierenden Friedrich Wilhelm IV. keinesfalls gefallen haben, dass ihm Bayerns König Ludwig I. in

Triumph altersloser Schönheit – die Königin Nofretete hält Hof im Ägyptischen Museum

München mit den Sammlungen antiker Kunst und der Alten Pinakothek in kultureller Hinsicht den Rang ablief. Deshalb verfügte er 1841, ›die ganze Spreeinsel hinter dem Museum zu einer Freistätte für Kunst und Wissenschaft umzuschaffen‹. Zunächst entstand dort 1843–55 das **Neue Museum**. Als 1866 mit dem Bau der **Alten Nationalgalerie** begonnen wurde, maß man sich längst nicht mehr mit München – schließlich war Preußen mittlerweile zu einer deutschen Hegemonialmacht geworden. Die Konkurrenten hießen nun London und Paris, entsprechend großzügig wurde gebaut. Nirgends zeigt sich das deutlicher als am 1901 eröffneten **Pergamonmuseum**, das schon 1909 wieder abgerissen und durch einen neuen, größeren und erst 1930 vollendeten Bau ersetzt wurde. Hier stellte man den Pergamonaltar aus, dessen Entdeckung 1879 als nationales Großereignis gefeiert worden war. Das **Bode-Museum** an der Inselspitze war 1904 vollendet worden.

Die Luftangriffe des Zweiten Weltkrieges hinterließen massive Schäden an Gebäuden und Kunstwerken, Plünderungen nach Kriegsende und die deutsche Teilung zerstreuten die Sammlungen in alle Himmelsrichtungen. Doch seit der Wiedervereinigung 1990 werden die Bauten der Museumsinsel für insgesamt etwa 1,5 Millarden Euro saniert und die Sammlungen neu geordnet. Im Jahr 2015 sollen die Arbeiten abgeschlossen sein.

Altes Museum

Eingang: Am Lustgarten
Fr–Mi 10–18, Do 10–22 Uhr

Das 1830 als *Königliches Museum* eröffnete Alte Museum entwarf *Karl Friedrich Schinkel* im Stil eines griechischen Tempels mit 18 ionischen Säulen an der Vorhalle. Innen begeistert die dem Pantheon in Rom nachempfundene **Rotunde** mit den Skulpturen antiker Götter, meist römische Kopien griechischer Originale.

Die griechischen Schätze der **Antikensammlung** sind in einer Neupräsentation zu bewundern. Eines der schönsten Stücke ist der *Betende Knabe* (um 300 v. Chr.) aus Rhodos, dessen zum Himmel gereckte Arme indessen erst nach seiner Entdeckung angefügt wurden – eigentlich hielt er die Zügel eines Pferdes. Das Obergeschoss gehört seit 2010 der Sammlung **Italia antiqua**, in der römische und etruskische Kunst erstmals nach Jahrzehnten wieder in großzügiger räumlicher Inszenierung gezeigt werden.

Neues Museum

Eingang: Bodestraße 1–3
So–Mi 10–18, Do–Sa 10–20 Uhr

Das Neue Museum (1843–55, 2003–2009) hat zwei Architekten. *Friedrich August Stüler* war es, der das äußerlich schlichte Gebäude mit dem monumentalen Treppenhaus konzipierte. Im gleichen Atemzug muss aber auch der zeitgenössische britische Architekt *David Chipperfield* genannt werden, dem es gelungen ist, das im Krieg ausgebrannte und zu DDR-Zeiten dem Verfall preisgegebene Gebäude kongenial zu rekonstruieren. Anders als bei den übrigen Museen auf der Insel ging es hier nicht um originalgetreuen Wiederaufbau – vielmehr ersetzte Chipperfield zerstörte Bauteile durch nüchternmoderne Formen. Selbst die berühmte Treppenhalle präsentiert sich deshalb schmucklos und kahl. Das Nebeneinander von Alt und Neu bietet so dem Betrachter ganz neue Perspektiven an und vermeidet einen allzu gefälligen Umgang mit dem widersprüchlichen geschichtlichen Erbe.

So spektakulär das Gebäude, so erlesen die Sammlungen. Den Grundstock für das **Ägyptische Museum** legte eine preußische Expedition ins Land am Nil 1842–45, während der man vom osmanischen Vizekönig Muhammed Ali Pascha

Die Rotunde des Alten Museums hat das römische Pantheon zum Vorbild

(1769–1848) über 1500 Exponate erwarb. Die berühmtesten Stücke jedoch entdeckten deutsche Forscher ab 1911 bei Grabungen im mittelägyptischen Tell el-*Amarna*. Darunter ist das Aushängeschild der Sammlung, die elegante, aus Kalkstein geformte und farbig gefasste **Büste der Königin Nofretete**. Ebenfalls von dort kommt der Stuckkopf ihres Gemahls, des *Königs Echnaton* (beide Werke um 1340 v. Chr.). Aus derselben Periode stammen ›Der Gartenspaziergang‹, das Bild eines Königspaares sowie die *Noas-Stele* des Oberbildhauers Bak und seiner Frau. Die *Statuengruppe eines sitzenden Ehepaars* wird der 5. Dynastie zugerechnet (um 2400 v. Chr.) und die *Sitzstatue des Hetepni* der 6. Dynastie (um 2150 v. Chr.). Der nach seiner Gesteinsfarbe benannte *Berliner Grüne Kopf* (500 v. Chr.) ist ein Meisterwerk ägyptischer Spätzeit.

TOP TIPP

Das **Museum für Vor- und Frühgeschichte** geht auf die Kunst- und Altertumssammlungen der Hohenzollern zurück. Es zählte zu den drei größten Museen seiner Art in der Welt, wurde aber durch den Zweiten Weltkrieg dezimiert. Gleichwohl dokumentiert die Ausstellung auch heute noch umfassend die prähistorischen Kulturen Europas und Vorderasiens. Exponate aus der Antike und dem Mittelalter vervollständigen das Bild. Glanzpunkte sind die Sammlung *Heinrich Schliemanns* (1822–1890) mit Grabungsfunden aus dem antiken Troja wie dem *Schatz des Priamos* (1873 entdeckt, Originale in Moskau) sowie bronzezeitliche Goldfunde wie der gut 74 cm hohe *Berliner Goldhut* (1000–800 v. Chr.), ein Kultobjekt, dessen geheimnisvolle Ornamentik vermutlich astronomische Kalenderfunktionen erfüllte.

Alte Nationalgalerie

Eingang: Bodestraße 1–3
Fr–So und Di, Mi 10–18, Do 10–22 Uhr

Die Alte Nationalgalerie entstand 1866–76 nach Plänen Stülers. Nach seinem Tod 1866 wurde das Museum von Johann Heinrich Strack als korinthischer Tempel mit einer doppelläufigen Freitreppe vollendet. Das bronzene Reiterstandbild König Friedrich Wilhelms IV. über dem Eingangsportal schuf Alexander Calandrelli 1866. Zur Zeit ihrer Gründung zeigte die Nationalgalerie Gegenwartskunst – also wie heute Skulptur und Malerei des 19. Jh. In den edel gestalteten Ausstellungsräumen sind Meisterwerke der Romantik, z. B. Gemälde Caspar David Friedrichs, und Bilder des großen preußischen Realisten Adolph von Menzel zu sehen. Frankreich steuert Malerei des Romantikers Eugène Delacroix und die realistische Handschrift Gustave Courbets bei. Édouard Manet, Claude Monet und Edgar Degas repräsentieren den Impressionismus. Unvergleichlich wie immer ist Paul Cézanne, dessen späte Werke bereits den Weg in die Moderne weisen.

Bode-Museum

Eingang: Monbijoubrücke
Fr–Mi 10–18, Do 10–22 Uhr

Das die Inselspitze einnehmende Haus (1897–1904), u. a. Heimstätte der Skulpturensammlung und des Museums für By-

Alte Nationalgalerie – klassizistische Skulpturen geben der Rotunde Akzent und Rhythmus

Bode-Museum – voll Würde reitet der Große Kurfürst gleichsam über sein Publikum hinweg

zantinische Kunst, ist ein Neobarockbau *Ernst von Ihnes*. Schon die überkuppelte Eingangshalle überwältigt mit ihrer Raumgestaltung, und Andreas Schlüters **Reiterstandbild des Großen Kurfürsten** (Original vor dem Schloss Charlottenburg, s. S. 124), setzt einen starken Akzent. So spektakulär der Auftakt, so grandios ist auch das Ausgestellte, präsentiert das Haus doch eine Gesamtschau europäischer Kunst vom Frühmittelalter bis zum späten 18. Jh.

Die **Byzantinische Kunst** ist mit Glanzstücken wie dem wunderbaren Apsismosaik (545 n. Chr.) aus der Kirche *San Michele* in Ravenna vertreten. Weitere Highlights aus dem Italien späterer Epochen sind Meisterwerke von Giovanni Pisano, Luca della Robbia, Donatello, Verrocchio, Giambologna und Bernini. Die **Basilika**, ein Nachbau der florentinischen Kirche San Francesco al Monte, begeistert im Zentrum des Museums.

Die Gröninger Empore, einzige erhaltene Großplastik der **Romanik** in Deutschland, bildet den Rahmen für die Sammlung mittelalterlicher Schatzkunst. Auch das Kellergeschoss des Bode-Museums ist teilweise der Romanik gewidmet. Beim Abstieg durch das Treppenhaus blickt man auf das effektvoll platzierte *Grabmal* eines adligen Ehepaares herab.

Im Obergeschoss vermag die **Riemenschneider-Sammlung** – mit Schnitzarbeiten wie dem ›Heiligen Georg mit dem Drachen‹ (1490/95) – zu begeistern. Ferner befindet sich hier das **Münzkabinett**. Schublade über Schublade veranschaulichen etwa griechische Drachmen, römische Dukaten und deutsche Taler fast 3000 Jahre Geldgeschichte.

Pergamonmuseum

Eingang: Am Kupfergraben
Fr–Mi 10–18, Do 10–21 Uhr

Das im Zentrum der Museumsinsel gelegene Pergamonmuseum wurde 1910–30 in neoklassizistischem Stil nach Plänen von *Alfred Messel* und *Ludwig Hoffmann* erbaut, die Eingangshalle kam 1982 hinzu. Seit 2008 wird die Anlage bei laufendem Betrieb restauriert und erhält einen neuen gläsernen Westflügel.

Das aus drei Sammlungen bestehende Haus ist mit fast 1 Mio. Besuchern im Jahr das beliebteste Museum Berlins und präsentiert als atemberaubendes Highlight den **Pergamonaltar** (2. Jh. v. Chr.), ein Haupt- und Meisterwerk des Hellenismus. Der deutsche Ingenieur *Carl Humann* legte das Monument 1878–86 im vorderasiatischen Pergamon frei, eine der bedeutendsten Ausgrabungsstätten an der türkischen Westküste. Den Altar schmückt ein umlaufender *Figurenfries*, der den Kampf der Götter und Giganten darstellt. Die dramatische Komposition mit ihren heftig bewegten, dabei heroische Eleganz bewahrenden Figuren ist spannend wie ein Krimi.

Dramatische Bewegtheit: der ›Kampf der Götter und Giganten‹ am Pergamonaltar

Eine der Hauptattraktionen der Antikensammlung ist das römische *Markttor von Milet* (165 v.Chr.). Unter den griechischen Skulpturen sind es, neben bemerkenswerten Grabreliefs, vor allem die archaischen Bildwerke, die sich einprägen: so die *Berliner Göttin* (580/560 v.Chr.) aus Keratea und die *Thronende Göttin* (um 480 v.Chr.) aus Tarent. Ebenfalls Glanzlichter setzt das Vorderasiatische Museum mit seinen farbenfroh babylonischen Prachtbauten: *Ischtar-Tor*, *Prozessionsstraße* und die *Fassade von Nebukadnezars Thronsaal* (7./6. Jh,v.Chr.), begeistern jeden Besucher. Reich dekorierte Fassadenteile des *Wüstenschlosses Mschatta* (8. Jh.) aus Jordanien und manch anderes Kleinod zeigt das Museum für Islamische Kunst.

20 Schlossplatz

Hinter der zu rekonstruierenden Fassade des Stadtschlosses soll ein modernes Wissensforum entstehen.

S1, S2, S25 Friedrichstraße, S5, S7, S75, S9 Friedrichstraße und Hackescher Markt, U6 Friedrichstraße, Tram M1, M4, M5, M6, 12, Bus 100, 200, TXL

Südlich von Museumsinsel und Lustgarten liegt der Schlossplatz, einst repräsentatives Zentrum des preußischen Berlin, heute städtebauliches Niemandsland, dessen Neugestaltungsversuche immer wieder von Rückschlägen gekennzeichnet waren und sind. Hauptgegenstand der Debatten zu diesem Thema ist der Wiederaufbau des 1950 gesprengten **Berliner Stadtschlosses**, das eine der ältesten und bedeutendsten Residenzanlagen Europas war.

Im Jahr 1443 hatte Kurfürst Friedrich II. den Grundstein für eine Burg gelegt, die seine Nachfolger zum prächtigen Renaissanceschloss gestalten ließen. Ab 1699, zuerst unter Leitung *Andreas Schlüters*, dann unter *Johann Friedrich Eosander von Göthe,* wurde der Palast zu einer monumentalen barocken Residenz erweitert. Der Kuppelbau im Westen und die klassizistische Innendekoration kamen im 19. Jh. hinzu. Nach dem Ende des Kaiserreiches 1918 wurde das Stadtschloss zum Museum umfunktioniert.

Bombenangriffe im Februar 1945 zerstörten große Teile der Anlage, doch einige Säle konnten noch für Veranstaltungen genutzt werden. Das Aus kam 1950 mit dem Befehl Walter Ulbrichts, das Stadtschloss, für den SED-Chef ein Symbol des preußischen Militarismus, zu beseitigen. 1973–76 wurde an der Nordflanke des Schlossplatzes der *Palast der Republik* errichtet. Hier tagte die Volkskammer der DDR. Darüber hinaus diente der Palast als Kulturzentrum, bevor er lange Jahre leer stand und schließlich 2006–08 abgerissen wurde.

Der Palast soll durch das **Humboldt-Forum** (www.humboldtforum.de) ersetzt werden. Der Entwurf des Architekten Francesco Stella orientiert sich am Baukubus des Stadtschlosses und sieht die Rekonstruktion der drei barocken Schlüterfassaden und der historischen Kuppel vor. Um die Verwirklichung des Projektes gab es bereits in der Planungsphase turbulent verlaufende Diskussionen: Bei der Ausschreibung war es innerhalb des federführenden Bundesbauministeriums offenbar zu gravierenden Fehlern gekommen – mit der Folgewirkung, dass konkurrierende Architektenbüros den Klageweg gegen die Entscheidung für Stella beschritten. Obwohl nun alle Schwierigkeiten überwunden sind, ist der Baubeginn aufgrund von Sparmaßnahmen erst für 2014 anvisiert. Über den Stand der Dinge sowie die zukünftige Nutzung des Forums informiert seit Juli 2011 direkt am Schlossplatz die **Humboldt-Box** (Tel. 01805 030707, Fr– Mi 10–18, Do 10–22 Uhr). Außer allerlei Ausstellungen bietet sie von ihrer Aussichtsterrasse im 5. Stock einen schönen Blick auf Dom und Museumsinsel.

Den Entwurf für das in nüchtern-modernem Stil gehaltene DDR-**Staatsratsgebäude** südlich des Schlossplatzes lieferten die Architekten Roland Korn und Hans Erich Bogatzky. Sein ältestes Bauelement ist das Lustgartenportal des Stadtschlosses. Den dreigeschossigen Torbau schuf *Johann Friedrich Eosander von Göthe* 1710, die Säulen und Atlanten sind ein Werk *Balthasar Permosers*. Vom Balkon über dem Tor rief am 9. November 1918 Spartakusführer Karl Liebknecht die Sozialistische Republik aus. Zum Gedenken an dieses Ereignis ließ DDR-Staatschef Walter Ulbricht das Portal in den Neubau des Staasratsgebäudes integrieren. Jeglicher sozialistischer Umtriebe unverdächtig sind dessen heutige Nutzer, die *European School of Management and Technology* und die *Hertie School of Governance*.

21 Breite Straße

Die alte Hauptstraße Berlins ist heute ein Ort des Lesens und Musizierens.

U2 Spittelmarkt,
Bus M48, 147, 248, 347

Die Breite Straße, einst Hauptverkehrsader der Stadt *Cölln*, weist nur noch wenige historische Bauten auf. Zu ihnen gehört der **Neue Marstall** (1898–1900) mit Blick auf den Schlossplatz. Die Fassade nahm stilistisch auf das Stadtschloss Bezug. 2005 bezog ihn die *Hochschule für Musik Hanns Eisler* (www.hfm-berlin.de). Neben der Musikhochschule steht der einzige erhaltene Frühbarockbau Berlins, der **Alte Marstall**. Er entstand 1666–69, wurde später dem Neuen Marstall angegliedert und gehört der **Zentral- und Landesbibliothek Berlin** (www.zlb.de), die auch das benachbarte **Ribbeck-Haus** übernahm. Dieser Renaissancebau wurde 1624 für Kammerrat Hans Georg von Ribbeck errichtet, heute ist er der einzige seiner Stilepoche in Berlin. Bemerkenswert sind die Fenstergitter und das üppig dekorierte Portal im sog. Knorpelstil. Der Bibliothekskomplex umfasst auch einen **Erweiterungsbau** (1964–66) mit Glasfassade. Am Eingang sind 117 Stahlplatten von *Fritz Kühn* mit Variationen des Buchstabens A angebracht.

22 Brüderstraße

Barocke Wohnhäuser als Stätten von kulturhistorischer Bedeutung.

U2 Spittelmarkt,
Bus M48, 147, 248, 347

In der zur Breiten Straße parallel verlaufenden Brüderstraße interessieren zwei barocke Wohnhäuser. Das **Galgenhaus** (Nr. 10) stammt von 1688, die Fassade wurde 1805 klassizistisch erneuert. Hier pflegt die Stiftung Berliner Stadtmuseum ihre *Dokumenten-* und *Fotografische Sammlung*. Seinen Namen verdankt das Galgenhaus übrigens einer Legende: 1735 soll eine Dienstmagd vor dem Gebäude gehenkt worden sein, weil sie angeblich einen Silberlöffel gestohlen hatte. Wenig später, so heißt es, wurde dann ihre Unschuld bewiesen. Das **Nicolaihaus** (Nr. 13, verdankt seinen Namen dem Verleger, Schriftsteller und Kritiker Friedrich Nicolai, der hier 1787 mit seiner *Verlagsbuchhandlung* einzog, um die bald das gesellschaftliche Leben Berlins kreisen sollte. Carl Friedrich Zelter, der Komponist und Goethefreund, hatte als gelernter Maurer das Domizil für Nicolai umgestaltet.

Nahebei erreicht man den **Spreearm**, der das alte Cölln vom westlich vorgelagerten Friedrichswerder abgrenzte. Ans gegenüberliegende Ufer gelangt man über die **Jungfernbrücke**, eine Klappbrücke von 1798, oder über die **Gertraudenbrücke**, auf der das Bronzedenkmal der hl. Gertraud an das 1881 abgebrochene Gertraudenhospital erinnert.

Rund um den Potsdamer Platz – der Nabel der Stadt gestern und heute

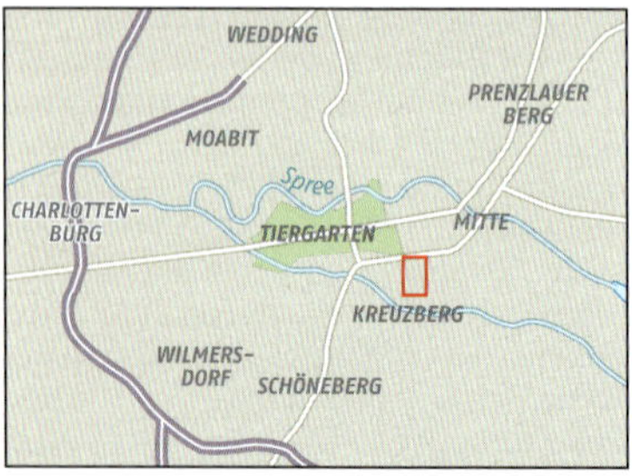

Bis in die Zeit des Zweiten Weltkriegs Regierungs- und Vergnügungsareal, dann Brachland, avancierte der Potsdamer Platz in den 1990er-Jahren zur Megabaustelle. Heute ist er einer der Hauptanziehungspunkte für Berlinbesucher – seine exzentrische **Stadtarchitektur** mit Shopping Malls, Restaurants, Kinos und Theatern sind starke Lockmittel. In der geografischen Mitte der Metropole gelegen, war er einmal der verkehrsreichste Platz Europas. Hier überquerten stündlich 600 Straßenbahnen das Terrain, zogen Tempel der Unterhaltungskunst, Luxushotels und Restaurants Einheimische wie Fremde in ihren Bann. Die wenigen Relikte dieser Epoche, die noch an den Glanz der Kaiserzeit und das urbane Tempo der Weimarer Jahre erinnern, wurden in die neue Hochhauslandschaft des Potsdamer Platzes integriert. Vom ebenfalls neu bebauten **Leipziger Platz** gelangt man zu Orten, die mit dem Zweiten Weltkrieg bzw. der Teilung Berlins verknüpft sind – wie etwa die **Topographie des Terrors** und der **Checkpoint Charlie**.

23 Potsdamer Platz

Touristenmagnet, Einkaufsoase und Schauplatz der Berlinale.

www.potsdamer-platz.net
S1, S2, S25, und U2 Potsdamer Platz,
Bus M41, M48, M85, 200, 347

Der Potsdamer Platz ist ein komplettes Stadtviertel mit Büro-, Hotel- und Wohnbauten, Einkaufspassagen und Kultureinrichtungen. Wer sich einen Überblick verschaffen will, sollte den **Panoramapunkt** aufsuchen (Potsdamer Platz 1, Tel. 030/25937080, www.panoramapunkt.de, tgl. 10–20, Nov. bis Ostern 10–17 Uhr). Von hier hat man nicht nur den Potsdamer Platz, sondern zugleich auch die Hauptsehenswürdigkeiten Berlins im Blick.

Ende des 18. Jh. noch eine Straßenkreuzung, an der Ausflugslokale standen, erlebte der Platz mit Beginn der Industrialisierung seinen Aufstieg. In den 1920er-Jahren galt er als verkehrsreichster Punkt Europas – fünf Straßen und 40 Linien öffentlicher Verkehrsmittel kreuzten sich hier, unterirdisch fuhren U- und S-Bah-

Ein etwas anderes Zelt – das Sony Center lockt mit luftiger Glashausarchitektur

nen. Deutschlands erste *Ampel* sorgte ab 1924 für reibungslosen Verkehrsfluss.

Gleichzeitig entwickelte sich am Potsdamer Platz ein Vergnügungszentrum. Das beliebteste Etablissement war das **Haus Vaterland**, in dessen Sälen pro Abend etwa 3000 Gäste verkehrten. In eleganten Hotels traf man sich zum Fünf-Uhr-Tee, im *Weinhaus Huth* zu einem guten Gläschen, und das **Vox-Haus** machte Schlagzeilen mit den ersten Rundfunk-Experimenten. Der Bombenhagel des Zweiten Weltkriegs und die Teilung der Stadt aber ließen den Potsdamer Platz zur trostlosen Brachfläche verkommen. Berlin-Besucher ließen nach dem Mauerbau ihren Blick vom hölzernen Aussichtsturm im Westen aus über die Grenzanlagen der DDR schweifen und begutachteten den Verlauf der Mauer. Längst ist von der einstigen geschichtlichen Tragik kaum mehr etwas zu erkennen. Schon bald nach der Wiedervereinigung avancierte das riesige Areal zur Spielwiese experimentierfreudiger Architekten.

Heute firmiert das 2000 fertiggestellte **Sony Center** (www.sonycenter.de) als Hauptattraktion des Potsdamer Platzes. Der deutsch-amerikanische Stararchitekt Helmut Jahn schuf rund um das Zeltdach-bekrönte *Forum* ein Ensemble aus sieben Glas- und Stahlbauten, in denen außer der Europazentrale des japanischen Weltkonzerns auch zwei Kinos [s. S. 176] und die **Deutsche Kinemathek, Museum für Film und Fernsehen** (Tel. 030/300 90 30, www.filmmuseum-berlin.de, Di–So 10–18, Do 10–20 Uhr) Platz gefunden haben. Die Sammlung bietet eine unterhaltsame Zeitreise durch die Film- und Fernsehgeschichte. Ein besonderes Highlight ist die *Marlene Dietrich* Collection mit Fotos, Requisiten, Kostümen und Briefen aus dem Nachlass der weltberühmten Berliner Schauspielerin.

Auch mehrere Restaurants finden sich im Sony Center. Eines davon, der **Kaisersaal** [s. S. 167], bietet neben deutsch-französischer Küche jede Menge Geschichte: Der Saal ist einer der wenigen Überreste des *Hotels Esplanade* (1907/08), das Anfang des 20. Jh. eines der vornehmsten Häuser der Stadt war. Sogar Kaiser Wilhelm II. verkehrte hier und verbrachte gern seine Herrenabende im speziell für ihn ausgestatteten Kaisersaal. Weitere Gäste im Grandhotel waren etwa die Schauspielerlegenden Asta Nielsen,

Greta Garbo oder Charlie Chaplin. Der später berühmte Filmregisseur Billy Wilder begann hier seine Karriere – als Eintänzer bei den populären Tanztees. Im Zweiten Weltkrieg wurde das Hotel weitgehend zerstört. Seine Ruine diente später immer wieder als Filmkulisse, etwa für ›Steiner 2‹ (1979) mit Curd Jürgens oder für Wim Wenders' ›Der Himmel über Berlin‹ (1987) – um schließlich in den Sony Center-Bau einbezogen zu werden.

Ein weiteres Neubauprojekt war das **Daimler Areal** (1998, Renzo Piano, Christoph Kohlbecker u.a.). Der langgestreckte Gebäudekomplex südlich der Potsdamer Straße bietet eine Vielzahl von Unterhaltungs-Lokalitäten – allen voran die Potsdamer Platz Arkaden mit über 100 Geschäften, Hotels und Restaurants, einer *Spielbank* (www.spielbankberlin.de), dem *Bluemax Theater* der Blue Man Group und dem *Theater am Potsdamer Platz* [beide s. S. 173]. Vor letzterem wird jedes Jahr im Februar der rote Teppich für Film- und Fernsehgrößen aus aller Welt ausgerollt, die zu den Vorführungen und Preisverleihungen der **Berlinale** [s. S. 171] schreiten. Auch in die DaimlerChrysler-City hat man ein Gebäude integriert, das den Krieg überdauert hat: das *Weinhaus Huth* (1912) an der Einmündung der Potsdamer Straße zum Potsdamer Platz. Zu seinen Gästen zählten Berühmtheiten wie Theodor Fontane und Adolph von Menzel. Heute residiert in dem Haus das **Daimler Contemporary** (Alte Potsdamer Straße 5, Tel. 030/25 94 14 20, www.sammlung.daimler.com, tgl. 11–18 Uhr), eine Einrichtung, die Wechselausstellungen zur Kunst des 20. und 21. Jh. veranstaltet.

Im Norden des Potsdamer Platzes erstreckt sich das **Beisheim-Center** (2004), stilistisch eine Reminiszenz an die frühen Wolkenkratzer der Schule von Chicago (spätes 19. Jh.), mit Büro- und Apartmentblocks, zwei Hotels und fünf Stadtvillen.

Die Wilhelmstraße und die Schatten der Vergangenheit

Die **Wilhelmstraße**, an deren Westseite im 18. Jh. Adlige ihre Palais errichtet hatten, war die Straße der Regierung zu Kaiser- und Weimarer Zeit wie auch in den NS-Jahren. Kanzler Otto von Bismarck hatte seine Privatwohnung hier, und beide Reichspräsidenten zur Weimarer Zeit, Friedrich Ebert wie auch Paul von Hindenburg, versahen hier ihre Amtsgeschäfte.

In der Hitlerzeit wurden viele Gebäude umgestaltet. In Nr. 61 a, erweitert um die Gebäude Wilhelmplatz Nr. 8 und 9, kam Joseph Goebbels' **Ministerium für Volksaufklärung und Propaganda** unter, das – neben einem Teil des ehem. Kulturministeriums und dem Justizministerium – einzige aus dieser Ära erhaltene Gebäude an der Wilhelmstraße. Die alte Reichskanzlei Ecke Voß-/Wilhelmstraße wurde von Hitlers Lieblingsarchitekt Albert Speer bis 1939 zur 430 m langen **Neuen Reichskanzlei** umgebaut.

Dahinter erstreckte sich ein gigantisches **Bunkersystem** mit Krankenstation, Werkstätten sowie dem Führerbunker für Adolf Hitler. In den letzten Kriegstagen begingen hier Hitler, seine Frau Eva Braun sowie das Ehepaar Goebbels nebst Kindern Selbstmord. Der Bunker wurde 1950 gesprengt, das Gelände eingeebnet. Zu Beginn der 1990er-Jahre fanden Mitarbeiter des Archäologischen Landesamtes den Eingang zum Bunker der Leibwache Hitlers. Der Bau steht heute unter Denkmalschutz, besichtigen kann man ihn jedoch nicht.

24 Leipziger Platz

Traditionell vornehmer Platz in einem edlen Wohnviertel, heute neu bebaut.

S1, S2, S25 und U2 Potsdamer Platz, Bus M41, M48, M85, 200, 347

Der Leipziger Platz (1732–38) und die Leipziger Straße (ab 1688) waren ab Mitte des 18. Jh., zur Zeit Friedrichs des Großen, eine vornehme Wohngegend. Sie avancierten dann um 1900 zu einer der wichtigsten *Geschäftsadressen* Berlins. Wie der nahe Potsdamer Platz versanken beide Örtlichkeiten nach dem letzten Krieg in der Bedeutungslosigkeit, dazwischen verlief ab 1961 die Mauer. Vom Leipziger Platz, der mitten im Todesstreifen lag, war nur der achteckige Grundriss im Straßenpflaster erhalten geblieben. Inzwischen ist auch er neu bebaut worden und die Platzmitte wurde wieder begrünt. An der Nordseite erhebt sich neben der **Kanadischen Botschaft** (2005) das **Mossepalais** (1996). Es erinnert an den einstigen Wohnort des jüdischen Verlegers *Rudolf Mosse*, der seit 1871 das ›Berliner Tageblatt‹ herausgab.

Um hauptstädtische Belange geht es im Berliner Abgeordnetenhaus

Nebenan stand früher das **Kaufhaus Wertheim.** Es wurde 1896–1912 nach Plänen von *Alfred Messel* errichtet und luxuriös ausgestattet. Mit 70 000 m² Verkaufsfläche war es das größte Warenhaus Europas. Das Grundstück des im Krieg zerstörten Konsumtempels, dessen Besitzer von den Nazis enteignet worden waren, soll in naher Zukunft neu bebaut werden.

An der Leipziger Straße 3–4 steht das neoklassizistische *Preußische Herrenhaus* (1899–1904), heute Sitz des **Bundesrates** (www.bundesrat.de, Führungen nur nach Voranmeldung: Tel. 030/18 910 0179, Mo–Fr 8.30, 9.45, 11.45, 13.45, 14.30, 15.45 Uhr, Fei und Aug. geschl.). Preußen hatte 1848 eine erste Verfassung erhalten, die zwei Parlamente vorsah, das Preußische Herrenhaus und den Preußischen Landtag. Ersteres war den Angehörigen der Hohenzollernfamilie und Repräsentanten des Hofes vorbehalten. Zu DDR-Zeiten residierte in seinen Räumlichkeiten die *Akademie der Wissenschaften*.

Seit 2009 gibt **›Dalí – die Ausstellung am Potsdamer Platz‹** (Leipziger Platz 7, www.daliberlin.de) anhand von über 450 Objekten Auskunft über das Lebenswerk des exzentrisch-genialen Spaniers Salvador Dalí (1904–1989). Dass dieser Klassiker der Moderne neben der Malerei auch die anderen Fächer der Bildenden Kunst beherrschte, ist hier auf faszinierende Weise und mit allen Sinnen zu erfahren.

25 Berliner Abgeordnetenhaus und Detlev-Rohwedder-Haus

Zwei Gebäude mit bewegter politischer Vergangenheit.

Niederkirchnerstraße 5 und Wilhelmstraße 97
S1, S2, S25 und U2 Potsdamer Platz, Bus M41, M48, 200, 347

Der ehem. *Preußische Landtag* (1892–97, Friedrich Schulze), in dem seit der Restaurierung 1993 das **Berliner Abgeordnetenhaus** (www.abgeordnetenhaus.de, Führungen nur nach Voranmeldung: Tel. 030/23 25 10 64) debattiert, blickt auf eine turbulente Geschichte zurück: Hier tagten 1918 die Arbeiter- und Soldatenräte, 1936 ließ NS-Reichsluftfahrtminister Hermann Göring das Gebäude zum ›Haus des Fliegers‹ umgestalten, und von 1949 bis 1953 diente es als Sitz der ersten Regierung der jungen DDR.

Nahebei steht das ehem. *Reichsluftfahrtministerium* (1935/36, Ernst Sagebiel), der erste Großbau der NS-Zeit. Hier konstituierte sich im Oktober 1949 die Volkskammer der DDR und besiegelte die Gründung eines zweiten deutschen Staates. Später diente der Bau als Haus der Ministerien. Nach der Wiedervereinigung zog die *Treuhandanstalt* ein. An deren ersten Präsidenten, der 1991 von Terroristen ermordet wurde, erinnert der Name **Detlev-Rohwedder-Haus**. Seit 1999 ist hier das *Bundesfinanzministerium* (www.bundesfinanzministerium.de) ansässig.

26 Museum für Kommunikation

Spannend-anschauliche Sammlung rund um Post und Kommunikation.

Leipziger Straße 16
Tel. 030/20 29 40
www.museumsstiftung.de
Di–Fr 9–17, Sa/So/Fei 10–18 Uhr
U2 Mohrenstraße, U2, U6 Stadtmitte,
Bus M48, 200, 347

In einem repräsentativen Neobarockbau aus wilhelminischer Zeit an der Ecke Leipziger Straße und Mauerstraße befindet sich das 1872 als Postmuseum gegründete Museum für Kommunikation. Es verdeutlicht interaktive Prozesse, zeigt multimediale Themengalerien zu allen Facetten moderner Kommunikation, aber auch z.B. historische Telegrafenapparate, die erste Telefonzelle Berlins (von 1929), historische Landkarten für Post und Verkehr sowie eine reiche Kollektion Postwertzeichen – mit Highlights wie Exemplaren der legendären *Roten* bzw. der *Blauen Mauritius* (Mitte 19. Jh.), der bis heute berühmtesten Briefmarken der Welt.

Im Martin-Gropius-Bau finden immer wieder spektakuläre Ausstellungen ihr Publikum

27 Martin-Gropius-Bau

Eleganter Rahmen für große internationale Wechselausstellungen.

Stresemannstraße 110
Tel. 030/25 48 60
www.gropiusbau.de
Mi–Mo 10–20 Uhr (nur zu Wechselausstellungen geöffnet)
S1, S2, S25 und U2 Potsdamer Platz,
S1, S2, S25 Anhalter Bahnhof,
Bus M29, M41

Errichtet wurde der Martin-Gropius-Bau 1877–81 im Stil der Neorenaissance. Die Architekten waren *Heino Schmieden* und *Martin Gropius*, ein Verwandter des berühmteren Kollegen Walter Gropius. Der Bau steht in der Nachfolge von Karl Friedrich Schinkels Bauakademie. Bis 1920 beherbergte er das *Königliche Kunstgewerbemuseum*, das mit der Dokumentation historischer Produkte aus aller Welt ein Ansporn sein sollte für das preußische Handwerk. Das im Krieg zerstörte Gebäude wurde 1979–81 wiederaufgebaut. Seit Anfang der 1990er-Jahre finden hier große internationale **Wechselausstellungen** statt. Architektonischer Glanzpunkt im Inneren ist der Lichthof, um den sich zwei Stockwerke galerieartig emporranken.

28 Topographie des Terrors

Dokumentation zur Schreckensherrschaft der Nazis im ›Dritten Reich‹.

Niederkirchnerstraße 8
Tel. 030/25 45 09 50
www.topographie.de
tgl. 10–20 Uhr, Freiluftausstellung Frühjahr–Herbst tgl. 10–Sonnenuntergang
S1, S2, S25 und U2 Potsdamer Platz,
S1, S2, S25 Anhalter Bahnhof,
U6 Kochstraße, Bus M29, M41

Zwischen dem Martin-Gropius-Bau, der Niederkirchner- und der Wilhelmstraße erinnert auf einer Freifläche die Gedenkstätte Topographie des Terrors an die Gräuel der Nazizeit. Zu Königs- und Kaiserszeiten standen hier das Prinz-Albrecht-Palais, das Hotel Prinz Albrecht und eine Kunstgewerbeschule. Während der Hitlerjahre gab die *Kommandozentrale des Todes* den Ton an, hier planten des Führers Schergen die Konzentrationslager, koordinierten Einsätze von SS und Polizei, verhörten und folterten Regimegegner. Im Hotel Prinz Albrecht residierte das von Reichsführer SS Heinrich Himm-

Kaltes Kriegs-Spiel – am Checkpoint Charlie gerieten einst USA und UdSSR aneinander

ler gegründete **Reichssicherheitshauptamt**, dessen Leiter Reinhard Heydrich zuvor im Prinz-Albrecht-Palais den Sicherheitsdienst **SD** befehligt hatte. Nahebei, von der Schule aus, betrieb die **Gestapo**, die Geheime Staatspolizei, ihr Terrorgeschäft. Die im Krieg beschädigten Bauten wurden um 1955 abgerissen. 1987 gestaltete man das Gelände zu einer Freiluftausstellung um, welche Reste der historischen Bebauung sowie ein 200 m langes Stück Berliner Mauer einbezieht.

Seit 2010 macht das **Dokumentationszentrum**, ein Pavillon von *Ursula Wilms* und *Heinz W. Hallmann*, mittels Foto- und Texttafeln, Multimedia-Präsentationen und historischen Schriftstücken die Geschichte von Gestapo, SS und Terrorbürokratie nachvollziehbar.

Die Stiftung Topographie des Terrors betreut überdies das **Dokumentationszentrum NS-Zwangsarbeit Schöneweide** (Britzer Str. 5, Tel. 030/63 90 28 80, Di–So 10–18 Uhr, S8, S46, S47 Schöneweide). Dort erinnert eine Ausstellung an die Qualen der Zwangsarbeiter zur NS-Zeit.

29 Checkpoint Charlie

Erinnerungen an den Kalten Krieg und spektakuläre Fluchtaktionen.

Friedrichstraße/Zimmerstraße
U6 Kochstraße, U2 und U6 Stadtmitte, Bus M29

In den Jahren des Kalten Krieges sorgte der Kontrollpunkt Checkpoint Charlie an der Grenze zwischen West- und Ost-Berlin (heute Nahtstelle zwischen Berlin-Mitte und Kreuzberg) nicht selten für Schlagzeilen. Hier standen sich am 27. Oktober 1961 Panzer der USA und der UdSSR im Abstand von nur 200 m schussbereit gegenüber [s. S. 50/51]. Zwei Monate zuvor hatte der Bau der Mauer aus der bis dahin belebten Friedrichstraße eine Sackgasse gemacht. Nur Diplomaten und Militärs der Siegermächte, DDR-Funktionäre und Mitarbeiter der Ständigen Vetretung der Bundesrepublik in der DDR durften den Grenzübergang passieren. Heute erinnern ein Nachbau des ersten Kontrollhäuschens hinter einem Wall von Sandsäcken und ein Schild ›Achtung! Sie verlassen den amerikanischen Sektor!‹ an kalte Zeiten.

Nahebei, in der Friedrichstraße 43–45, dokumentiert das **Mauermuseum Haus am Checkpoint Charlie** (Tel. 030/253 72 50, www.mauermuseum.de, tgl. 9–22 Uhr) die Geschichte dieses monströsen Bauwerks und das Leben in der geteilten Stadt von 1961 bis 1989, auch wird hier der gewaltfreie Kampf für Menschenrechte in der ganzen Welt thematisiert. Seit 2011 präsentiert in der Zimmerstraße 90/91 die Ausstellung **STASI** Hintergründiges zur DDR-Staatssicherheit [s. S. 91].

Themenwechsel: Wissenswertes über eine sehr beliebte Zwischenmahlzeit erfährt man bei einem Besuch der multimedialen Ausstellung des nahen **Deutschen Currywurst Museums** (Schützenstr. 70, Tel. 030/88 71 86 30, www.currywurstmuseum.de, tgl. 10–22 Uhr, s. S. 169).

30 Ehem. Anhalter Bahnhof

Nur noch eine Ruine erinnert an Berlins berühmtesten Bahnhof, der einst eine prächtige Kulisse abgab.

Askanischer Platz
S1, S2, S25 Anhalter Bahnhof,
Bus M29, M41

Bereits am 1. Juli 1841 fuhr vom Anhalter Bahnhof ein Zug in Richtung Jüterbog ab. Da sich das Bahnhofsgebäude schon bald als zu klein erwies, enstand ab 1880 ein größerer Bau. *Franz Schwechten*, einer der bedeutendsten Architekten der wilhelminischen Ära, entwarf einen Kopfbahnhof im Stil der Neorenaissance, mit einem 62,5 m breiten Dach aus Glas und Stahl. Der Anhalter Bahnhof entwickelte sich zu Berlins **Fernbahnhof Nr. 1** für Züge in Richtung Süden, nach Dresden, München, Rom und Athen. Und er war ein Ort der *Geschichte*: 1889 empfing Kaiser Wilhelm II. hier mit großem Pomp den italienischen König Umberto. Das Treffen fand im eigens eingerichteten **Kaiserzimmer** des Bahnhofs statt. Im Jahr 1919 begrüßten dann Tausende den Linkssozialisten Karl Liebknecht, der just aus dem Zuchthaus Luckau zurückkam. Und 1938 bejubelten noch größere Menschenmassen den aus dem gerade annektierten Österreich heimkehrenden Adolf Hitler. Am 30. April 1945 dann rückte am Anhalter Bahnhof die Rote Armee an. Die SS sprengte daraufhin die Schottenkammern des nahen Landwehrkanals und das Wasser ergoss sich in die Tunnel des S-Bahnhofs, in dem viele Berliner Schutz vor den Bomben gesucht hatten. Das Bahnhofsgebäude, wenn auch Krieg stark beschädigt, erfüllte noch bis 1952 seine Funktion, ehe man es sieben Jahre später sprengte. Erhalten blieb nur ein Teil der Fassade mit dem *Portikus*. Ein Modell des Bahnhofs im Jahr 1939 und zwei allegorische Figuren, die einst die große Uhr schmückten, sind heute im Deutschen Technikmuseum [Nr. 95] zu sehen, das von hier auf grünen Pfaden und über den Anhalter Steg des Landwehrkanals zu erreichen ist.

Auf dem ehem. Bahnhofsgelände ragt heute das **Tempodrom** (Möckernstr. 10, Tel. 030/747370, www.tempodrom.de) empor. Unter der markanten Beton-Zeltdachkonstruktion (von Gerkan, Marg und Partner, 2001) ist für ein vielfältiges Kultur-, Show- und Musikprogramm ebenso Platz wie für die Bade- und Saunalandschaft *Liquidrom* (So–Do 10–24, Fr/Sa bis 1 Uhr).

Böse Geschichte, tragische Geschichten – die Berliner Mauer

Der Bau der Berliner Mauer am 13. August 1961 war ein trauriger Höhepunkt des **Kalten Krieges**. Um den Westteil Berlins wurden Sperranlagen mit einer Gesamtlänge von 155 km gelegt, allein 43,1 km trennten die beiden Stadthälften voneinander. Zwar hieß es, dieser so genannte *Antifaschistische Schutzwall* solle gegen Spionage und Aggressionen aus dem Westen schützen, tatsächlich aber diente die Mauer dazu, die große Fluchtbewegung gen Westen im Gefolge der deutschen Teilung einzudämmem.

Im ausgebombten West-Berlin gab es wenig Raum für die Menschen aus dem Osten. Daher richtete man Notaufnahmelager ein, von wo die Flüchtlinge ins Bundesgebiet weitergeleitet wurden. Die heutige **Erinnerungsstätte Notaufnahmelager Marienfelde** (Marienfelder Allee 66–80, Tel. 030/75 00 84 00, www.notaufnahmelager-berlin.de, Di–So 10–18 Uhr, Führungen Mi, So 15 Uhr) dokumentiert Einzelschicksale jener Notjahre. So kann eine original erhaltene Flüchtlingsunterkunft aus den 1950er-Jahren bestaunt werden. Bis 1990 nahm Marienfelde 1,35 Mio. DDR-Abtrünnige auf.

Die Reaktion der US-Regierung auf den Mauerbau war verhalten, was viele Berliner enttäuschte. Allerdings hielt **Präsident John F. Kennedy** sein Versprechen vom 25. Juli 1961, demzufolge es in der Frage des freien Zugangs nach West-Berlin und der Freiheit von dessen Bewohnern keine Kompromisse mit den Sowjets geben werde. Entsprechend stürmisch wurde er bei seinem Berlin-Besuch 1963 empfangen. Als Kennedy am 26. Juni vor dem Rathaus Schöneberg die berühmten Worte **»Ich bin ein Berliner!«** ausrief, jubelte ihm die Menge zu. Über den Berlinaufenthalt Kennedys informiert das kleine Museum *The Kennedys* [s. S. 20].

Das West-Berliner Medienereignis verhallte im Osten nicht ohne Echo: Eiligst wurde ein Besuch von Kremlchef Nikita Chruschtschow anberaumt. Als der am 28. Juni 1963 im offenen Wagen durch Ost-Berlin fuhr, feierten ihn die Menschen am Straßenrand, und auch er hielt eine Rede – allerdings vor dem Roten Rathaus.

Heute ist von der Mauer, die Berlin fast 30 Jahre durchtrennte, nur noch wenig zu sehen. Um Mauerreste und Gedenkstätten zu bewahren und die Erinnerung an die Teilung wach zu halten, beschloss der Berliner Senat 2006 das **Gesamtkonzept Berliner Mauer** (www.berlin.de/mauer):

Den innerstädtischen Verlauf des Bauwerks markiert eine Doppelreihe **Pflastersteine** mit der Inschrift ›Berliner Mauer 1961–1989‹. Individuelle Spurensuche ermöglicht der GPS-gesteuerte multimediale **MauerGuide** (Tel. 030/88713624, www.mauerguide.com, Ausleihstellen: z. B. East Side Gallery, Checkpoint Charlie, Brandenburger Tor, tgl. 10–18 Uhr), der, ergänzt um Ton- und Bilddokumente, zu den interessanten Orten führt. Zudem informiert die **Geschichtsmeile Berliner Mauer** auf 29 Glastafeln über wichtige Ereignisse – geglückte Tunnelfluchten sind darunter, aber auch tragische Todesfälle.

Am **Checkpoint Charlie** [s. S. 49] wird an jene *Panzerkonfrontation* zwischen Amerikanern und Sowjets erinnert, die am 27. Oktober 1961 einen Moment lang eine Kriegshandlung greifbar erscheinen ließ. Es ging um die uneingeschränkte Bewegungsfreiheit der West-Alliierten in ganz Berlin. Heute ist bekannt, dass beide Seiten den Befehl hatten, im Notfall zu schießen. Doch 16 Stunden später war der Spuk vorbei, ohne dass etwas passiert war. Die USA war zufrieden, dass die Abhängigkeit der DDR von Moskau nun offensichtlich war, und die ostdeutsche Seite frohlockte, weil die US Army fortan ihre Testfahrten in Ost-Berlin unterließ.

Am **Brandenburger Tor** informieren Tafeln über den Antrittsbesuch des russischen Präsidenten *Michail Gorbatschow* 1986 und die Rede des US-Präsidenten *Ronald Reagan* 1987 mit dem berühmten Ausspruch: »Mister Gorbatschow, open this gate!« Seit 2009 präsentiert das **Zeitgeschichtliche Portal** (tgl. 8–22 Uhr) im U-Bahnhof Unter den Linden Dokumentationsmaterial zur Mauergeschichte.

Die zentrale **Gedenkstätte Berliner Mauer** [s. S. 83] mit Dokumentationszentrum an der *Bernauer Straße* vermittelt nachhaltige Eindrücke zu dem ernsten Kapitel jüngster Vergangenheit.

Seit Herbst 2011 veranschaulicht im sog. **Tränenpalast** [s. S. 35], der einstigen Grenzübergangsstelle für die Ausreise von Ost nach West am Bahnhof Friedrichstraße, die Stiftung Haus der Geschichte der Bundesrepublik Deutschland mit biografischen Beispielen, Originalobjekten und Zeitzeugeninterviews das Berliner Leben angesichts von Teilung und ständigen Grenz-Erfahrungen.

Der mit 1,3 km längste erhaltene Mauerabschnitt begleitet die Spree zwischen Ostbahnhof und Warschauer Straße. 1990 bemalten 118 Künstler aus aller Welt die Betonplatten. Bekanntestes Motiv dieser **East Side Gallery** (Mühlenstraße, www.eastsidegallery-berlin.de): *Dmitrij Vrubels* Werk ›Bruderkuss‹ (den Erich Honecker und Kremlchef Breschnew‹ einst tauschten). Ironisch ist begefügt: ›Mein Gott, hilf mir, diese tödliche Liebe zu überleben‹. 2009 wurde der unter Denkmalschutz stehende Mauerabschnitt saniert. Der größte Teil der Künstler kam erneut nach Berlin, um die alten Bilder an derselben Stelle wieder aufzutragen.

Dem ausgeschilderten und kommentierten **Berliner Mauerweg** (160 km, z. B. ab Potsdamer Platz) am Grenzstreifen um West-Berlin entlang kann man per Rad oder zu Fuß folgen. Für Tagestouren oder Spaziergänge sind 14 Teilstrecken (von 7 bis 21 km) ausgewiesen – allesamt mit öffentlichen Verkehrsmitteln zu erreichen.

Erinnerungen an ein geteiltes Land – die Gedenkstätte Berliner Mauer an der Bernauer Straße

Kulturforum, Botschaftsviertel und Tiergarten – Kultur, Politik und Natur in schöner Eintracht

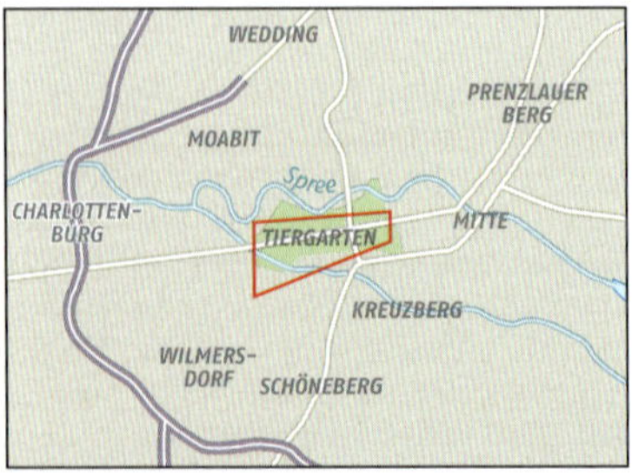

Das **Kulturforum** nahe dem Potsdamer Platz gilt als das Pendant zur Museumsinsel. Weltrang haben hier nicht nur Kunstsammlungen wie die Gemäldegalerie und die Neue Nationalgalerie. Eine erste Adresse in Sachen klassische Musik ist seit Jahrzehnten die **Berliner Philharmonie**, Heimatbühne der legendären Philharmoniker. Kleine Fluchten ins Grüne verheißt der **Tiergarten**, der beliebteste Park der Hauptstadt, der zudem mit symbolträchtigen Sehenswürdigkeiten wie der **Siegessäule** und dem **Schloss Bellevue** aufwartet. Das Tiergartenviertel, im 19. Jh. noch Ausflugsziel vor den Toren der Stadt, avancierte zur vornehmen Wohngegend und war bis 1945 **Botschaftsviertel**. Die Rückkehr der Diplomaten nach Berlin in jüngster Vergangenheit gab Anlass für allerlei Neubauten mit z. T. exzentrischem Flair: eine Art Bilderbogen zur Weltarchitektur im 21. Jh.

31 St.-Matthäus-Kirche

Gotteshaus in neobyzantinischem Stil – und rundherum viel Kunst.

Matthäikirchplatz 4
Tel. 030/262 12 02
www.stiftung-stmatthaeus.de
Di–So 12–18 Uhr
S1, S2, S25 und U2 Potsdamer Platz, Bus M29, M41, M48, M85, 200, 347

Die St.-Matthäus-Kirche wurde 1844–46 nach Plänen von *Friedrich August Stüler* als dreischiffige Halle in neobyzantinischem Stil errichtet. 1960 kam die Wiederherstellung des Baus nach Kriegsschäden zum Abschluss, das Innere erhielt z.T. eine zeitgenössische Ausstattung: klassisch-moderne Werke wie der *Christuskopf* von Gerhard Marcks oder die *Glasfenster* Sigmund Hahns gehören dazu, aber auch ein spätgotischer *Schmerzensmann* der Riemenschneider-Schule. Im Aufgang zum **Turm** hängen 16 Gemälde zu Texten des Matthäus-Evangeliums von *Gisela Breitling*. Von oben bietet sich ein schönes Stadtpanorama. Musikfreunde wissen die Konzerte zu schätzen.

Gemäldegalerie, Philharmonie, dahinter der Potsdamer Platz: das Kulturforum begeistert

Mitte des 19. Jh. lag die St.-Matthäus-Kirche in einem der vornehmsten Viertel der Metropole. Erst bauten hier reiche Berliner ihre Sommerhäuser, später entstanden Vorstadtvillen, um 1900 dann Botschaften und nahezu feudale Wohnsitze. Die **Villa Parey** etwa, Ende des 19. Jh. errichtet, gehörte dem Verleger Paul Parey. Heute ist das historische Gebäude in die Gemäldegalerie [Nr. 32] integriert. Zur NS-Zeit riss man das Viertel im Zuge der größenwahnsinnigen Planungen für eine Welthauptstadt *Germania* ab. Städtebauliche Konzepte nach 1945 schließlich mündeten in die Verwirklichung des Berliner **Kulturforums** (Tel. 030/266 42 30 40, www.kulturforum-berlin.com) nach den Plänen *Hans Scharouns* (1893–1972). Dieser selbst baute 1960–63 die Philharmonie [Nr. 36]. Die drei Museen [Nr. 33–35, 38] und die Staatsbibliothek [Nr. 37] entstanden in den folgenden Jahrzehnten von anderer Hand. Dank seiner hochkarätigen Sammlungen gilt das Kulturforum als Pendant zur Museumsinsel, Begrünungsmaßnahmen sollen den mitunter kalt wirkenden Stadtraum in Zukunft auch landschaftsarchitektonisch interessant machen.

32 Gemäldegalerie

TOP TIPP

Hier haben die Alten Meister aus Ost und West wieder eine gemeinsame Bleibe gefunden.

Matthäikirchplatz 4–6
Tel. 030/266 42 42 42
www.smb.museum
Di/Mi, Fr–So 10–18, Do 10–22 Uhr
S1, S2, S25 und U2 Potsdamer Platz,
Bus M29, M41, M48, M85, 200, 347

Die Eröffnung der Gemäldegalerie (Hilmer, Sattler und Albrecht) am Kulturforum im Jahr 1998 gilt als Meilenstein in der Historie dieses hochkarätigen Museums. Dessen exquisiter Fundus, aus den Sammlungen des Großen Kurfürsten und Friedrichs des Großen hervorgegangen, war nach dem Zweiten Weltkrieg im Zuge der deutschen Teilung auseinander gerissen worden. Teile des wertvollen Bestandes befanden sich über Jahrzehnte im West-Berliner *Museumskomplex Dahlem*, andere in Ost-Berlins *Bode-Museum*. Die wieder vereinte Sammlung mit glanzvollen Werken **Alter Meister** gehört zu den bedeutendsten ihrer Art in Europa.

Alte Meister, junge Schüler – große abendländische Malerei zeigt die Gemäldegalerie

Im Zentrum des Baus öffnet sich eine von Säulen gegliederte, glasüberkuppelte Wandelhalle. In den umliegenden 18 Sälen und 41 Kabinetten werden um die 1000 Meisterwerke präsentiert. Die Studiengalerie im Sockelgeschoss zeigt weitere 400 Exponate. Aufgeboten werden deutsche, altniederländische und italienische Gemälde des 13.–16. Jh., ferner flämische und holländische, französische und englische Malerei des 17. und 18. Jh.

Zu den **Glanzstücken** der Sammlung zählen Werke von Jan van Eyck, Rogier van der Weyden, Albrecht Dürer und Lucas Cranach d. Ä., Arbeiten von Frans Hals, Peter Paul Rubens, Anthonis van Dyck, Sandro Botticelli, Raffael, Tizian, Giorgione und Caravaggio, von Nicolas Poussin, Antoine Watteau und Francois Boucher.

Absoluten Weltrang besitzt die hiesige **Rembrandt-Sammlung** – sie umfasst allein 16 grandiose Gemälde dieses großen Niederländers des 17. Jh., darunter ›Simson und Delilah‹ (1628), ›Simson bedroht seinen Schwiegervater‹ (1635) und ›Jakob im Kampf mit dem Engel‹ (1660).

Einige bedeutende Werke aus dem Bestand der Gemäldegalerie werden heute übrigens im *Bode-Museum* [s. S. 40] im thematischen Zusammenhang mit der Skulpturensammlung gezeigt.

33 Kupferstichkabinett und Kunstbibliothek

Eine der größten grafischen Sammlungen der Welt.

Matthäikirchplatz 8
Tel. 030/266 42 42 42
www.smb.museum
Di/Mi, Fr 10–18, Do 10–22,
Sa/So 11–18 Uhr
S1, S2, S25 und U2 Potsdamer Platz,
Bus M29, M41, M48, M85, 200, 347

Der 1994 eröffnete Bau für Kupferstichkabinett und Kunstbibliothek ist mit der Gemäldegalerie durch das Foyer räumlich verbunden. Säle und Depots bieten einer der größten grafischen Kollektionen der Welt Obdach: um die 110 000 Zeichnungen, Aquarelle, Pastelle und Ölskizzen, dazu 550 000 Druckgrafiken vom Mittelalter bis zur Gegenwart finden sich hier, darunter Meisterwerke von Botticelli, Dürer, Rembrandt, Picasso und Andy Warhol. Hinzu kommen mehr als 100 illuminierte Handschriften, über 400 Miniaturen des 11.–16. Jh., fast 250 Inkunabeln (Drucke der Frühzeit) sowie rund 1500 illustrierte Bücher der Zeit vom 17.–20. Jh.

Die umfangreiche Fotosammlung der Kunstbibliothek präsentiert das *Museum für Fotografie* [Nr. 110] am Bahnhof Zoo.

34 Kunstgewerbemuseum

Gebrauchskunst und Kunsthandwerk vom Mittelalter bis heute.

Herbert-von-Karajan-Straße 10
Tel. 030/266 42 42 42
www.smb.museum
Di–Fr 10–18, Sa/So 11–18 Uhr
S1, S2, S25 und U2 Potsdamer Platz,
Bus M29, M41, M48, M85, 200, 347

Das 1985 eröffnete Kunstgewerbemuseum ist ein Stahlskelettbau mit vorgeblendeter Ziegelfassade, den *Rolf Gutbrod* entworfen hat. Die Sammlung umfasst alle Sparten europäischen Kunstgewerbes vom Mittelalter bis in die Gegenwart. Hervorzuheben ist der kostbare **Welfenschatz** (11.–15. Jh.) mit Reliquiaren und dem reich verzierten Welfenkreuz aus dem 11. Jh. Sehenswert sind überdies das *Lüneburger Ratssilber* (15./16. Jh.), Abraham Roentgens *Verwandlungstisch* aus dem 18. Jh. sowie das im Untergeschoss gezeigte zeitgenössische Produktdesign. Eine Dependance der Sammlung befindet sich im *Schloss Köpenick* [Nr. 99].

35 Musikinstrumenten-Museum

400 Jahre Musikgeschichte im Spiegel ausgewählter Instrumente.

Tiergartenstraße 1
Eingang: Ben-Gurion-Straße
Tel. 030/25 48 11 78
www.sim.spk-berlin.de
Di/Mi, Fr 9–17, Do 9–22,
Sa/So 10–17 Uhr
S1, S2, S25 und U2 Potsdamer Platz,
Bus M29, M41, M48, M85, 200, 347

Unweit der Philharmonie [Nr. 36] steht das gleichfalls von *Hans Scharoun* geplante, indessen erst 1984 eingeweihte Musikinstrumenten-Museum (MiM). Die Sammlung besteht aus über 3500 Instrumenten des 16.–20. Jh., von denen 800 in der Ausstellung gezeigt werden – darunter auch einige Unikate aus der Renaissance und aus dem Barock. Die meisten dieser Kostbarkeiten sind sogar noch bespielbar. Besondere Aufmerksamkeit erheischt die riesige, tongewaltige *Mighty Wurlitzer Theaterorgel* (Vorführung Sa 12 Uhr, nach der 11-Uhr-Führung) von 1929. Im *Studio* können Besucher historische oder moderne Instrumente ausprobieren. Die *Fachbibliothek* des Hauses hält über 40 000 Bände bereit, im Bildarchiv sind 55 000 Dokumente versammelt. Außerdem gibt es einen Konzertsaal sowie einige Restaurierungswerkstätten.

36 Berliner Philharmonie

Konzertsäle von besonderer ästhetischer und akustischer Brillanz.

Herbert-von-Karajan-Straße 1
Tel. 030/25 48 80
Tel. 030/25 48 89 99 (Tickets)
www.berliner-philharmoniker.de
Führungen: tgl. 13 Uhr, Tel. 030/25 48 81 56
S1, S2, S25 und U2 Potsdamer Platz,
Bus M29, M41, M48, M85, 200, 347

Die Philharmonie wurde von *Hans Scharoun* nach akustischen Kriterien konzipiert: Der Orchesterraum befindet sich fast im Mittelpunkt des **Konzertsaals** und wird von den Zuschauerreihen umringt. Bemerkenswert ist auch die *Dachsilhouette*, die Scharoun als Himmelszelt verstanden wissen wollte. 1963 wurde das Gebäude eingeweiht, 1979 erhielt es seine goldschimmernde Kunststoffverkleidung. In Anspielung auf ihren langjährigen Chefdirigenten **Herbert von Karajan** (1908–1989) und zugleich ihrer exzentrischen Bauform wegen wurde die Philharmonie einst ›Zirkus Karajani‹ genannt. Nebenan findet sich der 1984–87 erbaute **Kammermusiksaal**. Die *Kleine Philharmonie* bietet knapp 1100 Plätze.

Seit 2002 ist **Sir Simon Rattle** Chefdirigent der *Berliner Philharmoniker* und künstlerischer Leiter der Philharmonie. Seine bemerkenswerten Musik- und Tanzprojekte mit Kindern und Jugendlichen sind im Film ›Rhythm Is It‹ (2004) dokumentiert, und die Asien-Tournee des Orchesters von 2005 wurde als ›Trip to Asia – Die Suche nach dem Einklang‹ (2008) verfilmt.

Die Berliner Philharmoniker auf der Orchesterbühne ihres spektakulären Konzertsaals

Kunststücke – nach Plänen Ludwig Mies van der Rohes entstand die Neue Nationalgalerie. Vorne eine Skulptur von Alexander Calder (1965), im Hintergrund die St.-Matthäus-Kirche

37 Staatsbibliothek zu Berlin (Bau 2)

Riesige Forschungsbibliothek der Moderne und Gegenwart.

Potsdamer Straße 33
Tel. 030/26 60
www.staatsbibliothek-berlin.de
Mo–Fr 9–21, Sa 9–19 Uhr
S1, S2, S25 und U2 Potsdamer Platz,
Bus M29, M41, M48, M85, 200, 347

Die Bestände der Staatsbibliothek Unter den Linden [Nr. 7] waren durch die Teilung der Stadt für West-Berliner lange Zeit nicht zugänglich. Im Westen entstand daher ein eigener Neubau für die Staatsbibliothek. Die räumliche Trennung blieb zwar auch nach der Wiedervereinigung bestehen, doch firmieren seit 1991 die Büchersammlungen unter dem gemeinsamen Namen **Staatsbibliothek zu Berlin – Preußischer Kulturbesitz**.

Das Bibliotheksgebäude an der Potsdamer Straße, einer der größten modernen Bauten seiner Art in Europa, entstand 1967–76 nach Plänen von *Hans Scharoun*. Bei einer Länge von 229 m und einer Breite von 152 m beträgt die Gesamtfläche rund 81 000 m². Heute sind hier 7 Mio. Bücher und Druckschriften aus aller Welt mit Erscheinungstermin ab 1946 versammelt. Allein 430 Nachlässe gehören zum Bestand, etwa die von Herder, Fichte, Hegel, Schopenhauer, Mendelssohn, Hauptmann, Baedeker und Sauerbruch.

38 Neue Nationalgalerie

Mies van der Rohes klassisch-moderner Bau birgt Meisterwerke des 20. Jh.

Potsdamer Straße 50
Tel. 030/266 42 42 42
www.smb.museum
Di/Mi, So 10–18, Do 10–22,
Fr/Sa 10–20 Uhr
S1, S2, S25 und U2 Potsdamer Platz,
Bus M29, M41, M48, M85, 200, 347

1965–68 entstanden, sollte dieser quadratische Stahl-Glas-Bau die Vorstellung seines Architekten *Ludwig Mies van der Rohe* (1886–1969) von einem ›Universalraum‹ umsetzen. Die Haupthalle zeigt sich daher als riesige Raumhülle, deren Leere nur von zwei Bau-Elementen unterbrochen wird – und den Treppen zum *Untergeschoss*, in dem sich die Ausstellungssäle befinden. Schwerpunkte der Sammlung zur **Klassischen Moderne** sind überwiegend Gemälde der Stilrichtungen Kubismus (Picasso, Léger), Expressionismus (Kirchner, Schmidt-Rottluff, Heckel), Bauhaus (Klee, Kandinsky) und Surrealismus (Dalí, Miro). Zu den Highlights zählen Edvard Munchs ›Der Lebensfries‹ (1906/07),

George Grosz' ›Stützen der Gesellschaft‹ (1926), Max Ernsts ›Capricorne‹ (1948) sowie elf Gemälde von Max Beckmann, darunter die beiden großformatigen Werke ›Geburt‹ und ›Tod‹ (1937 bzw. 1938). Einen Schlussakzent setzt eindrucksvoll der Bereich Abstrakte Malerei aus den 1960/70er-Jahren, vertreten etwa durch Werke von Frank Stella und Elsworth Kelly.

Die Neue Nationalgalerie hat sich darüber hinaus auch als Ort regelmäßig stattfindender **Wechselausstellungen** einen Namen gemacht; wenn eine solche vorbereitet wird, bleibt das Haus geschlossen (bitte Tagespresse beachten). Vor dem Gebäude stehen moderne Plastiken. Besonders markant ist Alexander Calders Stahlmonument ›Têtes et Queue‹ (1965).

39 Gedenkstätte Deutscher Widerstand

Dokumentation an historischem Ort.

Stauffenbergstraße 13–14
Eingang über den Ehrenhof
Tel. 030/26 99 50 00
www.gdw-berlin.de
Mo–Mi, Fr 9–18, Do 9–20,
Sa/So/Fei 10–18 Uhr
S1, S2, S25 und U2 Potsdamer Platz,
Bus M29, M41, M48, M85, 200, 347

Im Hof des einstigen *Reichsmarineamts* (1911–14) erinnert ein Ehrenmal an die Opfer des 20. Juli 1944. Dort, wo die Gedenktafel hängt, wurden an jenem Tag die Wehrmachtsoffiziere von Stauffenberg, Mertz von Quirnheim, von Haeften und Olbricht nach ihrem gescheiterten Attentat auf Hitler standrechtlich erschossen. Der sog. **Bendlerblock** war 1935–45 Sitz des Oberkommandos der Wehrmacht. Im 2. Stock befindet sich heute eine Ausstellung zum Thema ›Widerstand gegen den Nationalsozialismus‹.

Als weiterer Standort gehört zu dieser Erinnerungsstätte der NS-Zeit auch die **Gedenkstätte Plötzensee** (Hüttigpfad, www.gedenkstaette-ploetzensee.de, März–Okt. tgl. 9–17, Nov.–Febr. tgl. 9– 16 Uhr, Bus 123) nördlich von Charlottenburg. Im Gefängnis Plötzensee wurden bis 1945 fast 3000 Menschen hingerichtet. Rund die Hälfte davon waren Deutsche, viele von ihnen Widerstandskämpfer gegen das Regime. Der Hinrichtungsraum ist heute ein Ort stillen Gedenkens. Nebenan informiert eine Ausstellung über die Geschichte des Gefängnisses.

40 Bauhaus-Archiv – Museum für Gestaltung

Erinnerungen an die bedeutendste Kunst- und Designschule des 20. Jh.

Klingelhöferstraße 14
Tel. 030/25 40 02 78
www.bauhaus.de
Mi–Mo 10–17 Uhr
U1, U2, U3, U4 Nollendorfplatz,
Bus M29, 100, 106, 187

Erst zehn Jahre nach seinem Tod ging der Wunsch des Bauhaus-Gründers *Walter Gropius* in Erfüllung: 1976–79 wurde sein 1964 entworfenes Museumsgebäude in seiner Heimatstadt Berlin realisiert. Gedacht war es als Archiv dieser Kunstschule, die Baukunst und Design des 20. Jh. im Weltmaßstab geprägt hat. Hauptmerkmal des Hauses ist die klar gegliederte *Betonfassade* mit den hoch aufragenden Shed-Dächern. Archiv und Museum für Gestaltung bilden die weltgrößte Sammlung zum Bauhaus. Gezeigt werden Architekturmodelle und -entwürfe, Gemälde und Zeichnungen, aber auch Möbel – von Bauhaus-Künstlern wie Ludwig Mies van der Rohe, Oskar Schlemmer, Marcel Breuer oder Laszlo Moholy-Nagy. Hinzu kommen kunsthandwerkliche und industrielle Erzeugnisse, die den Einfluss der Bauhausbewegung auf das moderne Design zeigen. Ein Erweiterungsbau für das beliebte Museum ist in Planung.

41 Botschaftsviertel

Berlins ›neues‹ Diplomaten-Areal zeigt architektonische Highlights.

Stauffenbergstraße, Tiergartenstraße,
Rauchstraße, Klinghöferstraße
S1, S2, S25 und U2 Potsdamer Platz,
Bus M29, M41, M48, M85, 200, 347

Nach dem Krieg war das Diplomatenviertel südlich des Tiergartens weitgehend dem Verfall preisgegeben. Nach der Wiedervereinigung blühte das Ambiente auf. Alte Botschaftsgebäude wurden restauriert und spektakuläre Neubauten entstanden.

Von *Hans Hollein* stammt das Konzept der **Österreichischen Botschaft** (Stauffenbergstraße 1) mit ihrer schwungvollen Schaufassade. Dem Bauhaus scheint die streng kubisch geformte **Indische Botschaft** (Tiergartenstraße 16/17) verpflichtet. Älteren Datums ist die **Japanische Botschaft** (Tiergartenstraße 24/25), sie wurde 1938–42 von *Ludwig Moshammer* errichtet und 1987 originalgetreu wiederhergestellt. Nebenan (Nr. 21–23) steht die 1938–42 nach Plänen *Friedrich Hetzels* im neoklassizistischen Stil gestaltete **Italienische Botschaft**. Als gesamtskandinavisches Diplomatencenter kommen die **Nordischen Botschaften** (Rauchstraße 1) hypermodern daher, das norwegische Segment etwa ziert ein luftiger Baukörper aus Espenholz. Gegenüber fordert die **Mexikanische Botschaft** (Klinghöferstraße 3–11) mit ihrer an Le Corbusier erinnernden Lamellenfassade Beachtung.

Die Szenerie wird zusätzlich belebt durch originelle Neubauten von *Vertretungen Deutscher Länder*, wie z.B. der **Nordrhein-Westfalens** (Hiroshimastraße 12–16), erbaut 2000–2002 von Petzinka und Pink mit einer parabelförmigen Rautenfassade aus Holz. Weitere Länder-Repräsentanzen entstanden in den *Ministergärten* nördlich vom Leipziger Platz.

42 Tiergarten

TOP TIPP *Berlins beliebtester Park, zugleich das größte Erholungsgebiet in der Stadt.*

Straße des 17. Juni
S5, S7, S75, S9 Tiergarten und Bellevue, U9 Hansaplatz,
Bus 100, 106, 187, 200

Idyllische Wasserläufe, Teiche und Wiesen, der weit verzweigte *Neue See* mit Café und Bootsverleih, zahllose Spazierwege, die an allerlei Brunnen und Skulpturen vorbeiführen (oft sind es Denkmäler großer deutscher Dichter und Komponisten) – so präsentiert sich der Tiergarten heute wieder. Nach dem Zweiten Weltkrieg hatten die Berliner die Bäume abgeholzt und im Park Kartoffeln und Rüben gezogen. Doch mit dem Anpflanzen einer Linde gab der legendäre Regierende Bürgermeister jener dramatischen Jahre, Ernst Reuter (1889–1953), schon 1949 das Zeichen zur Wiederaufforstung.

Die Geschichte des Tiergartens setzte 1527 ein, als Brandenburgs Kurprinz Joachim der Jüngere hier einen **Tier- und Lustgarten** anlegen ließ, der dem Hof als Jagdgebiet diente. Friedrich der Große veranlasste 1742 die Umgestaltung zu einem Barockpark. Im 19. Jh. gab *Peter Joseph Lenné* dem Areal dann das Gepräge eines englischen Landschaftsgartens.

Der 2006 eröffnete *Tiergartentunnel* hat wesentlich zur Verkehrsberuhigung des Gebietes beigetragen, und so konnten Teile des Parks wieder zusammenwachsen, ganz im Sinne der Pläne Lennés.

Die Trasse für die heutige **Straße des 17. Juni**, die den Tiergarten Richtung Brandenburger Tor durchquert, wurde bereits 1695 als Verbindung zwischen dem Stadtschloss und Schloss Charlottenburg angelegt. 1938 ließ sie Albert Speer, damals der NS-Generalbauinspektor für Berlin, zu einer 40 m breiten Aufmarschroute ausbauen. Die Straße, die 1953 in Erinnerung an den Volksaufstand in der DDR ihren heutigen Namen erhielt, zeugt in ihren Dimensionen immer noch von Hitlers

Jede Menge Holz – die Botschaften von Norwegen, Finnland, Dänemark und Schweden

Eine Idylle, die Staat macht: Schloss Bellevue (vorne), Bundespräsidialamt und Siegessäule

Stadtbauprojekt *Germania*. Auf dem Weg zum Brandenburger Tor passiert man das **Sowjetische Ehrenmal** von 1946. Die 6 m hohe Figur eines Rotarmisten mit geschultertem Gewehr soll aus Marmorblöcken der im Krieg zerstörten Neuen Reichskanzlei angefertigt worden sein.

43 Siegessäule

Das Symbol von Preußens Gloria im Vorfeld der Reichgründung 1871 – jüngst (2011) saniert.

Großer Stern
Bus 100, 106, 187

›Goldelse‹ nennen die Berliner ihre **Viktoria** wenig respektvoll. Die populäre Figur bekrönt die Siegessäule im Zentrum des Platzes Großer Stern, trägt Lorbeerkranz und Speer und ist nun keineswegs eine zierliche Dame – immerhin beträgt ihr Gewicht 35 t und ihre Höhe von Kopf bis Fuß stolze 8 m. Wer ihr auf der luftigen **Aussichtsplattform** in 48 m Höhe Gesellschaft leisten möchte, muss eine Wendeltreppe mit 285 Stufen im Inneren der Säule erklimmen.

Der spätere Kaiser Wilhelm I. gab dem Baumeister *Johann Heinrich Strack* 1864 den Auftrag – ein Monument sollte es sein, das mit Beutestücken aus den siegreichen Feldzügen jener Zeit zu bestücken sei. Strack ließ bis 1873 die Siegessäule errichten und sie mit erbeuteten, nachträglich vergoldeten *Geschützrohren* zieren. Am quadratischen Sockel aus rotem Granit zeigen *Bronzereliefs* Szenen aus den Befreiungskriegen. Ein *Glasmosaik* Anton von Werners an der Innenwand des Säulengangs thematisiert den Weg zur deutschen Einheit im Gefolge des Sieges über Frankreich (1871).

Am **Großen Stern**, von dem fünf belebte Durchfahrtsstraßen und einige Gehwege ausstrahlen, stehen die **Statuen** von Otto Bismarck, Generalfeldmarschall Helmuth Graf von Moltke und Kriegsminister Albrecht von Roon, allesamt in den Jahren nach 1900 vollendet. Bismarck und Moltke standen wie die Siegessäule bis 1938 vor dem Reichstag, dann wurden sie von den NS-Behörden hierher versetzt.

44 Schloss Bellevue

Das frühklassizistische Schloss ist Amtssitz des Bundespräsidenten.

Spreeweg 1
www.bundespraesident.de
S5, S7, S75, S9 Bellevue, U9 Hansaplatz, Bus 100, 106, 187

Schloss Bellevue blickt auf eine lange Geschichte zurück. 1718 sollten hier Maulbeerbäume für die königliche Seidenraupenzucht angepflanzt werden – was misslang. Ab 1746 baute sich *Georg Wenzeslaus von Knobelsdorff,* der Leibarchitekt Friedrichs des Großen, hier ein Haus. Das frühklassizistische Schloss Bellevue entstand dann 1785–87 nach Plänen von *Philip Daniel Boumann* für Prinz August Ferdinand, Friedrichs jüngsten Bruder. Der Landsitz blieb bis 1918 im Besitz der Hohenzollern. Nach Zerstörung im letzten Krieg wurde Bellevue 1959 rekonstruiert, seit 1994 dient es als Amtssitz des **Bundespräsidenten**. Eindrucksvoll und so wie einst von *Carl Gotthard Langhans* klassizistisch konzipert zeigt sich der ovale *Festsaal* (1791).

Der 1784 angelegte **Schlosspark** galt als einer der schönsten Landschaftsgärten der Stadt – der herrlichen Aussicht wegen, die man von hier aus auf andere Schlösser und Parks sowie die Spree hatte, hieß er bald Bellevue. Nach dem Zweiten Weltkrieg wurde der Garten wieder aufgeforstet und in den Grundzügen rekonstruiert. Im Südteil steht heute das elliptisch gebaute **Bundespräsidialamt** (1996–98, Gruber und Kleine-Kraneburg).

45 Hansaviertel

Am Nordwestrand des Tiergarten entstand eine Ikone der Moderne.

Altonaer Straße, Bach-, Lessingstraße, Klopstockstraße und Bartningallee, U9 Hansaplatz, Bus 100, 106, 187

Charakteristisch für das Hansaviertel sind frei im Grünen stehende, von der Straße zurückversetzte moderne Wohngebäude – eine lockere Mischung aus Flachbauten, vier- bis sechsstöckigen Blocks und Hochhäusern, die auch soziale und kulturelle Einrichtungen einschließen. 48 Elite-Architekten aus 13 Ländern – unter ihnen Alvar Aalto, Walter Gropius, Max Taut und Oscar Niemeyer – waren an der Realisierung der Siedlung beteiligt, die als Zentrum der *Internationalen Bauausstellung* 1957 fungierte und als einmaliges Bauzeugnis der klassischen Moderne gilt.

In der Altonaer Straße 22 ist das **Grips-Theater** [s. S. 175] ansässig, das unter Leitug von *Volker Ludwig* ab 1994 zum bekanntesten Kinder- und Jugendtheater Deutschlands wurde.

Die **Akademie der Künste** (Hanseatenweg 10, Tel. 030/20 05 70, www.adk.de, bei Ausstellungen Di–So 11–20 Uhr) wurde 1960 nach Plänen von Werner Düttmann für den West-Berliner Spross der traditionsreichen Hochschule erbaut. In Ost-Berlin bestand seit 1950 eine eigenständige *Deutsche Akademie der Künste*. Die seit 1993 wieder vereinte Einrichtung konnte 2005 an ihren alten Standort am Pariser Platz zurückkehren [s. S. 20]. In den hiesigen Räumen finden weiterhin *Ausstellungen* und andere kulturelle Veranstaltungen statt. Vor dem Gebäude stehen moderne *Skulpturen*, z. B. Henry Moore Bronzefigur ›Die Liegende‹ (1956).

TOP TIPP Westlich des Hansaviertels lädt die **Königliche Porzellan Manufaktur Berlin** (Wegelystraße 1, Tel. 030/ 39 00 90, www.kpm.de, Mo–Sa 10–18 Uhr) in die *KPM Welt* ein. Der Rundgang durch die Produktionsstätten der 1763 durch *Friedrich den Großen* gegründeten Manufaktur dokumentiert die Geschichte und

Blick vom Hansaviertel auf das Hotel Spreebogen (links) und das Bundesinnenministerium

Vor dem Haus der Kulturen der Welt setzt Henry Moores Bildhauerkunst einen Akzent

Herstellung des kostbaren Stoffes sowie Glanzstücke der Sammlung. Ein Werksverkauf schließt sich an. Das KPM Café serviert Gaumenfreuden – selbstverständlich in und auf hauseigenem Porzellan.

46 Haus der Kulturen der Welt

Internationale Kunst- und Kulturevents in kühner Architektur.

John-Foster-Dulles-Allee 10
Tel. 030/39787175
www.hkw.de
tgl. 10–19 Uhr
(Ausstellungen: Mi–Mo 11–19 Uhr)
Bus 100

Das Haus der Kulturen der Welt im nördlichen Teil des Tiergartens hieß ursprünglich **Kongresshalle** und war der amerikanische Beitrag zur *Internationalen Bauausstellung* 1957. Der Entwurf stammt von Hugh Stubbins (einst Assistent von Walter Gropius) unter Mitwirkung Werner Düttmanns und Franz Mockens. Der geschwungenen Dachform wegen verpasste der Berliner Volksmund der Halle den Namen ›Schwangere Auster‹. Im dazugehörigen großen *Wasserbecken* schwimmt die Bronzeplastik ›Zwei Formen‹ (1956) von Henry Moore. Unter seinem heutigen Namen ist der Bau seit 1989 dem interkulturellen Dialog in allen Facetten und verschiedenen Sparten gewidmet. Zum regelmäßigen und vielfältigen Kanon der hier stattfindenden Veranstaltungen gehören neben allerlei Ausstellungen Konzerte und Musikfestivals.

Nachbar der Kulturenhalle ist seit 1987 das **Berliner Carillon** (Tel. 030/8512828, www.carillon-berlin.de), ein Konzertglockenspiel, aufgehängt in einem 42 m hohen Granitturm. Mit 68 Klangkörpern ist es das viertgrößte der Welt. Besonders hörenswert sind die Konzerte (i. d. R. Mai–Sept. So 15 Uhr, anschließend Turmführung) des Carillonneurs Jeffrey Bossin.

Östlich des Glockenspiels erinnert eine Informations- und Gedenktafel an die einst hier befindliche **Kroll-Oper**: Wo im 18. Jh. Hugenotten Zelte aufgestellt hatten, in denen sie Erfrischungen verkauften, errichtete Joseph Kroll 1844 eine Vergnügungsstätte für 5000 Gäste. Später wurde das Gebäude vom Neuen Königlichen Opernhaus übernommen – als legendäre Kroll-Oper war es während der Weimarer Republik eine gesellschaftliche Institution. Nach dem Reichstagsbrand von 1933 tagten für kurze Zeit die Abgeordneten in dieser Lokalität. Hier verkündete Hitler den Einmarsch in Polen. Im Zweiten Weltkrieg wurde der Bau zerstört, die Ruine 1956 abgerissen.

Zwischen Alexanderplatz und Märkischem Ufer – Alt-Berlin und Zukunftstrends

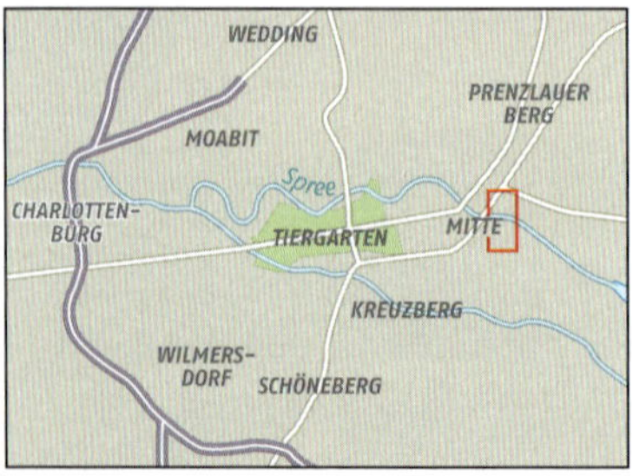

In dem Gebiet zwischen **Alexanderplatz** und **Märkischem Ufer** findet der Besucher einen interessanten Querschnitt der Berliner Stadtgeschichte: mittelalterliche Bauten der alten Residenzstadt Berlin-Cölln, Rokoko-Palais reicher Bürger, repräsentative Verwaltungsgebäude aus der Zeit der frühen Industrialisierung, DDR-Plattenbauten und mit dem **Nikolaiviertel** im Schatten des **Fernsehturms** den Versuch, ein altes Stück Berlin wieder aufleben zu lassen. Das **Märkische Museum** jenseits der Spree führt anhand zahlreicher Exponate durch die Stadtgeschichte, neue Trends vertritt das **DomAquarée** mit seinem Riesenaquarium.

47 Alexanderplatz

Der Alex – berühmt, beliebt und ein städtebauliches Experimentierfeld.

S5, S7, S75, S9 und U2, U5, U8 Alexanderplatz, Tram M2, M4, M5, M6, Bus M48, 100, 200, 248, TXL

Das Areal war im 17. Jh. Ackerland, dann Vieh- und Wollmarkt, später fungierte es zusätzlich als Exerzierplatz. Einem Besuch von Russlands Zar Alexander im Jahr 1805 verdankt der Platz seinen Namen. Mit dem Bau der *Stadtbahn* 1882 entwickelte er sich zum größten **Verkehrsknotenpunkt** des Berliner Ostens. Hier entstand ein **Bahnhof** für Fern-, S- und U-Bahnen, für Straßenbahn- und Buslinien. Darüber hinaus lockten berühmte Kaufhäuser wie Tietz und Wertheim zahllose Passanten an. Dem lebhaften Zentrum der Metropole setzte *Alfred Döblin* (1878–1957) mit seinem Roman ›Berlin Alexanderplatz‹ 1929 ein literarisches Denkmal.

Die Bomben des Zweiten Weltkriegs machten den **Alex** zum Trümmerfeld. In den 1960/70er-Jahren versuchte dann Ost-Berlins Magistrat, dem Areal durch Errichtung einer Reihe von **Hochhäusern** – neben einem neuen Interhotel entstanden Bauten wie das Haus des Lehrers, das Haus des Reisens und das der Elektroindustrie – hauptstädtisches Flair einzuhauchen. Im Zuge dessen wurde der Alex zur *Fußgängerzone* umgestaltet.

Der Alexanderplatz stand auch immer wieder im Brennpunkt der **Geschichte**: Hier fanden während der bürgerlichen Revolution 1848 Barrikadenkämpfe statt, 1918/19 kam es zu Tumulten zwischen Polizei und Arbeitern, und am 4. Novem-

Die neuen Einkaufszentren am Alexanderplatz schwelgen in ambitionierten Formen

ber 1989 demonstrierten an dieser Stelle rund 500 000 Menschen für einen demokratischen Wandel in der DDR.

Bald nach der Wiedervereinigung wurden Ideen zur Umgestaltung des Alexanderplatzes entwickelt. 1993 legte *Hans Kollhoff* einen **Masterplan** für die künftige Bebauung vor – eine hufeisenförmige Einfassung des Platzes mit achtgeschossigen Bauten und mehreren Hochhaustürmen ist vorgesehen, die stufenweise zur Ausführung kommen soll. In der Zwischenzeit wurden die bestehenden Bauten restauriert und Freiflächen fußgängerfreundlich umgestaltet. Heute führen auch wieder vier Straßenbahnlinien über den einst verkehrsreichen Platz.

Zur historischen Bebauung gehören die 1929–32 errichteten achtgeschossigen *Behrens-Häuser* an der Südseite des Platzes. Das **Alexander-** und das **Berolinahaus** sind Spätwerke von *Peter Behrens*, eines Architektur- und Designpioniers der Neuen Sachlichkeit. Vor dem Alexanderhaus stand ab 1933 das Wahrzeichen der Stadt, die in Kupfer getriebene Statue *Berolina* (1895) von Emil Hundrieser. 1944 wurde das Denkmal entfernt und vermutlich zu Kriegszwecken eingeschmolzen. Seine Stelle nimmt heute die 10 m hohe **Urania-Weltzeituhr** (1969) aus Stahl, Aluminium und Emaille ein, von der man die jeweils aktuelle Stunde in den 24 Zeitzonen der Welt ablesen kann.

Gegenüber ragen die sechs Etagen des schlichten Geschäftshauses **die mitte** (2007–09) mit seiner mit Naturstein verkleideten Fassade auf. An der Alexanderstraße, wo sich einst die Gestapozentrale befand, steht heute das Einkaufszentrum **Alexa** (2004–07), ein roter Bau mit Art-Déco-Anklängen. Neben Geschäften finden sich darin auch die *Loxx Miniatur Welten* (Tel. 030/44 72 30 22, www.loxx-berlin.de, tgl. 10–19 Uhr) – eine riesige Modellbahnanlage, deren Züge einige Teile Berlins, die im Maßstab 1:87 nachgebaut wurden, durchkreuzen.

Die Nordseite des Alexanderplatzes beherrscht das 1967–70 als Interhotel gebaute **Park Inn Berlin** [s. S. 182]. Das drittgrößte Hotel Deutschlands (122 m, 37 Geschosse) erhielt 2005 seine auffällige Spiegelglasfassade. Nebenan, auf dem Grundstück des einstigen Kaufhauses Tietz, entstand zur DDR-Ära zeitgleich mit dem Interhotel das Centrum-Warenhaus. Architekt Josef Paul Kleihues passte es bis 2006 für **Galeria Kaufhof** den Bedürfnissen eines modernen Kaufhauses an. Spektakulär ist der von einer Glaskuppel bekrönte Lichthof, von dem aus man auf den längsten freitragenden Rolltreppen der Welt in die Verkaufsetagen hinauffährt. Vor dem Kaufhaus steht der farbenfroh emaillierte **Brunnen der Völkerfreundschaft** (1970). Sein Wasser plätschert über 17 große Schalen abwärts.

48 Fernsehturm

TOP TIPP

Mit stolzen 368 m das vierthöchste frei stehende Gebäude Europas.

Panoramastraße 1 A
Tel. 030/242 33 33
www.tv-turm.de
März–Okt. tgl. 9–24,
Nov.–Febr. tgl. 10–24 Uhr
S5, S7, S75, S9 und U2, U5, U8 Alexanderplatz, Tram M2, M4, M5, M6,
Bus M48, 100, 200, 248, TXL,

Der 1969 eröffnete Fernsehturm steht – das ist ungewöhnlich für derartige Bauwerke in Europa – mitten in der City und nimmt zugleich unter den höchsten frei stehenden Bauten des Kontinents immerhin Rang vier ein. Das Konzept dieses einstigen Prestigeobjekts der DDR entwickelten Hermann Henselmann und Jörg Streitparth, Pläne und Bauleitung übernahmen ab 1965 Fritz Dieter und Günter Franke – mit Pioniergeist, denn bis dahin hatte man keine Erfahrung mit dem Bau solch hoher Türme im Innenstadtbereich. Die verglaste **Kugel** von 32 m Durchmesser wiegt 4800 t. Darin befinden sich die **Aussichtsetage** (203 m) und das **Telecafé** (207 m). Es dreht sich innerhalb von 30 Minuten einmal um die eigene Achse.

Die Pavillons am Fuß des Fernsehturms wurden 1973 fertiggestellt. Ihre Form spiegelt auch die Treppenanlage mit Wasserspielen und Lichteffekten wider. In einiger Entfernung steht der beeindruckende, 1891 von *Reinhold Begas* gestaltete **Neptunbrunnen** (1891): Meeresgott Neptun wird von vier Tritonen getragen, um ihn herum tummeln sich Putten, Meeres- und Flussbewohner. Die Frauengestalten am Brunnenrand symbolisieren die Stöme Elbe, Weichsel, Oder und Rhein. Der Brunnen stand einst am Berliner Stadtschloss und wurde 1969 hierher versetzt.

49 Berliner Rathaus
Rotes Rathaus

In diesem Neorenaissancebau wirkt Berlins Regierender Bürgermeister.

Rathausstraße 15
Tel. 030/902 60
Mo–Fr 9–18 Uhr
U2 Klosterstraße, Bus M48, 248

Das Berliner Rathaus, seiner roten Klinkerfassade wegen allgemein Rotes Rathaus genannt, ist Sitz des Berliner Senats und des Regierenden Bürgermeisters.

Der 1861–69 nach Plänen von *Hermann Friedrich Waesemann* errichtete Bau mit seinen drei Innenhöfen und dem 90 m hohen **Turm** orientiert sich baulich am Rathaus von Thorn (heute Polen, einst Westpreußen). Die Fassade schmückt ein **Terrakottafries**, der die Geschichte Berlins von den Anfängen bis zur Reichsgründung 1871 verbildlicht. Zu DDR-Zeiten war das Haus Sitz des Magistrats und der Stadtverordnetenversammlung Ost-Berlins. Vor dem Haupteingang erinnern zwei Bronzefiguren (*Trümmerfrau* und

Der Meeresgott und sein Gefolge am Neptunbrunnen mit Blick auf das Rote Rathaus

Aufbauhelfer, Fritz Cremer, 1958) an die Mühsal des Wiederaufbaus nach dem verheerenden Zweiten Weltkrieg.

Im Foyer vor dem Wappensaal steht seit 2009 der topografische **Medientisch**, auf dem Besucher die Sehenswürdigkeiten Berlins anklicken und vieles über historische Hintergründe erfahren können.

50 St. Marienkirche

Zweitälteste Pfarrkirche Berlins mit bedeutender Kunst des Mittelalters.

Karl-Liebknecht-Straße 8
www.marienkirche-berlin.de
April–Sept. tgl. 10–21,
Okt.–März tgl. 10–18 Uhr
S5, S7, S75, S9 und U2, U5, U8 Alexanderplatz, Tram M2, M4, M5, M6,
Bus M48, 100, 200, 248, TXL

Die St. Marienkirche, eines der letzten Relikte des berlinischen Mittelalters, ist gleich dreifach geweiht: der Jungfrau Maria, der hl. Anna und dem hl. Mauritius. Ihr Bau begann 1270 im Zuge der *Stadterweiterung* am Neuen Markt. Urkundlich erwähnt wurde sie erstmals 1292. Nach einem Stadtbrand musste die dreischiffige Halle 1380–1405 erneuert werden. Ihren 90 m hohen **Westturm** gestaltete *Carl Gotthard Langhans* 1789/90, nachdem der erste Turm abgebrannt war. Der zweite repräsentiert eine Stilmischung aus Gotik und Klassizismus.

Die Innenausstattung der St. Marienkirche ist bemerkenswert. Bei dem berühmten ›**Totentanz**‹ in der Turmhalle etwa handelt es sich um ein 22 m langes und 2 m hohes Fresko eines unbekannten Künstlers, das wohl im Pestjahr 1484 entstand, 1730 übertüncht und erst bei der Restaurierung 1860 durch *Friedrich August Stüler* freigelegt wurde. In 28 Szenen sind Vertreter verschiedener Stände in Gesellschaft des personifizierten Todes dargestellt. Ein *Taufbecken* aus Bronze (1437) und die aus Marmor gestaltete *Barockkanzel* von Andreas Schlüter (1703) sind weitere Attraktionen. Die *Orgel* (1720/21, Joachim Wagner) ist jene, auf der *Johann Sebastian Bach* 1747 anlässlich seines Besuches bei Friedrich dem Großen gespielt hat. Das *Sühnekreuz* beim Hauptportal der Kirche erinnert an die Ermordung des Propstes Nikolaus von Bernau im Jahre 1325.

Südwestlich der Marienkirche erstreckt sich das **Marx-Engels-Forum**. Wo einst

Der AquaDom – eine spektakuläre Wassersäule, in der sich Fische tummeln

ein im letzten Krieg zerstörtes Geschäfts- und Wohnviertel lag, platzierte die DDR-Obrigkeit eine Art staatlicher Identitätsstätte. Inmitten der Parkanlage (1986) von *Ludwig Engelhardt* grüßen überlebensgroß in Bronze Karl Marx und Friedrich Engels – ebenfalls ein Engelhardt-Werk. Dahinter findet sich, grob behauen, *Werner Stötzers* fünfteiliges Marmorrelief ›Alte Welt‹, davor platziert sind vier stählerne Doppelstelen mit Fotos zur Geschichte der Arbeiterbewegung.

51 DomAquarée

Ein Riesenaquarium, das Museum zum sozialistischen Alltag und eine mittelalterliche Kapelle.

Karl-Liebknecht-Straße und
Spandauer Straße
S5, S7, S75, S9 Hackescher Markt,
Tram M1, M4, M5, M6,
Bus M48, 100, 200, 248, TXL

Im **Radisson Blu Hotel** (Karl-Liebknechtstr. 3, s. S. 182), Teil des CityQuartier Dom Aquarée (2004), geht es kunterbunt und lebendig zu. Im Atrium ragt der 25 m hohe **AquaDom** auf, das größte frei stehende Aquarium der Welt. Per Aufzug gleitet der Besucher mitten in eine faszinierende Welt hinein, die Korallenriffe und Schwär-

Nikolaiviertel – die Nikolaikirchentürme und der Kuppelturm des Alten Stadthauses

me exotischer Fische prägen. Anschließend geht es ins benachbarte **Sea Life Berlin** (Spandauer Str. 3, Tel. 030/99 28 00, www.sealifeeurope.com, tgl. 10–19, Einlass bis 18 Uhr), das in mehr als 30 Aquarien Flora und Fauna von Fluss und Meer präsentiert – von der Spree bis zum Atlantik. Eindrucksvoll vor allem: der *Schwarmring*, ein verglaster Raum, in dem man mitten unter Fischschwärmen steht, und das *Atlantik Tiefseebecken*. Letzteres durchquert der Gast in einem Glastunnel, während um ihn herum Haie und anderes Getier beunruhigend ihre Bahnen ziehen.

Wer ein wenig sozialistischen Alltag nach- oder wiedererleben möchte, kann dies tun – im **DDR Museum** (Karl-Liebknecht-Str. 1, Eingang an der Spreepromenade gegenüber vom Dom, Tel. 030/84712 37 31, www.ddr-museum.de, So–Fr 10–20, Sa 10–22 Uhr). Interaktive Technik ermöglicht etwa eine simulierte Trabi-Fahrt durch eine Plattenbausiedlung. Oder man spürt in einer original eingerichteten Wohnung der Lebenswelt jener Zeiten nach. Ein Themenbereich ist den Abhörmethoden der Stasi gewidmet.

Ins Mittelalter versetzt die 1313 erstmals urkundlich erwähnte **Heiliggeistkapelle** (Spandauer Straße, Tel. 030/20 93 56 73, Do 12–13 Uhr) hinter dem DomAquarée, die baulich mit der Wirtschaftswissenschaftlichen Fakultät der Humboldt-Universität verbunden ist. Die spätgotischen Deckenmalereien im einschiffigen Inneren entstanden um 1520, die Rippen des Sterngewölbes ruhen auf figurengeschmückten Konsolen. Die Kapelle gehörte ursprünglich zum *Heiliggeist-Hospital*, das sich hier seit 1272 befand, aber 1825 abgebrochen wurde, und diente von 1655 bis 1703 als Garnisonskirche.

52 Nikolaiviertel und Nikolaikirche

Das älteste Baudenkmal der Stadt ist eine Art stimmungsvolles Museum.

Zwischen Spreeufer (Bergstraße), Mühlendamm und Spandauer Straße
U2 Klosterstraße, Bus M48, 248

Das Nikolaiviertel ist eine *der* Touristenattraktionen in Berlin-Mitte. Denn hier, wo sich einst der Kern des alten Berlin befand, in der östlichen Hälfte der Doppelstadt Berlin-Cölln, erwartet die Besucher etwas, was es sonst in dieser Gegend so recht nicht mehr gibt: nämlich ein Stück **Alt-Berliner Milieu** – mit vielen Gaststätten, Weinstuben, Kunstgewerbe- und Souvenirläden. Mit gewachsenen Strukturen hat dieses Viertel, das schon Anfang des 13. Jh. besiedelt war, heute allerdings nichts mehr zu tun. Vielmehr wurde das Nikolaiviertel zur 750-Jahr-Feier 1987 vom Architekten *Günter Stahn* auf dem Reißbrett geplant. Zwar hat man einige der alten Häuser restauriert, die meisten jedoch historisierend neu errichtet. Zudem wurden historische Denkmäler aus anderen Vierteln hierhin versetzt.

Herz des Ensembles ist die **Nikolaikirche** (Nikolaikirchplatz, Tel. 030/24 00 21 62, www.stadtmuseum.de, tgl. 10–18 Uhr), die älteste Pfarrkirche Berlins. Um 1230 errichtete man an dieser Stelle eine dreischiffige kreuzförmige Feldsteinbasilika, die um 1260/70 zur gotischen Hallenkirche umgebaut wurde. Seine endgültige Gestalt erhielt der Backsteinbau erst durch die Umgestaltung 1877–79. Damals entstanden auch die 84 m hohen neogotischen **Doppeltürme** nach Entwürfen *Friedrich August Stülers*. Die Kirche wurde 1944/45 bis auf die Außenmauern und die Turmstümpfe zerstört, das Gewölbe stürzte 1949 ein. Ab 1981 erfolgte der Wiederaufbau nach Originalplänen. Zur einst reichen Innenausstattung gehören das aus 41 bronzenen Klangkörpern bestehende *Glockenspiel*, das bemalte *Zinntaufbecken* (1563), die *Grabkapelle* (1725) des Finanzministers Johann Andreas von Krauth mit Skulpturen Johann Georg Glumes sowie das *Gruftportal*, das Andreas Schlüter für den um 1700 verstorbenen Goldschmied Daniel Männlich schuf.

Die Nikolaikirche war immer wieder Schauplatz wichtiger Ereignisse der Berliner **Stadtgeschichte**: Hier traten am 2. November 1539 Rat und Stadt zum lutherischen Glauben über, und hier wurde am 6. Juli 1809 der erste Berliner Magistrat vereidigt. Nach der Wiedervereinigung kam hier am 11. Januar 1991 der erste frei gewählte Berliner Senat zu seiner konstituierenden Sitzung zusammen.

Seit 1987 ist die Nikolaikirche Konzertsaal und Dependance der **Stiftung Stadtmuseum Berlin**. Eine Ausstellung erläutert die Geschichte des Bauwerks und seine Bedeutung für Berlin, auch zeigt sie sakrale Kunst und Kunsthandwerk. Eines ihrer kostbarsten Ausstellungsstücke ist das *Zehdenicker Altartuch* in der Sakristei. Mit seinen fein gestickten Bibeldarstellungen stellt es ein Meisterwerk norddeutscher Textilkunst aus dem 13. Jh. dar.

Im heute rekonstruierten Haus **Nikolaikirchplatz Nr. 10** wohnte einst *Gotthold Ephraim Lessing* (1729–1781), der in Berlin Teile seines Lustspiels ›Minna von Barnhelm‹ (1767) schrieb. Auf der gegenüberliegenden Seite der Kirche, an der Stelle der Propstei, lädt die Alt-Berliner Gaststätte **Zum Nussbaum** [s. S. 168] ein, einst Stammlokal des Zeichners Heinrich Zille. Das traditionsreiche Haus wurde von der Fischerinsel hierher versetzt.

Unweit steht ein Nachbau der **Gerichtslaube** von 1270, heute ist sie Teil eines Restaurants [s. S. 168]. Die Baulichkeit war einstmals dem ersten Berliner Rathaus am Molkenmarkt angegliedert, um 1860 mussten diese beiden historischen Gemäuer dem Neubau des Roten Rathauses weichen. Eine weitere Rekonstruktion der Gerichtslaube befindet sich seit 1871 im Park von Schloss Babelsberg [s. S. 161].

Direkt am Spreeufer, in der Burgstraße, steht das bronzene **Reiterstandbild des Heiligen Georg als Drachentöter**, ein Werk von *August Kiß* aus dem Jahr 1855. Es ist bereits sein dritter Standort, denn das Werk, ein Geschenk des Künstlers an König (später Kaiser) Wilhelm I., befand sich 1865–1950 im ersten Hof des Berliner Stadtschlosses und danach, bis 1987, im Volkspark Friedrichshain.

53 Ephraim-Palais und Knoblauchhaus

Schöne Bürgerhäuser des 18. Jh. illustrieren Berliner Stadtgeschichte.

Poststraße 16 und 23
Tel. 030/24 00 21 62
www.stadtmuseum.de
Di, Do–So 10–18, Mi 12–20 Uhr
U2 Klosterstraße, Bus M48, 248

Das bedeutendste historische Wohnhaus im Nikolaiviertel ist das **Ephraim-Palais** (Poststraße 16). Das Rokoko-Bauwerk mit der abgerundeten Eckfassade verdankt seinen Namen *Veitel Heine Ephraim*, Hofjuwelier und Münzpächter Friedrichs des Großen, und entstand nach einem Entwurf von Friedrich Wilhelm Diterichs in den Jahren 1762–66. Die kostbare *Fassade* wurde 1935/36 aus verkehrstechnischen Gründen abgetragen, ihre 2493 Teile lagerten später in West-Berlin. 1985–87 baute man das Palais mit den Originalteilen wieder auf, versetzte es aber um 16 m. Im Inneren zeigt die **Stiftung Stadtmuseum Berlin** heute Sonderausstellungen zur Berliner Kunst- und Kulturgeschichte. Sehenswert ist auch das ovale *Treppenhaus* mit seiner spiralförmigen Stufenfolge. Einen der Repräsentationsräume in der ersten Etage ziert die Kopie einer *Stuckdecke* (1704) nach Entwürfen Andreas Schlüters aus dem 1889 abgerissenen Wartenbergschen Palais.

Filigrane Balkongitter in schönster Rokoko-Optik: Das Ephraim-Palais erfreut das Auge

Schräg gegenüber steht ein weiteres vornehmes Palais, das 1759–61 erbaute **Knoblauchhaus** (Poststraße 23). Seine Barockfassade wurde 1806 klassizistisch verändert. Das Anwesen gehörte einst dem jüdischen Nadlermeister Johann Christian Knoblauch und war Treffpunkt bedeutender Persönlichkeiten wie Lessing, Wilhelm von Humboldt, Moses Mendelssohn und Freiherr vom Stein. Zahlreiche Exponate dokumentieren die Geschichte der Familie Knoblauch, die das Haus bis 1928 besaß und Gemälde, Fotografien und Porzellan der **Stiftung Stadtmuseum Berlin** übertrug. In der ersten Etage präsentiert die Ausstellung ›**Bürgerliches Wohnen im Biedermeier**‹ original eingerichtete Räume wie den Salon und die Bibliothek. Ein Stockwerk höher sind Wechselausstellungen zur Berliner Kulturgeschichte im 19. Jh. zu sehen.

54 Palais Schwerin

Barockes Palais mit wechselvoller Geschichte.

Molkenmarkt 1–3
U2 Klosterstraße, Bus M48, 248

Der **Molkenmarkt** ist die Keimzelle Berlins: Hier siedelten die ersten Bewohner, hier stand das erste Rathaus der Stadt. Zu den wenigen erhalten gebliebenen älteren Gebäuden an diesem Platz gehört das Palais Schwerin, 1690 errichtet und bis 1704 von *Jan de Bodt* für Staatsminister Otto von Schwerin umgebaut. Mitte des 18. Jh. befand sich das Palais im Staatsbesitz, im 19. Jh. wurde es vom benachbarten Polizeipräsidum genutzt und 1935 in den Neubau der *Reichsmünze* einbezogen, wobei man die Fassade zurückversetzte. Zu DDR-Zeiten residierte das Ministerium für Kultur in diesen Mauern, heute sind Verwaltungsabteilungen von Stadt und Land darin untergebracht.

Über den Hauptgeschossfenstern finden sich Lünetten mit Puttenreliefs. Bei dem Relieffries an der Fassade handelt es sich um die Kopie eines der bedeutendsten Werke des Berliner Klassizismus. Das sandsteinerne Original (um 1800), das Gottfried Schadow für die 1886 abgerissene Münze auf dem Werderschen Markt schuf, schmückt jetzt das Haus am Spandauer Damm 42/43 in Charlottenburg.

55 Altes und Neues Stadthaus

Prachtbauten des frühen 20. Jh. – und eine Architektur-Sensation.

Klosterstraße und Parochialstraße
U2 Klosterstraße, Bus 48, 248

Kaum war das Rote Rathaus 1869 vollendet, da erwies es sich schon als zu klein. Für einen zusätzlichen Verwaltungsbau am Molkenmarkt riss man schon bald ein ganzes Stadtviertel ab und ließ 1902–11 von *Ludwig Hoffmann* ein Gebäude errichten, das zugleich auch repräsentative Funktionen erfüllen konnte. Bis 1990 war das **Alte Stadthaus** Amtssitz des Ministerrates der DDR. Heute haben hier Berlins Innensenator und das Landesdenkmalamt ihre Diensträume.

Die Pläne des Stadtbaumeisters Hoffmann basierten auf einem trapezförmigen Grundriss mit vier *Innenhöfen*. Drei Elemente bestimmen das Äußere des Alten Stadthauses: der hohe, stark plastische Rustikasockel aus grauem Muschelkalkstein, die sich ins Wuchtige steigernden Säulen und der auf den Westflügel gesetzte, 101 m hohe **Turm**. Dessen Gestaltung lehnte sich an die der Gontardschen Türme auf dem Gendarmenmarkt an. Die Kuppel ziert *Ignatius Taschners* **Fortuna** (um 1911, 2003 rekonstruiert). Die gut 3 m hohe kupferne Figur der Glücksgöttin balanciert recht leichtfüßig auf einer vergoldeten Kugel.

In der benachbarten Parochialstraße steht das **Neue Stadthaus** (1937–39, Franz Arnous, Günther Starck). Bis 1948 tagte hier der Gesamtberliner Magistrat, dann zogen die West-Berliner Abgeordneten aus und es wurde eine Stadtregierung nur für den Osten gebildet. Heute haben im Haus Abteilungen des Senats und das Standesamt Mitte ihr Domizil

Der nahegelenen **U-Bahnhof Klosterstraße** birgt die letzten Reste des *Berliner Festungsrings* (17. Jh.). Die Wandfliesen der Eingangshalle sind der *Prozessionsstraße von Babylon* im Pergamonmuseum [s. S. 41] nachempfunden. Darüber hinaus sorgt ein historischer Berliner U-Bahn-Waggon der 3. Klasse für ein wenig heutzutage vermisste Bahnhofsnostalgie.

An der Ecke Klosterstraße/Rolandufer zieht die 2004 eröffnete **Niederländische Botschaft** (Klosterstraße 50, Besichtigung auf Anmeldung: www.niederlandeweb.de) des Rotterdamer Stararchitekten *Rem Koolhaas* alle Blicke auf sich. Das kühle Glas-Aluminium-Bauwerk, halb Würfel, halb Paravent, verblüfft mit ungewöhnlichen Durchblicken und kühnen Formbrüchen – wie der frei schwebenden Skybox an der Westfassade. Trajekt nennt sich die Lauframpe, die sich einer Apfelschale gleich durch das ganze Gebäude windet. Als dekonstruktivistisches Meisterwerk wird das Haus dem Jüdischen Museum [Nr. 90] an die Seite gestellt.

56 Parochialkirche

Berlins erste Barockkirche dient als Mahnmal der Kriegszerstörung.

Klosterstraße 66/67
U2 Klosterstraße, Bus M48, 248

Die Erichtung von Berlins erstem barocken Sakralbau, der reformierten Parochialkirche, wurde 1695 nach holländischen und italienischen Vorbildern von *Johann Arnold Nering* begonnen und von Hofbaumeister Martin Grünberg verändert weitergeführt. Neben der Sophienkirche [s. S. 74] ist das 1703 geweihte Gotteshaus heute die einzige erhaltene Barockkirche Berlins, ein Zentralbau als Vierkonchenanlage mit Vorhalle und **Kirchturm** (1713/14, Jan de Bodt, Philipp Gerlach). Im Glockengeschoss ertönte 1715 zum ersten Mal das *Carillon* mit 37 Glocken. Kirche und Turm brannten 1944 aus, in der notdürftig instand gesetzten Ruine fanden noch bis 1961 Gottesdienste statt, doch erst 1988 wurde der Bau neu eingedeckt. Die *Wiederherstellung* (1991–2004) erfolgte lediglich als Teilrekonstruktion. Dank der Initiative des Vereins *Denk mal an Berlin* (www.denk-mal-an-berlin.de) ist geplant, den Turm bis 2015 zu rekonstruieren, und auch die Erneuerung seines einst europaweit berühmten Glockenspiels soll in Angriff genommen werden.

Das **Innere** wurde überwiegend als Rohbau gestaltet. Zu diesem nüchternen Denkmal der Kriegszerstörung passt das

Ein Meisterwerk mit viel Durchblick – die Niederländische Botschaft entwarf Rem Koolhaas

hängende *Schrottkreuz* (1961) von Fritz Kühn. Heute finden im Haus außer Gottesdiensten auch Ausstellungen statt.

Nebenan, in der Klosterstraße 68–70, steht das **Palais Podewils** (1698–1704), ein Barockbau nach Plänen Jan de Bodts, der 1732 in den Besitz des Grafen Heinrich von Podewils gelangte. Von 1874 an war hier das *Märkische Provinzialmuseum* ansässig. Nach Kriegsschäden wurde der Bau in den Jahren 1952–54 wiederhergestellt und diente später als Jugendkulturzentrum. Seit 2009 unterhält das **Grips-Theater** [s. S. 175] hier eine Spielstätte.

In der **Waisenstraße**, einer der ältesten Straßen Berlins, stehen noch einige der schlichten Traufenhäuser aus dem 18. Jh. Sie wurden auf Resten der einst etwa 4 m hohen Stadtmauer aus dem 13./14. Jh. erbaut, die Berlin und Cölln umgab. In Haus Nr. 14–16 findet sich die historische Gaststätte **Zur letzten Instanz** [s. S. 168]. Ein Ausschank an dieser Stelle wurde schon im Jahr 1621 erstmals erwähnt.

57 Ehem. Franziskanerklosterkirche

Eine mittelalterliche Ruine als Mahnmal gegen den Krieg.

Klosterstraße/Grunerstraße
www.klosterruine-berlin.de
U2 Klosterstraße, Bus 48, 248

Die Franziskanerklosterkirche galt bis zu ihrer Zerstörung im Zweiten Weltkrieg als eines der wichtigsten Bauwerke der märkischen Backsteingotik in Berlin. Die Basilika mit niedrigen Arkaden und romanisch gedrungenen Pfeilern entstand 1250–65, der gotische Chor kam im 14. Jh. hinzu. Das sog. *Graue Kloster*, bereits 1539 in Folge der Reformation geschlossen, beherbergte ab 1574 das *Gymnasium zum Grauen Kloster* (heute in Berlin-Wilmersdorf). Allerlei Prominenz drückte hier die Schulbank, so etwa Karl Friedrich Schinkel, Gottfried Schadow, Otto von Bismarck und Friedrich Ludwig Jahn (1778–1852), der als ›Turnvater Jahn‹ berühmt werden sollte und außer Schüler hier auch Lehrer war. Kloster und Kirche wurden im Zweiten Weltkrieg weitgehend zerstört und bis auf den Ruinenrest 1968 abgerissen. Der aber wird seitdem als *Mahnmal* gegen den Krieg konserviert und für Ausstellungen genutzt. Ein Förderverein bemüht sich seit Jahren um den Wiederaufbau von Kirche und Gymnasium. Im *Park* stehen zwei Säulenkapitelle, die aus dem Berliner Stadtschloss stammen.

58 Amtsgericht Mitte

Ein architektonisches Vorbild für manch anderes Gerichtsgebäude.

Littenstraße 12–17
Tel. 030/90230
Mo–Fr 8.30–13 Uhr
S5, S7, S75, S9 und U2, U5, U8 Alexanderplatz, U2 Klosterstraße, Tram M4, M5, M6, Bus M48, 100, 200, TXL

Das Amtsgericht Mitte wurde 1896–1905 erbaut und galt als Vorbild für die Gerichtsgebäude von Moabit, Schöneberg, Lichtenberg und Pankow. Wer nicht zur Verhandlung geladen ist, kann sich uneingeschränkt am prächtigen **Treppenhaus** zur Littenstraße hin erfreuen, in dem Elemente von Gotik, Barock und Jugendstil kombiniert sind. Bis 1990 war das Oberste Gericht der DDR im Haus untergebracht, heute tagen hier das Amtsgericht Mitte und das Landgericht Berlin.

59 Ermeler Haus

Das Bau-Juwel ist heute Teil des modernen art'otel Berlin Mitte.

Märkisches Ufer 10
U2 Märkisches Museum,
Bus 147, 248, 347

Das schmucke Bürgerpalais (1760–62) war einst seiner opulenten Innenausstattung wegen berühmt. Der Industrielle Wilhelm Ferdinand Ermeler leistete sie sich, als er 1824 hier einzog. Der klassizistische Stuck der *Fassade* mit Ranken und Palmetten stammt aus dem Jahr 1805. Nach dem letzten Krieg wurde das Palais originalgetreu wiederhergestellt und 1968/69 von der Breiten Straße ans Märkische Ufer versetzt. Inzwischen ist der Prachtbau in das neue **art'otel Berlin Mitte** [s. S. 182] integriert worden. Die reich mit Rokokodekor versehenen Säle des Ermeler Hauses bilden somit den stimmungsvollen Rahmen für Restaurants und Bankettträume. Schön sitzt man auch im glasüberdachten *Innenhof* mit seinen klassizistischen Fassaden. In spannendem Kontrast zu dieser historischen Baukomponente steht das moderne Ambiente des Hotels selbst, das mit charaktervollen Gemälden von *Georg Baselitz* ausgestattet ist.

An mittelalterliche Ordensarchitektur denkt man beim Anblick des Märkischen Museums

60 Märkisches Museum

Umfassende Sammlung zur Geschichte Berlins von den Anfängen bis heute.

Am Köllnischen Park 5
Tel. 030/24 00 21 62
www.stadtmuseum.de
Di, Do–So 10–18, Mi 12–20 Uhr
U2 Märkisches Museum,
Bus 147

Die Erinnerung an Architekturformen der Backsteingotik und Backsteinrenaissance in der **Mark Brandenburg** bewahrt das Märkische Museum. Es war bereits 1874 als Märkisches Provinzalmuseum im Palais Podewils eröffnet worden. 1899–1908 errichtete *Ludwig Hoffmann* den jetzigen Bau, der in Teilen z. B. dem Turm des Ratzeburger Doms und der Fronleichnamskapelle der Katharinenkirche in Brandenburg nachempfunden ist. Heute ist das Märkische Museum Stammhaus der **Stiftung Stadtmuseum Berlin** mit ihren insgesamt 11 Standorten. Vor dem Eingang steht die Kopie der Figur des **Rolands von Brandenburg** (1474).

Der Komplex, ein Glanzstück europäischer Museumsarchitektur, beherbergt eine überaus facettenreiche kulturhistorische Sammlung von der Ur- und Frühgeschichte bis in die Gegenwart Berlins. Ausgestellt sind zahlreiche Kunstwerke, die aus zerstörten Berliner und Brandenburger Bauten gerettet werden konnten. Von den historischen Ausstellungssälen wurden einige originalgetreu restauriert, so die *Gotische Kapelle* mit mittelalterlicher Skulptur und Sakralkunst, *Zunftsaal*, *Waffenhalle* und *Große Halle*. Die Dauerausstellung ›Hier ist Berlin!‹ bereitet interessante Themen auf. ›Das friderizanische Berlin – Aufstieg zum Königreich Preußen‹ beleuchtet Entstehung und Organisation der Residenzstadt Berlin. ›Das bürgerliche Berlin – Bilder einer Großstadt‹ zeigt u.a. Gemälde aus der Zeit vor dem Ersten Weltkrieg von Künstlern im Spannungsfeld von Impressionismus und Expressionismus – darunter Max Liebermann, Lovis Corinth, Max Beckmann, Erich Heckel und Max Pechstein. Ergänzt wird das Programm durch Wechselausstellungen zur Berliner Kunst und Kultur, die sich verstärkt der Zeitgeschichte widmen. In nächster Zukunft soll das Museum im gegenüberliegenden **Marinehaus** zusätzliche Ausstellungsflächen erhalten.

In Sichtweite der Sammlung am **Köllnischen Park**, der sich zwischen Rungestraße und südlichen Spreeufer erstreckt, zeigt das **Zille-Denkmal** (1965) von Heinrich Drake den humoristischen und sozialkritischen Berliner ›Milljöh‹-Zeichner Heinrich Zille (1858–1929) überlebensgroß in Bronze beim Skizzieren. Dazu gesellt sich noch der **Wusterhausener Bär**, ein Rundturm der Stadtbefestigung von 1718, der einst am Grünen Graben stand und 1893 hierher versetzt wurde.

Vom Scheunenviertel zur Bernauer Straße – Kiez, Kultur und Orte des Gedenkens

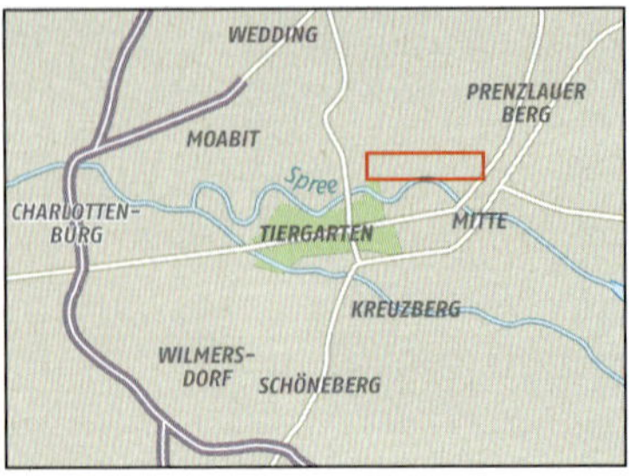

Im **Scheunenviertel**, in der *Spandauer Vorstadt*, entstanden im 17. Jh. Schuppen und Stallungen für den Viehmarkt am künftigen Alexanderplatz. Um 1900 galt die Gegend als *Hinterhof Berlins*, ein Armenviertel, wo Verbrechen und Prostitution Schreckbilder für biedere Bürger malten. Um die **Oranienburger Straße** waren im 18. und 19. Jh. viele Juden sesshaft geworden. Die Exzesse der NS-Zeit – und schon davor, 1922/23, hatten Pogrome das Scheunenviertel erschüttert – ließen nur wenig von ihrer Kultur übrig, immerhin aber die prachtvolle **Neue Synagoge**. Heute zieht das Viertel mit seiner faszinierenden Mischung aus Szene, Kunst und Ostalgie Berliner wie Besucher gleichermaßen an. Um die **Hackeschen Höfe** blühen Theater, Galerien, Cafés und Nachtleben. Weiter westlich, jenseits der Friedrichstraße, lockt Bemerkenswertes wie Bertolt Brechts **Berliner Ensemble**, das **Deutsche Theater**, der moderne **Hauptbahnhof**. Von den Dinosauriern im **Museum für Naturkunde** bis zur Digitalkunst im **Hamburger Bahnhof** reicht das Spektrum musealer Präsentation. Ein ernstes Geschichtskapitel beleuchtet die **Gedenkstätte Berliner Mauer** im einstigen Grenzstreifen an der Bernauer Straße.

61 Volksbühne

TOP TIPP

1914 gegründet, gilt die Bühne als eine der aufregendsten Deutschlands.

Linienstr. 227
Tel. 030/24 06 57 77
www.volksbuehne-berlin.de
U2 Rosa-Luxemburg-Platz,
Tram M2, M8, Bus 200, 240, TXL

Die Volksbühne liegt im Herzen des Scheunenviertels am 1906 angelegten Bülowplatz, heute **Rosa-Luxemburg-Platz**. Mit dem Bau des Theaters durch *Oskar Hoffmann* 1914 (zugleich mit der Flächensanierung des Viertels) wollten die Stadtväter dem zwielichtigen Milieu hier etwas entgegensetzen. Der Name des Theaters geht auf die *Volksbühnenbewegung* (seit 1890) zurück, die auch den Arbeitern zeitgenössisches Schauspiel näher bringen wollte. Über diesen sozialen Ansatz hinausweisend wurde das Haus dank außergewöhnlicher Inszenierungen zu einer Kultstätte des Sprechtheaters. Sein erster Intendant war der große *Max Reinhardt* (1915–18), einer seiner Nachfolger *Erwin Piscator* (1924–27). Der 2000 Zuschauer fassende Theatersaal brannte 1943 aus und wurde 1952–54 vereinfacht wiederaufgebaut. Seit 1992 sorgt das experimentell-politisch ausgerichtete Theater mit *Frank Castorf* als Intendant immer wieder einmal für Schlagzeilen. Außer dem Haupthaus bespielt das Ensemble noch eine Bühne im Prater [s. S. 87] und in den Sommermonaten die Freilichtbühne am Rosa-Luxemburg-Platz.

An der nordöstlichen Seite des Platzes steht das **Karl-Liebknecht-Haus** (1910), in dem 1926–33 das Zentralkomitee der KPD seinen Sitz hatte. Das nach dem im Januar 1919 ermordeten Spartakus-Führer benannte Gebäude, 1949 wiedererrichtet, ist seit 2007 Zentrale der Partei *Die Linke*.

62 Hackesche Höfe

Berühmte Hofanlage mit Art-Déco-Fassaden und beliebten Lokalen.

Rosenthaler Straße 40/41 und
Sophienstr. 6
www.hackesche-hoefe.com
S5, S7, S75, S9 Hackescher Markt,
U8 Weinmeistersraße,
Tram M1, M4, M5, M6

Die Hackeschen Höfe mit ihren 10 000 m² Umfang sind der größte Hofkomplex Eu-

Bunte Kacheln, leuchtendes Glas – im Art-Déco-Flair der Hackeschen Höfe geht's hoch her

ropas. Typisch für die Industrialisierungsphase des 19. Jh. ist die Mischstruktur von Wohnraum und Gewerbe. Die Pläne für die acht Höfe entwickelte *Kurt Berndt* 1906, die Gestaltung der Innenhof-Fassaden und Festsäle übernahm *August Endell*. Von besonderem kunsthistorischen Wert ist der erste Hof (zur Rosenthaler Straße hin), der seiner bunt glasierten **Art-Déco-Fassaden** wegen unter Denkmalschutz steht. Bei der umfassenden Restaurierung 1997 kam es auch darauf an, die ursprünglichen Strukturen und die damit verbundene Mischnutzung zu erhalten. Heute ziehen die Cafés, Bars und Restaurants, Galerien und Modegeschäfte das Publikum in Scharen an.

TOP TIPP Ein fester Bestandteil der Berliner Szene ist das **Chamäleon Varieté** [s. S. 174] im einstigen Ballsaal der Hackeschen Höfe, der 2004 nach Originalvorlagen restauriert wurde. Das Bühnenprogramm des Chamäleon umfasst Musik, Theater, Varieté – und Artistik.

Im ersten Hof der Rosenthaler Straße 39, gleich neben den Hackeschen Höfen, unterhält die *Gedenkstätte Deutscher Widerstand* das kleine, aber eindrucksvolle **Museum Blindenwerkstatt Otto Weidt** (Tel. 030/28599407, www.museum-blindenwerkstatt.de, tgl. 10–20 Uhr). Der Bürstenfabrikant *Otto Weidt* (1883–1947) beschäftigte während des Zweiten Weltkriegs vornehmlich blinde und gehörlose Juden. Mittels gefälschter Pässe, Bestechung und Vermittlung von Verstecken bewahrte er sie vor der Deportation. Im selben Hof zeigt das **Anne Frank Zentrum** (Tel. 030/2888656 00, www.annefrank.de, Di–So 10–18 Uhr) eine multimediale Dokumentation zum Leben von *Anne Frank* (1929–1945). Ihr Tagebuch aus dem Amsterdamer Exil gehört zu den bewegendsten Zeugnissen von Judenverfolgung und Holocaust während der Nazizeit. Das Zentrum hat sich der Prävention von Diskriminierung und Rassismus verschrieben – mit Workshops und Projekttagen vor allem für junge Menschen.

63 Sophienstraße

Gründerzeitliche Bauten und die erste Pfarrkirche der Spandauer Vorstadt.

S5, S7, S75, S9 Hackescher Markt,
U8 Weinmeistersraße,
Tram M1, M4, M5, M6

Die Sophienstraße ist einer der wenigen gut erhaltenen Straßenzüge des 18./19. Jh. in Berlin. In den restaurierten Gebäuden sind heute Restaurants und Modegeschäfte, Klubs und Cafés, Galerien und Theater ansässig. Das älteste Haus der Straße (Nr. 11) entstand Mitte des 18. Jh. Hinter der hübschen Barockfassade lädt

Im fein dekorierten Handwerkervereinshaus ist heute das Theater Sophiensaele ansässig

heute das Restaurant **Sophien 11** [s. S. 168] zu entspanntem Schmaus ein.

Das frühere **Handwerkervereinshaus** (Nr. 18, 1904/05) hat ein prächtig dekoriertes *Doppelportal* aus Terrakotta. Der *Berliner Handwerkerverein*, 1844 gegründet, war eine Arbeiterbildungs- und Freizeitstätte. Das Haus umfasste über 90 Räume, Bibliothek, Restaurant und zwei Festsäle. In den 1910/20er-Jahren war es Treffpunkt der revolutionären Linken, zu DDR-Zeiten hatte hier das Maxim-Gorki-Theater seine Werkstätten. Seit 1996 ist das Handwerkervereinshaus unter dem Namen **Sophiensaele** (www.sophiensaele.com) eine Spielstätte für freies Theater und experimentelle Musik. Beachtenswert sind auch die **Sophie-Gips-Höfe** (Nr. 21) mit dem Café Barcomi's Deli [s. S. 170] und der *Sammlung Hoffmann* [s. S. 75] zur Kunst des 20./21. Jh. Hinter der neogotischen Fassade des Haueses **Sophienstr. 22/22 a** (1898/99) verbergen sich heute Institute der Humboldt-Universität. Eine wirkliche Augenweide ist das erstklassig erhaltene *Jugendstil-Treppenhaus*.

Die **Sophienkirche** (Große Hamburger Straße 31, www.sophien.de) wurde 1712/13 als Quersaalbau nach Plänen von Philipp Gerlach errichtet. Der schöne, 69 m hohe *Kirchturm*, einer von lediglich zwei noch original erhaltenen Barocktürmen in Berlin, ist das Werk *Johann Heinrich Graels* von 1730–35. Beim Umbau durch Adolf Heyden und Kurt Berndt 1891/92 wurde das Innere neobarock verändert.

64 Alter Jüdischer Friedhof

Erinnerungsstätten großer jüdischer Tradition in Berlin.

Große Hamburger Straße 26
April–Sept. So–Do 8–17, Fr 8–14.30,
Okt.–März So–Do 8–16, Fr 8–14.30 Uhr
S5, S7, S75, S9 Hackescher Markt,
Tram M1, M6

Wo die Sophienstraße auf die Große Hamburger Straße trifft, befand sich einst das Zentrum des jüdischen Gemeindelebens. Am Gebäude Große Hamburger Straße 27, der ehem. **Knabenschule der Jüdischen Gemeinde**, erinnert eine *Gedenktafel* an den jüdischen Philosophen und Aufklärer Moses Mendelssohn (1729–86), der auch Mitbegründer dieser ersten jüdischen Schule Berlins (1778) war. Die Knabenschule und das jüdische *Altersheim* nahebei (1943 zerstört) nutzten die NS-Behörden als Sammelstelle für 55 000 Berliner Juden, um sie dann in die Konzentrationslager Theresienstadt oder Auschwitz zu deportieren. Will Lammerts Bronzegruppe *Jüdische Opfer des Faschismus* (1957) erinnert daran.

Der **Alte Jüdische Friedhof** ist 1672, fast zeitgleich mit der Gründung der ersten Berliner Judengemeinde, angelegt worden. Bis 1827 diente er als Begräbnisort, danach bestattete man die Gemeindemitglieder auf dem Friedhof an der Schönhauser Allee [Nr. 76]. 1943 verwüsteten Nazis den Alten Jüdischen Friedhof und pflügten die 3000 Gräber um, darunter auch die Ruhestätten Moses Mendelssohns und Veitel Heine Ephraims, der Hofbankier Friedrichs des Großen gewesen war. So erscheint die Stätte heute nur noch als mit wenigen Grabsteinen gesprenkelte Grünfläche – selbst Mendelssohns Grabmal ist lediglich eine Nachbildung. An der Friedhofsmauer finden sich rund 20 *Tafeln*, eine davon erinnert an Gumpericht Jechiel Aschkenasi, der 1672 als Erster hier beigesetzt worden ist.

65 Oranienburger Straße

Faszinierende Meile für Touristen, Nachtschwärmer und Abenteurer.

S5, S7, S75, S9 Hackescher Markt, S1, S2, S25 Oranienburger Straße, U6 Oranienburger Tor, Tram M1, M6

Beliebt als Treffpunkt von Berlinern und Besuchern gleichermaßen ist die Oranienburger Straße. Sie führt von der Friedrichstraße zum **Hackeschen Markt** und weist ein kontrastreiches Straßenbild auf – mit gut besuchten Kneipen, Cafés und Restaurants, dem nächtlichen Straßenstrich und nicht zuletzt der imposanten Neuen Synagoge [Nr. 66]. An ihrer Südseite liegt der **Monbijoupark**, ein hübsches, 3 ha großes Freizeitareal mit Restaurants, Künstlerateliers, Sportanlagen, Kinderschwimmbecken und der sommerlichen Strandbar Mitte [s. S. 171]. Einst stand hier das von *Johann Friedrich Eosander von Göthe* geplante *Schloss Monbijou* (1703–06), zu Deutsch ›Mein Juwel‹, das ein kurfürstlicher Garten umgab. Die Hohenzollernfamilie bewohnte den Palast indessen lediglich bis 1757. Drei Jahrzehnte später dann hielten Kunstsammlungen hier Einzug. Im Zweiten Weltkrieg wurde das Schloss völlig zerstört, der Park aber ist erhalten und als grüne Oase im Großstadtgetümmel nach wie vor außerordentlich beliebt.

Das frühere **Postfuhramt** (Oranienburger Straße 35/36) an der Ecke zur Tucholskystraße, einer der repräsentativsten Behördenbauten von Berlin, wurde 1875–81

Das Scheunenviertel – ein heißes Pflaster für junge Kunst

Berlin liegt bei der **Avantgarde** voll im Trend. Das gibt es nicht einmal in New York: Etwa 400 Galerien zählt die Spreemetropole, und jedes Jahr werden 2000 Ausstellungen inszeniert. Die **Sophienstraße** und die **Auguststraße** liegen im Zentrum eines Areals, das, sozusagen, mit aktueller Kunst geradezu gepflastert ist: Die Spandauer Vorstadt weist mit über **90 Galerien** die größte Konzentration an Kunstagenturen weltweit auf. Der internationalen Gegenwartskunst widmet sich z. B. Häuser wie **Eigen + Art** (Auguststr. 26, Tel. 30/280 66 05, www.eigen-art.com), oder (unter der Hausnr. 61) **Deschler** (Tel. 030/283 32 88, www.deschler-berlin.de). **Kunst-Werke Berlin** (Auguststr. 69, Tel. 030/ 243 45 90, www.kw-berlin.de) residiert in einer früheren Margarinefabrik und sieht sich als internationales Zentrum für zeitgenössische Kunst. Im Innenhof lockt das *Café Bravo* (Tel. 030/23 45 77 77), ein Glaswürfelbau, der als begehbares Kunstwerk konzipiert wurde. Kultstatus hat auch die **Sammlung Hoffmann** (Sophienstr. 21, Tel. 030/28 49 91 20, www.sammlung-hoffmann.de, nur auf Voranmeldung Sa 11–16 Uhr) in den Sophie-Gips-Höfen, eine bewohnte Galerie in einer alten Nähmaschinenfabrik. Junge Kunst leuchtet hier neben Werken von Klassikern wie Joseph Beuys, Gerhard Richter und Bruce Naumann. Stars des 21. Jh. wie Damien Hirst, Tobias Rehberger, John Bock und Wolfgang Tillmans präsentiert die **Sammlung Boros** (Reinhardtstr. 20, Tel. 30/27 59 40 65, www.sammlung-boros.de, Besichtigung Fr-So auf Voranmeldung über Webseite) in einem gewaltigen Bunker mit spektakulär inszenierten Kunsträumen.

Über Kunst staunen wie vorm neuen Tor – das kann man z. B. in der Galerie Deschler

nach Entwürfen *Carl Schwatlos* errichtet. Die schöne Fassade mit Terrakottadekor zeigt 25 Porträts berühmter Entdecker vieler Epochen – wie Herodot, Marco Polo, Kolumbus oder Alexander von Humboldt. Im Inneren zeigt **C/O Berlin** (Tel. 030/28 09 19 25, www.co-berlin.com, tgl. 11–20 Uhr) Wechselausstellungen zur zeitgenössischen Fotografie.

66 Neue Synagoge Berlin – Centrum Judaicum

Die einstige Hauptsynagoge dokumentiert jüdisches Leben in Berlin.

Oranienburger Straße 28–30
Tel. 030/88 02 83 16
www.cjudaicum.de
April–Sept. So/Mo 10–20, Di–Do 10–18, Fr 10–17, März/Okt. So/Mo 10–20, Di–Do 10–18, Fr 10–14, Nov.–Febr. So–Do 10–18, Fr 10–14 Uhr, Führungen So 14 und 16, März–Okt. auch Mi 16 Uhr. Sa und jüdische Feiertage geschl.
S1, S2, S25 Oranienburger Straße, Tram M1, M6

Ihre goldglänzende, 50 m hohe *Kuppel* erhebt sich strahlend über der Oranienburger Straße, und minarettartige *Seitentürme* unterstreichen ihr mit maurischen Anklängen unterlegtes Erscheinungsbild: Die *Hauptsynagoge* Berlins wurde 1859–66 nach Plänen von Eduard Knoblauch durch *Friedrich August Stüler* erbaut. Mit 3200 Plätzen war sie das größte und das prächtigste Gotteshaus des Judentums in Deutschland, ein Symbol fortgeschrittenen Selbstbewusstseins. An ihrer Einweihung nahm gar der spätere Reichskanzler Otto von Bismarck teil. 1930 gab hier *Albert Einstein* ein Violinkonzert. 1938, in der *Reichspogromnacht*, wurde das Gebäude von der SA in Brand gesteckt, doch durch das Eingreifen des Polizisten Wilhelm Krützfeld konnten größere Schäden abgewendet werden. Nach der Bombardierung 1943 blieb der Bau Ruine, 1958 wurde sein Hauptraum abgerissen. 1988, zum 50. Jahrestag der NS-Pogrome, veranlassten die DDR-Verantwortlichen eine Teilrekonstruktion. 1993 dann war die Hauptfassade mit Kuppel wiederhergestellt, die Umrisse des Hauptsaals sind auf dem Freigelände dahinter mit Steinen markiert. Inzwischen widmet sich die Stiftung **Neue Synagoge Berlin – Centrum Judaicum** der Geschichte der Juden in Berlin. Die ständige Ausstellung ›*Tuet auf die Pforten*‹ informiert darüber hinaus auch über die Baugeschichte, Fragmente und Ausstattungsstücke gemahnen an den einstigen Glanz. Auch die Jüdische Gemeinde und der Jüdische Kulturverein haben hier ihren Sitz.

Gedenkstätte und zugleich Zentrum jüdischer Gegenwart: Berlins Neue Synagoge

67 Kunsthaus Tacheles

Kunst- und Kulturevents in einer geretteten Kaufhausruine.

Oranienburger Straße 54–56 a
Tel. 030/282 61 85
http://super.tacheles.de
U6 Oranienburger Tor, Tram M1, M6 und 12

Das Kunsthaus Tacheles (jiddisch für Klartext) bietet in der Ruine des Einkaufszentrums **Friedrichstraßenpassage** heute jede Menge Kunst. Sie soll so expressiv und kompromisslos sein wie der Name des Forums und sein Ambiente.

Errichtet wurde die 1908 eröffnete Ladenpassage mit ihrer 50 m hohen Kuppel von *Franz Ahrens*. Vorbild war das Kaufhauskonzept Alfred Messels, der das Warenhaus Wertheim an der Leipziger Straße entworfen hatte. Die Auftraggeber dieser zweitgrößten Berliner Ladenstraße nach der Kaiserpassage waren Einzel-

Kammerspiele und Deutsches Theater: mal klassisch, mal experimentell – Hauptsache Theater

händler. Sie hofften, unter einem Dach vereint könnten sie den Kaufhäusern Paroli bieten. Ein großer Irrtum, bereits 1909 sahen sie sich gezwungen an Wertheim zu verkaufen. Ab 1928 betrieb die AEG den Bau als *Haus der Technik*. Im Zweiten Weltkrieg wurde der Komplex partiell beschädigt, doch weiterhin u.a. als Kino genutzt. Einem Teilabriss der Ruine 1980 sollte 1990 die komplette Beseitiung folgen. Doch damals besetzte die **Künstlerinitiative Tacheles** das Gebäude, wenig später wurde es unter Denkmalschutz gestellt. Allerlei bunte Wandmalereien und Schrottskulpturen auf dem Freigelände künden vom unkonventionellen Konzept des Kunst- und Kulturzentrums, über dem längst wieder das Damoklesschwert drohender Schließung schwebt.

68 Deutsches Theater und Kammerspiele

TOP TIPP

Beide Häuser stehen für großes Theater und den Mut zum Experiment.

Schumannstraße 13 a
Tel. 030/28 44 12 21
www.deutschestheater.de
U6 Oranienburger Tor,
Tram M1, M6, 12, Bus 147

Unter den zahllosen Bühnen der Stadt nimmt das Deutsche Theater (1849/50, Eduard Titz) einen vorderen Platz ein. Hervorragend war sein Ruf auch schon zu Beginn des 20. Jh., 1905, als der österreichische Intendant und Regisseur *Max Reinhardt* (1873–1943) die Leitung übernahm und im Folgejahr neben dem *Großen Haus* die *Kammerspiele* gründete. Viele bedeutende Mimen – wie Elisabeth Bergner, Fritz Kortner und Käthe Dorsch – standen hier auf der Bühne. Als Jude musste Reinhardt, der auf moderne Inszenierungsmittel setzte, 1933 beide Häuser (die ihm persönlich gehörten) abgeben.

Architektonisch sehr bemerkenswert ist das im Stil der italienischen Renaissance gestaltete *Rangfoyer* des Großen Hauses aus dem späten 19. Jh.

Im Foyer der Kammerspiele bietet die **Box** hautnahes Theater zu aktuellen Themen. In der dazugehörigen **Bar** kann man nicht nur Cocktails schlürfen, sondern am Wochenende auch prickelnde Klubnächte und Konzerte erleben.

69 Berliner Ensemble

Hier hatten die Bühnen-Titanen Max Reinhardt und Bert Brecht das Sagen.

Bertolt-Brecht-Platz 1
Tel. 030/28 40 81 55 (Karten)
www.berliner-ensemble.de
S1, S2, S25, S5, S7, S75, S9 und U6 Friedrichstraße, Tram M1, 12, Bus 147

Eine weitere Kultstätte der Bühnenwelt ist das 1892 eröffnete **Theater am Schiffbauerdamm**. Max Reinhardt, der dieses Haus seit 1903 leitete, setzte hier im Zuge seiner Theaterreform die berühmt gewordene *Drehbühne* durch. 1928 feierte *Ber-*

Berliner Ensemble – Brechts ›Herr Puntila und sein Knecht Matti‹ lässt die Akteure schwitzen

tolt Brecht mit seiner ›Dreigroschenoper‹ eine glanzvolle Uraufführung. 1954 kehrte der große Dramatiker mit seinem neu gegründeten Berliner Ensemble an die alte Wirkungsstätte zurück. Nach Brechts Tod 1956 führte seine Frau *Helene Weigel* das Theater bis 1971 weiter. Aufführungen von Brechtstücken wie ›Mutter Courage‹ oder ›Der aufhaltsame Aufstieg des Arturo Ui‹ machten auch international Furore. Seinen guten Ruf hat sich das Berliner Ensemble bis heute bewahrt. Seit 1999 ist *Claus Peymann* hier Intendant.

70 Charité

Eine Nobelpreisträger-Schmiede mit Medizinhistorischem Museum.

Charitéplatz 1
Tel. 030/450 53 61 22 (Führungen)
www.charite.de
S1, S2, S25, S5, S7, S75, S9 Friedrichstraße, U6 Friedrichstraße und Oranienburger Tor, Tram M1, 12, Bus 123, 147, 240, 245, TXL

Die **Charité – Universitätsmedizin Berlin**, heute eine gemeinsame Einrichtung der Humboldt-Universität und der Freien Universität Berlin, ist eine Größe der Medizingeschichte. Sie besteht aus rund 130 Kliniken und Instituten, verteilt auf vier Berliner Standorte. Nach der Vereinigung wurden 1997/98 die medizinischen Fakultäten und Krankenhäuser des Robert-Virchow-Klinikums der Freien Universität (FU) und der Charité zusammengeführt, 2003 kam die Universitätsklinik Benjamin-Franklin (ebenfalls FU) dazu.

Die Geschichte der Charité reicht ins 18. Jh. zurück. Als Nachrichten über eine Pestepidemie in Berlin eintrafen, ließ König Friedrich I. 1710 am nordwestlichen Stadtrand ein Pestkrankenhaus errichten. Die Pest blieb aus, die Räume wurden als Armen- und Arbeitshaus genutzt und erst 1726 zu einer Krankenheilanstalt, der **Charité** (frz. Nächstenliebe), erweitert, die man ab 1810 als Universitätsklinikum betrieb. 1897–1913 erfolgte auf Veranlassung des Ministerialdirektors Friedrich Althoff die komplette *Neubebauung*. Es entstand ein durch Grünanlagen aufgelockertes Areal mit Spezialklinikbauten im Stil der märkischen Backsteingotik. Die meisten Gebäude wurden nach den Zerstörungen des letzten Krieges wiederhergestellt. Heute umfasst der **Campus Charité Mitte** auch Zweckbauten aus den 1950er-Jahren, ein Hochhaus im Stil der 1980er-Jahre und verglaste Stahlgebäude, die gegen Ende des 20. Jh. ergänzt wurden.

Die Charité verdankt ihren Ruf als bedeutende Klinik und Forschungsstätte großen Wissenschaftlern und Ärzten, die hier wirkten, darunter Albrecht von Graefe, Robert Koch, Paul Ehrlich und Ferdinand Sauerbruch. Als ›Vater der Charité‹ aber wird **Rudolf Virchow** (1821–1902) angesehen, der ab 1856 hier tätig war. Der Begründer der Pathologie lieferte viele Grundlagen der modernen, naturwissenschaftlich orientierten Medizin. Weltruhm erlangte Virchow 1858 mit seiner Theorie der *Zellularpathologie*, die besagt, dass Krankheiten auf Störungen der Körperzellen basieren. Ferner trug er die Sammlung des 1899 eröffneten *Pathologischen Museums* zusammen, das mittlerweile als **Berliner Medizinhistorisches Museum** (Charitéplatz 1, Tel. 030/450536156, www.bmm.charite.de, Di, Do/Fr, So 10–17, Mi, Sa 10–19 Uhr) über 1000 Präparate und Modelle aus der Virchow-Sammlung in seine hoch informativen Ausstellungen zu Geschichte und Gegenwart der Medizin einbindet. In der *Hörsaalruine*, die einst Virchows Pathologisches Institut beherbergte, finden heute allerlei Events statt.

Weiter nördlich, an der Luisenstraße 58, erhebt sich die einstige **Tierarzneischule** (1839/40, Ludwig Hesse). Die Dreiflügelanlage mit Ehrenhof ist heute Sitz von Instituten der Humboldt-Universität. Im Park dahinter steht das 1787–90 von *Carl Gotthard Langhans*, dem Architekten des Brandenburger Tors, erbaute **Anatomische Theater**. Von außen ähnelt es den Villen des großen italienischen Renaissancebaumeisters Andrea Palladio, der runde Hörsaal im Inneren mit den steil ansteigenden Sitzreihen und Holzgeländer erinnert an ein berühmtes Vorbild aus dem Padua des 16. Jh.

71 Berlin Hauptbahnhof

Gigantisches gläsernes Drehkreuz des europäischen Fernverkehrs.

Europaplatz und Washingtonplatz
www.hbf-berlin.de
S5, S7, S75, U55 Berlin Hbf., Bus M41, M85, 120, 123, 147, 240, 245, TXL

Pompös und filigran zugleich erhebt sich der Berliner Hauptbahnhof (einst Lehrter Bahnhof) aus dem märkischen Sand am *Spreebogen*. 261 Fernzüge, 326 Regionalzüge und 620 S-Bahnen passieren ihn jeden Tag. Für die Deutsche Bahn ist er der

Friedrichstadtpalast – Glamour, Glitzer, lange Beine

Kaum zu glauben, dass sich hinter der Art-Déco-artigen Betonfassade in der Friedrichstraße 107 das größte Revuetheater von Europa verbirgt. Der TOP TIPP **Friedrichstadtpalast** (s. S. 174, Führungen auf Anfrage, backstage@friedrichstadtpalast.de) ist ein prächtig-plüschiges Theater mit Platz für 1895 Zuschauer. Sein Ruhm verknüpft sich untrennbar mit der längsten **Girlreihe** der Welt: Allabendlich schwingen auf der Bühne über 30 fantasievoll kostümierte Tänzerinnnen ihre langen Beine zu flotten Melodien. 1867 fing alles mit dem Bau der ersten **Markthalle** Berlins am Schiffbauerdamm an. Weil diese sich als unrentabel erwies, wurde sie 1873 zur Zirkusarena mit 5000 Plätzen umgebaut. 1919 richtete Max Reinhardt hier sein **Großes Schauspielhaus** ein, ab den 1920er-Jahren standen dann auch Revuen auf dem Programm. Zu DDR-Zeiten wurden außerdem **TV-Shows** wie ›Ein Kessel Buntes‹ mit Gaststars aus dem Westen produziert. Den alten Friedrichstadtpalast, 1980 wegen Baufälligkeit geschlossen, ersetzte man durch das 1984 eröffnete Theater am neuen Standort Friedrichstraße. Die mit viel Glamour und Glitzer inszenierten Stücke faszinieren mit Tanz, Chansons, Akrobatik und ausgefeilter Bühnentechnik.

Fröhliche Truppe in Tüll und Rüschen – das Ensemble des Friedrichstadtpalastes

Beste Sicht auf das Drehkreuz zügiger Züge – Berlins Hauptbahnhof, ein transparentes Wunderwerk aus Hallen, Röhren und Riegeln, scheint schwerelos über der Spree zu schweben.

modernste **Kreuzungsbahnhof** der Welt, Schnittpunkt der bedeutendsten West-Ost- und Nord-Süd-Verbindungen des europäischen Fernverkehrs. Mancher Kritiker sieht in ihm dagegen ein überdimensioniertes Prestigeobjekt ohne echte Bindung an die Stadt. Denn in der Tat: Noch umgibt ödes Brachland den hypermodernen Koloss. Doch das soll sich in den nächsten Jahren ändern, wenn hier nach Plänen *Oswald Matthias Ungers* das Lehrter Stadtquartier entsteht.

Zehn Jahre, von 1996 bis 2006, dauerten die Bauarbeiten, bis der von *Meinhard von Gerkan* entworfene Etagenbahnhof fertiggestellt war. Eindrucksvollstes Merkmal ist die 321 m lange, in Ost-West-Richtung verlaufende, verglaste **Gleishalle**. Ungehindert schweift der Blick von den 10 m hoch gelegenen Bahnsteigen der Halle hinüber zum Spreebogen mit Kanzleramt und Reichstag. Doch fast noch spektakulärer als die Aussicht auf die Regierungsbauten ist der Blick 25 m hinab auf die tief in die Erde Berlins versenkten Gleise der in Nord-Süd-Richtung verlaufenden Bahnlinien. Überbrückt wird die Gleishalle von zwei imposanten **Bügelbauten**. Den Europaplatz auf der Nordseite schmückt seit 2007 die Skulptur *Rolling Horse* von Jürgen Goertz.

72 Hamburger Bahnhof – Museum für Gegenwart Berlin

TOP TIPP

Jede Menge Klassische Moderne und zeitgenössische Kunst.

Invalidenstraße 50–51
Tel. 030/39 78 34 11
www.hamburgerbahnhof.de
Di–Fr 10–18, Sa 11–20, So 11–18 Uhr
S3, S5, S7, S75, S9 und U55 Berlin Hbf., U6 und Tram M6, M8, 12 Zinnowitzer Straße, Bus 120, 123, 147, 240, 245

Der 1847 erbaute Kopfbahnhof hatte bereits nach vier Jahrzehnten ausgedient. Es gab günstiger gelegene Stationen in Berlin. Das schöne spätklassizistische Gebäudeensemble wurde im Krieg zerstört. Erst in den 1980er-Jahren gelang die Rekonstruktion unter Leitung von *Josef Paul Kleihues* in neuer Funktion als Ausstellungsort.

Seit 1996 zählt man den Hamburger Bahnhof mit dem Museum für Gegenwart Berlin zu den überrregional aufregendsten Kultstätten für zeitgenössische Kunst: Die riesigen Bestände der Berliner Nationalgalerie finden hier zusätzlichen Ausstellungsraum. Unter den Exponaten sind auch immer wieder spektakuläre Neuerwerbungen.

Außerdem brachte der Berliner Unternehmer **Erich Marx** hier seine Privatsammlung mit Werken von Größen wie Andy Warhol, Joseph Beuys, Roy Lichtenstein, Cy Twombly und Anselm Kiefer als Dauerleihgabe ein. 2002 kam die **Sammlung Marzona** des Bielefelders Egidio Marzona hinzu, deren Schwerpunkte in den Bereichen von Minimal Art, Konzeptkunst, Arte Povera und Land Art liegen. Zudem wurde ein bedeutendes **Medienarchiv** mit Film- und Tondokumenten zu Joseph Beuys (1921–1986) eingerichtet.

Als Leihgabe (nach Fristverlängerung bis zum Jahr 2021) wird seit 2004 in den *Riekhallen* des Museums in Wechselausstellungen die **Friedrich Christian Flick Collection** (www.friedrichchristianflick-collection.com) präsentiert. Die Sammlung umfasst etwa 2000 Werke von 150 Künstlern, alle großen Stilrichtungen und Gattungen der Klassischen Moderne und Gegenwart sind vertreten, darunter zahlreiche monumentale Environments und Projektionen. Im Zentrum der facettenreichen Kollektion stehen die Arbeiten des Amerikaners *Bruce Naumann* (* 1941). Hinzu gesellen sich bedeutende Werkgruppen von Künstlern wie Marcel Duchamp, Francis Picabia, Duane Hanson, Cindy Sherman oder Jeff Wall

Hamburger Bahnhof: Große Halle, große Formate von Richard Long bzw. Mario Merz

73 Museum für Naturkunde

Die Stufen der Evolution und das größte Saurierskelett der Welt.

Invalidenstraße 43
Tel. 030/20 93 85 91
www.naturkundemuseum-berlin.de
Di–Fr 9.30–18, Sa/So/Fei 10–18 Uhr
S1, S2, S15 Nordbahnhof, U6 und Tram M6, M8, 12 Naturkundemuseum, Bus 120, 123, 147, 240, 245

Das Museum für Naturkunde ist aus den Zoologischen, Geologischen und Mineralogischen Sammlungen der Humboldt-Universität hervorgegangen und residiert seit 1889 in diesem repräsentativen Dreiflügelbau von *August Tiede*. Infolge von Forschungsreisen in ehedem deutsche Kolonien wuchs der Bestand schon früh so stark an, dass 1914–17 ein vierter Flügel errichtet werden musste.

Die **Dauerausstellung** des Museums ist Themen wie z.B. Evolution in Aktion, Menschwerdung, System Erde, Kosmos und Sonnensystem gewidmet. Das Gezeigte, darunter Skelette, Präparate, Fossilien, Mineralien, Meteoriten und informative Dioramen, wird durch moderne Medien ergänzt, die Lebewesen der Vergangenheit wieder lebendig machen und Einblicke in die Ursprünge des Kosmos ermöglichen.

Im **Sauriersaal** steht der unbestrittene Star unter den 30 Mio. Objekten des Mu-

seums, der *Brachiosaurus brancai* (13 m hoch, 23 m lang, Gewicht 38 t), das höchste aufgebaute Saurierskelett der Welt. Er stammt wie die vier anderen hier gezeigten Saurier aus *Tendaguru* in Tansania und ist etwa 150 Mio. Jahre alt. Die Welt dieser mächtigen Echsen der Ära des Oberen Jura wird virtuell lebendig gemacht. Ebenfalls dieser Epoche zuzurechnen ist das Berliner Exemplar des Urvogels *Archeopteryx lithographica*. Er wird hier erstmals im Original gezeigt.

Ein Rundgang schließt seit jüngster Zeit auch den Besuch des im Zweiten Weltkrieg zerstörten und in den letzten Jahren wiederaufgebauten **Ostflügels** ein, der eine wissenschaftliche Sammlung von 257 000 Glasgefäßen mit in Alkohol konservierten Tieren beherbergt.

74 Dorotheenstädtischer Friedhof

Berühmtheiten zur letzten Ruhe versammelt und das Brecht-Haus.

Chausseestraße 126
U6 Oranienburger Tor und Zinnowitzer Straße,
Tram M1, M6, M8, 12, Bus 240, 245

Klein, romantisch und reich an Gräbern großer Persönlichkeiten: Der 1762 angelegte, 1814–26 erweiterte Dorotheenstädtische Friedhof vereinigt im Tod **Dichter**,

Erhobenen Hauptes schreitet der Brachiosaurus brancai durch das Museum für Naturkunde

Denker und **Künstler**, die das kulturelle und Leben Deutschlands geprägt haben. Ihre letzte Ruhestätte fanden hier etwa die Philosophen Johann Gottlieb Fichte († 1814) und Georg Wilhelm Friedrich Hegel († 1831), Preußens großer Baumeister Karl Friedrich Schinkel († 1841), die Bildhauer Johann Gottfried Schadow († 1850) und Christian Daniel Rauch († 1857). Auch Leute von kulturellem Schwergewicht aus neuerer Zeit verzeichnen die Grabinschriften, so die Schriftsteller Heinrich Mann († 1950), Johannes R. Becher († 1958), Arnold Zweig († 1968), Anna Seghers († 1983) und Heiner Müller († 1996). Der Komponist Hanns Eisler († 1962) liegt hier, auch John Heartfield († 1968), der Erfinder der zeitkritischen Fotomontage. Viel besucht werden vor allem die schlichten Gräber Bertolt Brechts († 1956) und seiner Frau, der großen Schauspielerin und Theaterprinzipalin Helene Weigel († 1971).

Das letzte Domizil (1953–71) des Künstlerpaars grenzt gleich an die Friedhofsmauer: Im **Brecht-Haus** (Chausseestraße 125, Tel. 030/200 57 18 44, www.adk.de, nur mit Führung: Di 10–11.30 u. 14–15.30, Mi, Fr 10–11.30, Do 10–11.30 u. 17–18.30, Sa 10–15.30 alle 30 Min., So 11–18 Uhr stündl.) sind die Brecht-Weigel-Gedenkstätte, das Bertolt-Brecht-Archiv und das Literaturforum beheimatet. Die original eingerichteten

Wohn- und Arbeitsräume kann man besichtigen und sich danach im *Kellerrestaurant* [s. S. 169] bei Wiener Küche nach Rezepten Helene Weigels, die auch eine großartige Köchin war, stärken.

Weiter östlich an der Invalidenstraße liegt der **Friedhof II der Sophiengemeinde** (Bergstraße 29), der Musikerfriedhof, mit dem Grab Wilhelm Friedrich Bachs (†1845), eines Nachkommen des Johann Sebastian Bach. Auch Opernkomponist Albert Lortzing (†1851) fand hier seine Ruhestätte, ebenso der Klavierfabrikant Carl Bechstein (†1900) und Walter Kollo (†1940), Schöpfer beliebter Operetten.

75 Gedenkstätte Berliner Mauer

Zentraler Erinnerungsort für die Todesopfer an der blutigen Grenze.

Bernauer Straße 111
Tel. 030/467 98 66 66
www.berliner-mauer-gedenkstaette.de
Juni–Okt. Di–So 9.30–19,
Nov.–März Di–So 9.30–18 Uhr
U8 Bernauer Straße, Tram M10

Berlin war 27 Jahre lang eine geteilte Stadt. Am 13. August 1961 begann man mit dem Bau der Berliner Mauer [s. auch S. 50/51], die westlichen Sektoren der Stadt wurden durch eine 155 km lange **Grenzanlage** vom Ostteil abgeriegelt. An der gesamten Länge des *Todesstreifens* hielten Grenzsoldaten der DDR-Truppen Wache und töteten gemäß eines von den Oberen ausgegebenen Schießbefehls bis zum Jahr 1989 mindestens 250 Menschen bei Fluchtversuchen.

Karl Friedrich Schinkels Grabstätte auf dem Dorotheenstädtischen Friedhof

In der **Bernauer Straße** verlief der Bau der Berliner Mauer für die Anwohner besonders dramatisch, da die Grenze direkt an den Häusern entlangführte. Familien, Freunde und Nachbarn wurden so von einem Tag auf den anderen getrennt. Die *Bilder* von verzweifelten Menschen, die aus den Fenstern ihrer Wohnungen auf West-Berliner Gebiet hinuntersprangen, gingen damals um die Welt. Berühmt ist auch das Foto des jungen Bereitschaftspolizisten Conrad Schumann, der über Stacheldrahtrollen hinweg in das Gebiet des französischen Sektors springt und dabei seine Maschinenpistole wegwirft. Um weitere Fluchtaktionen zu verhindern, wurden alsbald Eingangstüren und Fenster der Häuser zugemauert. Und doch blieb die Bernauer Straße der Ort, an dem die meisten Fluchtversuche stattfanden. Wohl kein Zufall war es also, dass nach der Wiedervereinigung 1990 auch die Abrissarbeiten an der Berliner Mauer gerade hier begannen.

Heute befindet sich an diesem historischen Ort eine **Gedenkstätte**, deren Zentrum ein 60 m langer Grenzstreifen mit Mauer bildet. Das Architekturbüro *Kohlhoff und Kohlhoff* baute die Barriere künstlerisch verfremdet am Originalort wieder auf. Die 7 m hohen, rostroten Seitenwände gewähren Durchblicke in den heute wie damals unzugänglichen *Todesstreifen*, der so viele Opfer gefordert hat. Das benachbarte **Dokumentationszentrum** informiert mit der Ausstellung ›Berlin, 13. August 1961‹ umfassend über den Mauerbau und seine Folgen für die Berliner. Hörstationen mit O-Tönen der West- und Ost-Berliner Rundfunksender, Zeitungsartikel und großformatige Fotografien lassen die Atmosphäre der geteilten Stadt nachfühlen. Ein Modell zeigt das Grenzgebiet im Zustand von 1965.

Mitten im Grenzstreifen stand bis zu ihrer Sprengung 1985 die *Versöhnungskirche* (1894). 1995 erhielt die Gemeinde das Grundstück zurück, und auf den Fundamenten des alten Chorraums entstand 2000 nach Plänen von *Peter Sassenroth* und *Rudolf Reitermann* die ovale **Kapelle der Versöhnung**. Der Stampflehmbau ist von außen mit Holzstäben ummantelt und birgt Materialien der zerstörten Versöhnungskirche. Deren gerettete Glocken z.B. hängen in einem Gerüst außerhalb des Gotteshauses.

Prenzlauer Berg und Friedrichshain – Lifestyle in alten Arbeitervierteln

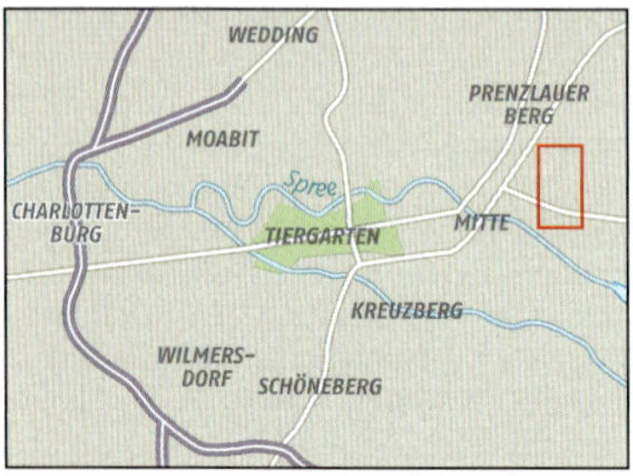

Der Prenzlauer Berg, von den Berlinern kurz **Prenzl'berg** genannt, zählt nicht nur zu den am dichtesten besiedelten, sondern auch zu den lebendigsten Kiezen der Metropole. Zur DDR-Zeit war das Altbauviertel recht heruntergekommen, viele Wohnungen standen leer. Doch fanden bald allerhand junge Künstler und Intellektuelle gerade hier Unterschlupf – und verliehen der Gegend das Flair eines ›Berliner Montmartres‹. Auch heute noch finden sich im Quartier reichlich Kopfsteinpflaster und Fassaden mit bröckelndem Putz. Vor allem aber machen die kompletten Straßenzüge mit schön restaurierten Häusern der Zeit um 1900 den Reiz des Viertels aus, mit gemütlichen Cafés und schrägen Kneipen, in die Studenten und Lebenskünstler einkehren, aber auch Alteingesessene, die trotz klar gestiegenen Mietniveaus hier ausharren. Schließlich ist der Prenzlauer Berg neben Kreuzberg *das* **Szene-Revier** der Stadt.

Auch das Nachbarviertel **Friedrichshain** mit seinen bombastischen Stalinzeit-Relikten und dem Kiez-Charme hat sich längst zum Szenetreff entwickelt. Kreative und Yuppies prägen die Atmosphäre rund um **Volkspark Friedrichshain** und **Karl-Marx-Allee**. Wahrzeichen des heutigen Bezirks Friedrichshain-Kreuzberg sind die Türme der **Oberbaumbrücke** (Ende 19. Jh.), die die beiden jahrzehntelang getrennten Stadtteile über die Spree hinweg verbindet.

76 Jüdischer Friedhof

Bedeutende Persönlichkeiten der Kulturgeschichte liegen hier begraben.

Schönhauser Allee 23–25
April–Sept. So–Do 8–17, Fr 8–14.30,
Okt.–März So–Do 8–16, Fr 8–14.30 Uhr
U2 Senefelderplatz

Zahlreiche Erinnerungen an wichtige Berliner Persönlichkeiten des 19. und 20. Jh. werden unter den schattigen Bäumen dieser Anlage lebendig. Der zweitälteste jüdische Friedhof Berlins (älter ist der in der Spandauer Vorstadt, Nr. 64) wurde 1827 vor der Stadtmauer angelegt. Einst bestand das Gräberfeld aus 750 Familiengrabstätten und über 20 000 Einzelgräbern. U.a. ruhen hier der Komponist *Giacomo Meyerbeer* († 1864), der Verlegerkönig *Leopold Ullstein* († 1899) nebst Familie, der Maler *Max Liebermann* († 1935) und *Gerson von Bleichröder* († 1893), seines Zeichens Bankier und Finanzberater Otto von Bismarcks.

Die im Zweiten Weltkrieg verwüstete Anlage wurde seit 1990 schrittweise restauriert. Das 2005 eröffnete *Lapidarium* bewahrt jene Grabsteine, deren Originalstandort nicht mehr zu ermitteln war. Hinter der südöstlichen Friedhofsmauer verläuft der *Judengang* (Eingang Knaackstraße 41). Er diente vermutlich als ritueller Zugang für die Begräbniszüge, heute kann er im Rahmen von Führungen besichtigt werden.

77 Kollwitzplatz und Synagoge

In Prenzlbergs quirliger Mitte steht Deutschlands größte Synagoge.

U2 Senefelderplatz

Das Zentrum von Prenzlauer Berg liegt rund um den **Kollwitzplatz**. Quirliges Leben entfaltet sich hier vor allem im Sommer. Die breiten Bürgersteige bieten genügend Raum für die Stühle und Tische

Berliner Luft und Lebensgenuss harmonieren prächtig – Lokal-Kolorit in der Husemannstraße

der Cafés und Restaurants. Seit 1947 trägt der Platz den Namen eines berühmten Ehepaares: *Käthe Kollwitz* (1867–1945) war Grafikerin und Bildhauerin, deren Kunst in der NS-Zeit als ›entartet‹ diffamiert wurde. *Dr. Karl Kollwitz* praktizierte als Armenarzt ganz in der Nähe, unter der früheren Adresse Weißenburger Str. 25 (heute Kollwitzstr. 56 a/Knaackstr. 36). Das Haus war gegen Kriegsende zerstört worden, später wurde das Eckgrundstück neu bebaut. Mitten auf ›ihrem‹ Platz sitzt Käthe Kollwitz als überlebensgroße **Bronzefigur**. *Gustav Seitz* schuf die Skulptur

Kastanienalllee – verblichener Gründerzeitcharme trifft auf ein wundervoll trashiges Heute

1960 nach einem Selbstbildnis der Künstlerin aus dem Jahr 1938.

Südöstlich des Platzes, Ecke Knaackstr./Rykestr., erhebt sich ein Wahrzeichen des Stadtviertels: der runde **Wasserturm**, der 1852–77 erbaut wurde. Sein Spitzname – *Dicker Hermann* – geht auf die Nazigröße Hermann Göring, den fülligen Reichsmarschall, zurück. Eine Gedenktafel weist darauf hin, dass das Maschinenhaus ab 1933 als KZ diente. Heute steht die gesamte Industrieanlage unter Denkmalschutz, in die früheren Werkswohnungen in den sechs Stockwerken des Turms sind wieder Leute eingezogen.

Die **Rykestraße** erinnert an jene Familie dieses Namens, die im 14. Jh. mehrfach Bürgermeister von Berlin stellte. Der Straßenzug mit seinen eindrucksvollen Gründerzeitbauten erstrahlt heute in frischem Glanz. Der markanteste von ihnen ist die **Synagoge** (Rykestr. 53, Tel. 030/88 02 83 16, www.synagoge-rykestrasse.de; nur von außen zu besichtigen). Der neoromanische Bau wurde 1903/04 nach Plänen *Johann Hoeningers* als Ergänzung zur Neuen Synagoge an der Oranienburger Straße [Nr. 66] errichtet. Mit einst 2000, heute immerhin noch 1200 Plätzen ist das Gebäude das größte jüdische Gotteshaus Deutschlands. In der Reichspogromnacht vom 9. November 1938 wurde es zwar in Brand gesteckt, seiner Hoflage wegen aber schnell von der Feuerwehr gerettet. 1953 konnte der prachtvolle Bau neu geweiht werden.

Ein Paradeexempel der Stadtsanierung war schon zu DDR-Zeiten die vom Kollwitzplatz nördlich abzweigende **Husemannstraße**. Sie wurde Mitte der 1980er-Jahre anlässlich der 750-Jahr-Feier Berlins im ersten Abschnitt originalgetreu restauriert und war anschließend die Vorzeigestraße, durch die man besonders gern Staatsgäste führte. Noch heute lässt sich hier stilechtes *Gründerzeitambiente* genießen – beinahe *zu* stilecht: Putzige Handwerksläden mit schmiedeeisernen Zunftzeichen, altmodische Straßenlaternen, Wasserpumpen an der Straße und echt Berliner Kneipen machen die touristisch gut vermittelbare Mischung aus.

78 Prater Garten

Authentische Biergartenkultur in historischem Ambiente.

Kastanienallee 7–9
U2 Eberswalder Straße,
Tram M1, M10, 12

Nicht nur Wien, auch Berlin hat seinen Prater – obgleich es sich hierbei nicht um einen ausgewachsenen Rummel handelt, sondern ›nur‹ um ein kleines Kultur-

Lichtdurchströmt und freundlich hell auch in der Farbgebung – die Synagoge Rykestraße

KulturBrauerei – wo einst nur Bier floss, schlägt heute die Kultur frohe Wellen

zentrum mit Theater (s. u.), einer gemütlichen **Gaststätte** [s. S. 168] sowie dem ältesten **Biergarten** (April–Sept.) der Stadt. Schon im Jahr 1837 fing das Vergnügen mit einem Bierausschank in der damaligen Vorstadt an. Nach Übernahme durch die Familie Kalbo wurde der Berliner Prater 1852 weiter ausgebaut. Eine Gartenbühne und ein Theatersaal zur Unterhaltung der Gäste kamen 1869 hinzu. Um 1900 gehörten zum Programm der inzwischen äußerst beliebten Einrichtung die Sparten Varieté, Volkstheater und Operette, aber auch Tanzveranstaltungen. Verschiedentlich fanden hier darüber hinaus politische Versammlungen statt. Das Publikum war bunt gemischt, gutbürgerliche Kreise wie auch Arbeiter zog es hierhin. Einen *Kinosaal* bekam der Prater 1932, überdies traten damals große Orchester auf. Unter dem Namen *Kreiskulturhaus* wiederbelebt, nahm die Einrichtung ihr vielseitiges Unterhaltungsprogramm 1967 wieder auf und setzte es bis zur Einheit Berlins fort.

Seit 1994 nutzt die **Volksbühne** [Nr. 61], die bereits 1946 vorübergehend hierhin ausgelagert war, den historischen Theatersaal. Im einstigen Prater-Café bietet die **Galerie im Prater** (Tel. 030/902953801, www.berlin.de/kunstundkultur-pankow, wg. Sanierung bis Frühjahr 2013 geschl.) ein Forum für junge Künstler.

79 KulturBrauerei

Kultur, Kulinarisches und Nachtleben, inszeniert in einem Industriedenkmal.

Schönhauser Allee 36/37
weitere Eingänge: Knaackstraße 97, Sredzkistraße 1
Tel. 030/44315152
www.kulturbrauerei-berlin.de
U2 Eberswalder Straße,
Tram M1, M10, 12

Das ehemalige Werksgelände der *Schultheiss-Brauerei* ist ein geschlossenes Ensemble von 20 schön dekorierten Backsteinbauten, die um sechs Höfe gruppiert sind. *Franz Heinrich Schwechten* entwarf die burgartige neoromanische Anlage 1887. In den alten Lager- und Produktionsstätten der 1967 geschlossenen Brauerei etablierte sich 1991 die KulturBrauerei mit Theater-, Kunst- und Musikevents. Seit der Sanierung 1998–2000 sind hier ansässig: die *Sammlung Industrieller Gestaltung* (ein Designmuseum), das Theater *RambaZamba* (ein integratives Kulturprojekt), das *Russische Theater*, eine Literaturwerkstatt, das Kino in der KulturBrauerei sowie die Veranstaltungsräume *Alte Kantine, Maschinenhaus, Kesselhaus, Palais* und *Salon im Turm*. Hinzu kommen Restaurants und Klubs, darunter *Club 23, nbi, Soda-* und *frannz Club*. Im Sommer sind die attraktiven Innenhöfe Schauplatz für Partys und Festivals, z. B. *Open Air Klassik Sommer*. Auch ein stimmungsvoller Weihnachtsmarkt findet hier statt.

80 Gethsemanekirche

Eine evangelische Kirche als Symbol des gewaltfreien Widerstandes.

Stargarder Straße 77
www.gethsemanekirche.de
Ostern–Okt. Mi/Do 17–19 Uhr
S41, S42, S8, S85 und U2 Schönhauser Allee, Tram M1, 12

Die Gethsemanekirche, ein roter Klinkerbau mit hohem *Westturm*, wurde 1891–93 nach Plänen von *August Orth* errichtet. Draußen stehen ein ›Segnender Christus‹ aus der zerstörten Versöhnungskirche [s. S. 83] und die Bronzeplastik ›Geistkämpfer‹ (1928, Abguss) von Ernst Barlach. Das Innere offenbart sich als elegante Kombination aus Langhaus, oktogonaler Vierung mit Sternengewölbe und Apsis mit Chorumgang. Stilelemente aus Romanik und Gotik erkennt man, bewegt gestaltete Emporen beleben den Raum. Im Querschiff fällt die Holzplastik ›Betender Christus‹ (1923) von Wilhelm Groß ins Auge.

Berühmtheit erlangte die Gethsemanekirche im Oktober 1989, als sich hier im Rahmen der *friedlichen Revolution* Abend für Abend Tausende Berliner zu Mahnwachen und gewaltfreien Protesten gegen die DDR-Führung versammelten.

81 Zeiss-Großplanetarium

Eines der bestausgestatteten Planetarien Europas.

Prenzlauer Allee 80
Tel. 030/421 84 50
www.sdtb.de
S41, S42, S8, S85 Prenzlauer Allee, Tram M2, Bus 156

So ist das Universum greifbar nahe: Das 1985–87 erbaute Zeiss-Großplanetarium (292 Plätze) ist mit seinen Spezialprojektoren und Laseranlagen eines der größten und modernsten Sternentheater Europas. Immer blank poliert und silbern schimmernd präsentiert sich die Außenkuppel mit ihren stolzen 30 m Durchmesser. Die *Projektionskuppel* (immmerhin 23 m) beeindruckt im Planetariumssaal. Der computersteuerte Projektor *Cosmorama* zaubert auf den künstlichen Himmel gut 9000 Sterne. Astronomische Phänomene an jedem beliebigen Punkt der Erde im Zeitraum vom Jahr 1 n.Chr. bis ins Jahr 2100 werden visualisiert. Darüber hinaus bietet das Haus regelmäßig Veranstaltungen (wie etwa Musik unterm Sternenhimmel). Um den Kernbau gruppieren sich es u.a. ein Kinosaal, ein Café und eine mit Fachliteratur gespickte Bibliothek.

Die Turmbauten am Frankfurter Tor markieren den Beginn der Karl-Marx-Allee

82 Volkspark Friedrichshain

Die größte Grünfläche im Osten Berlins.

Am Friedrichshain
Tram M4, Bus 200, 240

Von Prenzlauer Berg führt der Weg zum Volkspark im Nachbarviertel **Friedrichshain.** Er entstand ab 1846 auf den Wiesen vor der Akzisen- und Zollmauer und war als Erholungsraum für die Bevölkerung der nahen, dichtbesiedelten Stadtviertel gedacht. Preußens großer Landschaftsarchitekt *Peter Joseph Lenné* hatte den Park als Gegenstück zum Tiergarten entworfen. Der Potsdamer Hofgärtner *Gustav Meyer*, einer seiner Schüler, übernahm die Umsetzung und erweiterte das Areal außerdem um den *Neuen Hain* (1874–76).

Der Krieg verschonte die 52 ha große grüne Oase nicht, deren Baumbestand arg dezimiert wurde. Doch diese Schäden hat man längst beseitigt, Neugestaltungen der Parkanlagen kamen 1973 bzw. 2004 zum Abschluss, auch der Neue Hain ist wiederhergestellt. Im Volkspark gibt es außer Liegewiesen auch Sportplätze sowie eine Freilichtbühne mit Sommerkino. Zwei *Bunker* dienten im letzten Krieg als Lager für Kunstschätze, die von den Sowjets später nach Moskau verbracht wurden. Die Bunker sprengte man im Anschluss und schüttete sie mit Trümmern auf. So entstanden der **Kleine** (48 m) und der **Große Bunkerberg** (78 m). Von den Aussichtsplattformen der beiden Erhebungen aus erblickt sieht man im Süden des Volksparks den *Friedhof der Märzgefallenen von 1848* und den Friedhof für die Toten der Novemberrevolution von 1918.

Im Westteil des Volksparks steht der neobarocke **Märchenbrunnen** (tgl. 9–20 Uhr), ein Paradebeispiel wilhelminischer Schauarchitektur. Die Brunnen- und Gartenanlage wurde 1901–1913 nach Plänen von Ludwig Hoffmann erbaut und mit Skulpturen von Ignatius Taschner, Josef Rauch und Georg Wrba versehen. Um die Wasserbecken tummeln sich Figuren aus Grimmschen Märchen – von Aschenputtel bis zu den sieben Zwergen.

Das Zeiss-Großplanetarium vermittelt Wissen rund um die Astronomie

Eine Anmutung von Märchenwelten – die Oberbaumbrücke inszeniert Burgenromantik

83 Karl-Marx-Allee

Die einstige Stalinallee – eine Art feudalsozialistischer Boulevard.

U5 Haltestellen Strausberger Platz bis Frankfurter Tor

Die 1952–56 nach sowjetischen Vorbildern der Stalinzeit gestaltete Karl-Marx-Allee führt vom Alexanderplatz schnurgerade nach Osten über den Strausberger Platz zum **Frankfurter Tor** mit seinen beiden charakteristischen Turmbauten (Hermann Henselmann Architektenkollektiv, 1954–60). Die Allee hieß übrigens im 18. Jh. Große Frankfurter Straße, 1949–61 dann *Stalinallee*. Am 16. Juni 1953 riefen die Arbeiter auf der Großbaustelle der Allee zu Streiks und Demonstrationen gegen eine Erhöhung der Arbeitsnormen auf. Am 17. Juni weitete sich der mächtige Protestzug zum **Volksaufstand** gegen die DDR-Führung aus.

Den rund 100 m breiten Boulevard säumen seinerzeit als ›Arbeiterpaläste‹ konzipierte Wohnblöcke, deren Stil eine Mischung aus preußischem Klassizismus à la Schinkel und sowjetischem Zuckerbäckerdekor darstellt. Die nach der Wiedervereinigung sanierten Gebäude lohnen unbedingt einen Architekturbummel.

Im Osten geht die Karl-Marx-Allee in die *Frankfurter Allee* über. Auf Höhe der *Magdalenenstraße* liegt die einstige Zentrale der DDR-Staatssicherheit, die heute das **Stasimuseum** [s. S. 91] beherbergt.

84 Oberbaumbrücke und East Side Gallery

Eine Spreebrücke in Märchenoptik und ein Monument, das Reste der Berliner Mauer als Leinwand nutzt.

www.eastsidegallery-berlin.de
S3, S5, S7, S75, S9 und U1 Warschauer Straße, U1 Schlesisches Tor, Tram M10, M13, Bus 147, 265, 347

Vom Frankfurter Tor geht es nun über die *Warschauer Straße* zur Spree. Die neogotische *Oberbaumbrücke* (1894–96, Otto Stahn) ist von der damals modischen Burgenromantik inspiriert – mit zwei 34 m hohen Türmen und zinnenbekrönten Wehrgängen. Nach dem Mauerbau für den Verkehr gesperrt, diente sie 1963 als Fußgänger-Grenzübergang – und kam mit der Wiedervereinigung zu neuem Glanz als gelungene Kombination alter und neuer Architekturformen. Ihr Mittelteil wurde nach Plänen *Santiago Calatravas* erneuert, das Übrige originalgetreu restauriert. Seit 1995 fließt auch der Verkehr wieder. Betrachten kann man das Bauwerk gut vom Hochgleis der U-Bahn aus. Die *East Side Gallery* [s. S. 51] verläuft, bei der Brücke beginnend, an der *Mühlenstraße* über einen Kilometer die Spree entlang: Künstler aus aller Welt haben sich hier 1990 bzw. 2009 in z.T. bitter-humorvoller Weise mit dem Thema Mauer auseinandersetzt – auf eben dieser Mauer als Malgrund.

Die Eroberung West-Berlins und das Ende der Stasi

1950 wurde das **Ministerium für Staatssicherheit** (MfS, im Volksmund: Stasi) als Geheimpolizei der DDR gegründet. Seine Hauptaufgabe war es, Systemgegner und solche Bürger, die die Behörden dafür hielten, zu überwachen und zu bekämpfen. Im Laufe der Zeit übernahm die Stasi immer mehr Funktionen: Sie regelte die Passkontrollen an der Grenze, stellte Leibwächter für alle DDR-Politiker und unterhielt die für den Normalbürger nicht zugängliche Politsiedlung Wandlitz nördlich von Berlin mitsamt ihren Supermärkten, in denen höhere Parteifunktionäre Westprodukte einkaufen konnten. Das Kerngeschäft blieb jedoch das Bespitzeln und gezielte Zermürben politisch Andersdenkender. Die sog. Zersetzungsmaßnahmen reichten vom Arbeitsverbot über das Verbreiten falscher Gerüchte im Freundeskreis bis hin zur Einlieferung in eines ihrer berüchtigten Untersuchungsgefängnisse [s. S. 100]. Ganze Existenzen wurden auf diese Weise zerstört – wie es z.B. der Film ›Das Leben der Anderen‹ 2006 eindrucksvoll vor Augen führte.

Die Stasi war zuletzt ein riesiger Bürokratieapparat von nachgerade groteskem Zuschnitt. Im Herbst 1989 beschäftigte sie insgesamt 91000 hauptamtliche und rund 175000 inoffizielle Mitarbeiter. Letztere waren ›normale‹ Bürger, die Freunde und Familienmitglieder bespitzelten und ihrem Stasikontaktmann darüber berichteten.

Bei der Auflösung der Institution im Jahr 1989 fand man Aktenmassen, die seit 1991 vom *Amt des Bundesbeauftragten für die Unterlagen des Staatsicherheitsdienstes der ehemaligen DDR* (**BStU**, zuerst Gauck-, später Birthler-, dann Jahn- Behörde genannt) verwaltet und ausgewertet werden. Unter den Dokumenten fanden sich sogar Pläne für den **Einmarsch der DDR-Truppen nach West-Berlin**: Am 5. August 1985 unterschrieb MfS-Generalleutnant Wolfgang Schwanitz ein Dokument, das die Aufgaben des MfS bei der Eroberung des anderen Teils Berlins im Detail benannte. Selbst MfS-Kreisdienststellen im Westen der Stadt waren geplant.

Am Aus für die Stasi war die DDR-Bevölkerung maßgeblich beteiligt. Auf Druck der Öffentlichkeit benannte die Volkskammer das MfS am 17. November 1989 in *Amt für Nationale Sicherheit* (AfNS) um. Neuer Leiter wurde allerdings ausgerechnet der erwähnte General Schwanitz, bis dahin Stellvertreter Erich Mielkes, des langjährigen Ministers für Staatssicherheit. Von Neuanfang konnte also keine Rede sein. Als kurz darauf auch noch bekannt wurde, dass Stasi-Akten vernichtet werden sollten, besetzten Bürger am 4. Dezember 1989 in mehreren Städten die Bezirksstellen des AfNS. Am 14. Dezember wurde das AfNS schließlich aufgelöst.

Als eine letzte Bastion war aber noch die **Zentrale der Stasi** in Berlin-Lichtenberg da. Sie wurde am 15. Januar 1990 ebenfalls von Demonstranten besetzt. Im Hauptgebäude präsentiert heute das **Stasimuseum** *der Forschungs- und Gedenkstätte Normannenstraße* (Ruschestr. 103, Haus 1, Tel. 030/5536854, www.stasimuseum.de, Mo–Fr 11–18, Sa/So 14–18 Uhr) eine Ausstellung zum MfS. Hier kann man die original erhaltenen Büroräume Erich Mielkes und anderer Größen besichtigen und Observationstechnik betrachten: Kameras, Wanzen und in Baumstämmen oder Kleidungsstücken versteckte Fotoapparate. Im einstigen Offizierskasino gibt es zum Kaffee einen Film über das MfS.

Noch mehr zum Thema erfährt man im **Informations- und Dokumentationszentrum der BStU** (Mauerstr. 38, Tel. 030/23247951, www.bstu.bund.de, Mo–Sa 10–18 Uhr) in Berlin-Mitte. Die Ausstellung *Staatssicherheit – Machtinstrument der SED-Diktatur* erläutert Struktur, Methoden und Wirkungsweise des MfS und dokumentiert das Vorgehen gegen Andersdenkende sowie die Folgen der Unterdrückung. In der Schau *Ein offenes Geheimnis* veranschaulichen Fotos, Briefe und technische Geräte, wie die Stasi den Post- und Telefonverkehr in Ost und West kontrollierte und manipulierte. In den 1980er-Jahren lasen Stasimitarbeiter in der gesamten DDR jeden Tag etwa 90000 Briefe und prüften sie auf verdächtige Inhalte.

Seit 2011 gibt es mit **STASI** (www.bstu.bund.de, Mo–Sa 10–18 Uhr) noch eine weitere Ausstellung zur DDR-Staatssicherheit – in der Zimmerstr. 90/91, gleich beim Checkpoint Charlie.

Kreuzberg – große Kunst und Architektur zwischen Istanbul und In-Szene

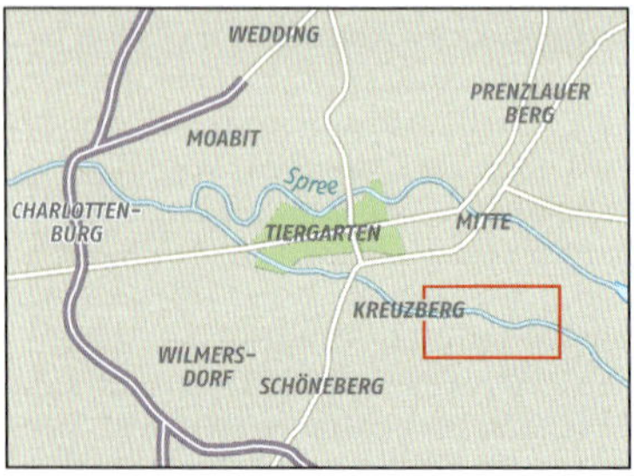

Die Kreuzberger Mischung macht's: Türkische Basarstimmung und Altberliner Milieu, das Straßenbild belebt von alternativen und kreativen Leuten, die durchaus auch schon mal Jungunternehmer sein können. Zu Zeiten der Berliner Mauer war Kreuzberg gekennzeichnet durch seine **Randlage**: Teile des Bezirks waren auf drei Seiten von der Grenze umgeben, die Mieten billig, es gab eine munter-agressive Hausbesetzerszene und jede Menge alternative Kultur. Mit der Wiedervereinigung rückte Kreuzberg in die Mitte Berlins und lockte finanzkräftige Investoren an, die Altbauten wurden luxussaniert und die Bevölkerungsstruktur wandelte sich. Doch das typische Berliner **Nachtleben** blieb.

Inmitten all des Flairs gibt es auch spektakuläre Architektur, Museen mit Oldtimern oder Jungen Wilden sowie Einblicken in die deutsch-jüdische Kultur der Vergangenheit und Gegenwart. Weltrang hat das **Deutsche Technikmuseum**, originell installiert auf dem Areal des Anhalter Güterbahnhofs am Landwehrkanal. Dem **Jüdischen Museum** verlieh Daniel Libeskind eine aufsehenerregende Metallhülle in Form eines gezackten Blitzes. Und in einem aufpolierten Glaslager setzt die **Berlinische Galerie** bunte Glanzstücke der Klassischen Moderne und der zeitgenössischen Kunst in Szene.

85 Paul-Lincke-Ufer und Maybachufer

Gemütliches Ambiente und ein Stück Klein-Istanbul.

U1, U8 Kottbusser Tor und U8 Schönleinstraße, Bus 140

Idyllisch ist es am Paul-Lincke-Ufer und am gegenüberliegenden Maybachufer des **Landwehrkanals**. Der Wasserweg wurde 1845–50 nach Plänen *Peter Joseph Lennés* angelegt. Damals hatte das Projekt neben stadtgestalterischen Aspekten vor allem einen ökonomischen Sinn: Auf dem gut 10 km langen Kanal wurde tonnenweise Baumaterial transportiert, da Berlin um diese Zeit, Mitte des 19. Jh., wie rasend zu expandieren begann. Heute ziehen hier nur noch *Ausflugsdampfer* ihre Kiellinie (z. B. ab Anlegestelle Kottbusser Brücke, s. S. 180).

Am hübschen **Paul-Lincke-Ufer** ist die florierende vielfältige Gastronomie – es gibt kleine Lokale mit Biergärten zur Straße hin – einem entspannten Lebensstil sehr zuträglich. So etwas wie eine Kathe-

drale der Elektrizität stellt das einstige **Umspannwerk Berlin** (www.umspannwerk-kreuzberg.de) aus dem Jahr 1928 dar, man hat es saniert und nutzt es als Veranstaltungsort. Das dazugehörige Gourmetrestaurant *Volt* [s. S. 167] besitzt eine Terrasse zum Landwehrkanal hin.

Am **Maybachufer** fühlt sich der Besucher wie im Orient, denn hier findet der **Türkenmarkt** (Di, Fr 11–18.30 Uhr) statt, ein großer Freiluftbazar mit riesigem Obst- und Gemüseangebot. Außerdem gibt es zahlreiche Stände mit türkischen Spezialitäten: Käse, Ökoprodukten, Haushaltswaren und Textilien.

86 Bethanien

Vom Krankenhaus zum Künstlertreff mit Studios und Ateliers.

Kohlfurter Str. 41–43
Künstlerhaus: Tel. 030/616 90 30
www.bethanien.de
Ausstellungen Di–So 14–19 Uhr
U1 Görlitzer Bahnhof, Bus M29

Auf der Nordwestseite des Mariannenplatzes steht die einstige *Diakonissenanstalt Bethanien*. König Friedrich Wilhelm IV. finanzierte den Bau der Anlage mit Hospital und Kapelle, die 1845–47 von *Friedrich Ludwig Persius, Friedrich August Stüler* und *Theodor Stein* errichtet wurde. Das Konzept für Park und Mariannenplatz (1853) stammt von *Peter Joseph Lenné*. *Theodor Fontane* lebte und arbeitete 1848/49 als Apotheker im Hospital, bis er sich gegen den Willen seines Vaters ganz der Schriftstellerei widmete. Die alte *Fontane-Apotheke* (Tel. 030/50 58 52 33, Di 14–17 Uhr) ist immer noch zu besichtigen. Das Krankenhaus selbst wurde 1970 geschlossen. In die Schlagzeilen geriet es 1971, als Hunderte von Demonstranten Bethanien besetzten, um den Abriss zu verhindern. Die Aktion hatte Erfolg und der Komplex avancierte 1974 als **Künstlerhaus** zum Kulturzentrum des Viertels. Kunstschaffende aus aller Welt nutzen Ateliers und Ausstellungsstudios, die seit 2010 innerhalb des Gebäudekomplexes unter neuer Adresse residieren (Kohlfurter Str. 10). Ebenfalls auf dem Gelände angesiedelt ist der **Kunstraum Kreuzberg** (Tel. 030/902 98 14 55, www.kunstraum kreuzberg.de, tgl. 12–19 Uhr) mit Ausstellungen zur Gegenwartskunst.

Gleichfalls am Mariannenplatz findet man die von Friedrich Adler in den Jah-

Per Schiff erkundet sich der Landwehrkanal bestens – hier in Höhe des Technikmuseums

ren 1864–69 errichtete **St.-Thomas-Kirche** (www.stthomas-berlin.de, tgl. 11–17 Uhr). Die spätklassizistische Basilika mit ihrer gewaltigen Doppelturmfassade und der hoch aufragenden Vierungskuppel war zur Bauzeit mit 3000 Plätzen die größte Kirche Berlins. Mit rund 150 000 Mitgliedern zählte ihre Gemeinde zu den größten des Protestantismus weltweit.

Weiter nordwestlich öffnet sich der Michaelkirchplatz mit der **St.-Michael-Kirche**. Der imposante Bau im Stil der Schinkel-Schule wurde 1851–56 von *August Soller* begonnen und 1861 von *Friedrich August Stüler* fertiggestellt. Nach der St.-Hedwigs-Kathedrale [s. S. 32] ist dies die zweitälteste katholische Kirche Berlins. Im Zweiten Weltkrieg fiel das Gotteshaus wie die übrige *Luisenstadt* schweren Bombardements zum Opfer. Die Ruine wurde nur partiell rekonstruiert und vor dem Chor das Pfarrhaus eingebaut. Ein Förderverein bemüht sich heute um die Wiederherstellung der Kirche.

87 Werkbundarchiv – Museum der Dinge

Sammlung zur Design- und Alltagskultur der Moderne.

Oranienstraße 25
Tel. 030/92 10 63 11
www.werkbundarchiv-berlin.de
Fr–Mo 12–19 Uhr
U1, U8 Kottbusser Tor, Bus M29, 140

Der **Deutsche Werkbund (DWB)**, eine Vereinigung von Künstlern, Architekten und Industriellen, befördert seit seiner Gründung im Jahr 1907 die Gestaltung auch der industrialisierten Alltagswelt nach künstlerisch-ästhetischen Maximen. In den 1920er-Jahren nahm er im Sinne der *Neuen Sachlichkeit* ähnlich wie das *Bauhaus* entscheidenden Einfluss auf die Entwicklungsgeschichte von Design und Architektur. Zu seinen bedeutendsten Mitgliedern zählten Peter Behrens, Walter Gropius und Ludwig Mies van der Rohe.

Das *Museum der Dinge* macht das umfangreiche Depot des 1972 gegründeten Deutschen Werkbundarchivs zugänglich. Die Sammlung mit ihren über 50 000 Objekten eröffnet Einblicke in die Warengeschichte des 20. Jh. Präsentiert werden z. B. Möbel, Kunsthandwerk und Industrieprodukte, die Künstler des DWB entworfen haben. Auch die Designgeschichte bekannter Firmen, die der Formensprache des DWB folgten – wie AEG, Braun, WMF, Bahlsen oder Odol –, wird beleuchtet. Interessant ist der Vergleich mit Objekten anderer ästhetischer Schulen wie etwa Historismus oder Jugendstil. Weitere Themenfelder sind DDR-Design, Massenware und Kitsch.

88 Zeitungsviertel

›Welt‹, ›Bild‹ und andere tragen von hier aus zum Weltbild vieler Leser bei.

Zwischen Linden-/Axel-Springer- und Rudi-Dutschke-Straße
U6 Kochstraße, Bus M29
Führungen über Kreuzberg Museum, Tel. 030/50 58 52 33, zwei Wochen im Voraus anmelden.

Berlin hatte sich um 1900 als die führende Zeitungsstadt in Deutschland etabliert. Pioniere waren die Verlagshäuser **Mosse**, **Scherl** und **Ullstein** – mit einer reichhaltigen Palette an Tages- und Wochenzeitungen. Für konservative Leser gab es die ›Kreuz-Zeitung‹, Linksliberale lasen die ›Vossische‹ und das ›Berliner Tagblatt‹, und der ›Vorwärts‹ richtete sich an Sozialdemokraten. Massenblätter waren damals schon die ›BZ am Mittag‹ (seit 1904) und die ›Berliner Morgenpost‹ (seit 1898), die 1930 bereits eine Auflage von 400 000, sonntags von 630 000 Stück erreichte.

Das Zeitungsviertel befand sich im Areal um Koch-, Linden- bzw. Axel-Springer- und Schützenstraße. 64 von 120 Berliner Druckereien waren 1925 hier angesiedelt. Im Herzen des Viertels steht auch die von *Carl Busse* geplante Reichsdruckerei (Oranienst. 90/91, Alte Jakobstr. 113–116, 1879–81 bzw. 1889–93). Noch heute produziert sie als **Bundesdruckerei** (www.bundesdruckerei.de), die man um schnittige Neubauten (1997–2001) erweitert hat, Briefmarken, Geldscheine, Personalausweise und Reisepässe.

Der Publizist *Axel Springer* (1912–1985) gründete sein Unternehmen im Jahr 1946 und baute es in kurzer Zeit zum größten Zeitungsverlag in Deutschland aus. Für sein 1959–66 errichtetes **Axel-Springer-Hochhaus** (www.axelspringer.de), einen 19-geschossigen Komplex mit bronzegerahmter Spiegelfassade, hatte dieser konservative Pressezar das Grundstück des alten Scherl-Verlages erworben. Hier residieren die Redaktionen von ›Bild‹, ›BZ‹, ›Berliner Morgenpost‹ und ›Welt‹. Ganz in der Nähe hat auch die im Ursprung links-

Der Künstler mit der Kettensäge – Trak Wendischs ›X-Tänzer‹ in der Berlinischen Galerie

alternative ›Tageszeitung‹ (Rudi-Dutschke-Straße 23, www.taz.de) ihr Domizil.

Das Verlagshaus Mosse entstand ab 1874 in der Jerusalemer Straße bzw. der Schützenstraße. Als **Druckhaus Berlin-Mitte** vereint es Verlage, Druckereien und Werbeagenturen und führt so die Tradition des Zeitungsviertels fort.

89 Berlinische Galerie

TOP TIPP *Lebendige Sammlung zu moderner Kunst und Stadtarchitektur.*

Alte Jakobstraße 124–128
Tel. 030/78 90 26 00
www.berlinischegalerie.de
Mi–Mo 10–18 Uhr
U6 Kochstraße, U8 Moritzplatz,
Bus M29, 248

Südlich des Zeitungsviertels ist heute die Berlinische Galerie, das **Landesmuseum für Moderne Kunst, Fotografie und Architektur**, ansässig. Der durch den Umbau eines Glaslagers entstandene lichte Bau präsentiert seit 2004 Kunst aller Sparten von 1870 bis heute, darunter Gemälde von Otto Dix, Georg Baselitz und den Jungen Wilden, Grafik von George Grosz und Ernst Ludwig Kirchner, Fotos von Heinrich Zille und Hannah Höch. Die *Architektursammlung* stellt Berliner Bauprojekte des 20. und 21. Jh. vor. Hinzu kommen aktuelle *Wechselausstellungen*, es gibt ein Künstlerarchiv, Grafikstudiensäle, ein Café und eine Kunstschule. Im Viertel rund um die Berlinische Galerie sind unter dem Motto *›Kunst – Stadt – Raum‹* große Skulpturen aus den Beständen der Galerie installiert.

90 Jüdisches Museum Berlin

TOP TIPP *Ein spektakulärer Bau visualisiert deutsch-jüdische Geschichte.*

Lindenstraße 9–14
Tel. 030/25 99 33 00
www.jm-berlin.de
Mo 10–22, Di–So 10–20 Uhr, letzter Einlass 1 Std. vor Schließung
U1, U6 Hallesches Tor,
Bus M29, M41, 248

Am 9. November 1992, zum 54. Jahrestag der deutschen Pogrome gegen jüdische Mitbürger während der NS-Zeit, wurde der Grundstein für dieses Museum gelegt. Der US-Architekt *Daniel Libeskind* (*1946) schuf auf einem Grundriss in Form eines Blitzes einen spektakulären metallverkleideten Bau mit gezackten Fensteröffnungen, der schon vor der Einweihung 2001 ein Publikumsmagnet war.

Der Besucher betritt die Anlage durch das barocke **Kollegienhaus** (1735), einst Kammergericht und später Sitz des *Berlin Museums*. Der Hof des Kollegienhauses wurde von Libeskind 2007 in ein ›stahldurchzucktes Glashaus‹ (FAZ) für Events verwandelt. Vom Untergeschoss führen drei Straßen genannte Gänge in die Museumsbereiche, die mit *Garten des Exils*, *Holocaust-Turm* und *›Zwei Jahrtausende*

Deutsch-Jüdische Geschichte‹ (letzterer ist eine Dauerausstellung) betitelt sind. Zahlreiche Dokumente, Kunstwerke, Alltagsgegenstände und religiöse Kultobjekte illustrieren, ergänzt um hochmoderne Darstellungsmittel, die verschiedensten Aspekte der großen Tradition deutsch-jüdischer Kultur von den Anfängen bis in die Gegenwart. *Wechselausstellungen* und Kunstinstallationen ergänzen das Programm, es gibt die Bibliothek, das Archiv und das *Rafael Roth Learning Center*, wo mit Multimedia-Mitteln viele spannende Geschichten erzählt werden. Da die Aufgaben des Hauses u.a. in Sachen Forschung in den letzten Jahren immer mehr gewachsen sind, arbeitet man inzwischen an einer Erweiterung: Unter Leitung Daniel Libeskinds wird die benachbarte einstige Blumengroßmarkthalle für Museumszwecke umgestaltet.

In Richtung Westen gewandt, findet man an der Ecke von Wilhelm- und Stresemannstraße das 1996 eröffnete **Willy-Brandt-Haus** (Tel. 030/25993712, www.willy-brandt-haus.de, Führungen: So 14 und 16 Uhr, Ausstellungen: Di–So 12–18 Uhr, Ausweis erforderlich). Die Parteizentrale der SPD, ein stromlinienförmiger Bau nach Plänen *Helge Bofingers*, birgt im Atrium die 3,4 m hohe *Willy-Brandt-Skulptur* von Rainer Fetting, eine facettenreiche Verkörperung des Staatsmanns und Friedensnobelpreisträgers Willy Brandt.

91 Friedhöfe Hallesches Tor

Kulturgeschichte und Grabarchitektur vom Rokoko bis zum Jugendstil.

Mehringdamm/Zossener Straße
U1, U6 Hallesches Tor, U6, U7 Mehringdamm, Bus M41, 248

Fünf Begräbnisstätten bilden zusammen die Friedhöfe vor dem Halleschen Tor. Sie sind die ältesten Berlins, um die 80000 Menschen fanden hier ihre letzte Ruhe. Die Gräberfelder wurden ab 1735 auf Wunsch König Friedrich Wilhelms I. noch außerhalb der Berliner Stadtgrenzen angelegt. Der erste, der *Jerusalemskirchhof*, war für die Armen aus der Friedrichstadt und Mitglieder der Böhmischen Gemeinde gedacht. Innerhalb weniger Jahre kamen andere Friedhöfe hinzu, fein säuberlich voneinander getrennt durch Mauern, schön geschmückt mit Marmorstatuen. Außer armen Leuten wurden bald auch berühmte Persönlichkeiten bestattet, die Berlin und Preußen im 18./19. Jh. geprägt

Ein Davidstern, zerborsten zur Kontur eines Blitzes – das Jüdische Museum Berlin

hatten. Um nur einige zu nennen: Baumeister Georg Wenzeslaus von Knobelsdorff († 1753), die Dichter Adelbert von Chamisso († 1838) und E.T.A. Hoffmann († 1822), der Komponist Felix Mendelssohn-Bartholdy († 1847), der Schauspieler August Wilhelm Iffland († 1814) und der Architekt Carl Ferdinand Langhans († 1869).

92 Riehmers Hofgarten

Ein prächtiger Park, umgeben von dazu passenden Gründerzeitbauten.

Yorckstraße 83–86
U6, U7 Mehringdamm,
Bus M19, 140, 248

Als Berlin um 1900 immer mehr von Mietskasernen geprägt war, die Stadtväter längst um jeden Quadratmeter Bauland rangen und Spekulanten ihre besten Zeiten hatten, machte der Maurermeister *Wilhelm Ferdinand August Riehmer* einen ehrgeizigen Plan wahr: Er errichtete 1881–99 einen attraktiven Komplex mit 18 fünfgeschossigen Wohnhäusern, deren Fassaden im üppigen Neorenaissance-Stil gestaltet waren.

Diese Häuser ließ der Visionär dabei um begrünte, sonnenreiche Höfe gruppieren und durch Innenstraßen verbinden. Zwei *Figuren* am Rundbogenportal der Yorckstraße, Kopfsteinpflaster und Gaslaternen repräsentieren noch das alte Berlin. Modern aber ist die Nutzung der Vorderhäuser, hier sind heute Kinos, Cafés und das **Hotel Riehmers Hofgarten** [s. S. 183] untergebracht.

Top Tipp

Am Mehringdamm, etwas weiter südlich, dokumentiert das **Schwule Museum** (Mehringdamm 61, Tel. 030/69 59 90 50, www.schwulesmuseum.de, Mi–Fr, So/Mo 14–18, Sa 14–19 Uhr) anhand von Biografien, Fotos, Kunstwerken etc. 200 Jahre Geschichte und Schicksal von Homosexuellen. Wechselausstellungen ergänzen die Präsentation.

93 Bergmannstraße

Hier zeigt sich Kreuzberg von seiner schönsten Seite.

U6, U7 Mehringdamm, U6 Platz der Luftbrücke, U7 Gneisenaustraße und Südstern, Bus M19, 104, 140, 248

Über die Bergmannstraße schlendern, ab und zu durch Seitenstraßen spazieren, das ersetzt so manches Blättern im Geschichtsbuch. Hier trifft man auf ein altes, gut erhaltenes Wohnviertel, wie es für Berlin bzw. Kreuzberg um das Jahr 1900 typisch war. Die Fassaden am südlich gelegenen **Chamissoplatz** sind stuckverziert. Kopfsteinpflaster, Gaslaternen und Wasserpumpen kennzeichnen das gründerzeitliche Ambiente. In dieser Gegend siedelten sich Geschäftsleute, Ärzte und Juristen an – meist in der *Beletage*, dem ersten Stock des Vorderhauses.

In der Bergmannstraße herrscht multikulturelles Flair, hier trifft man auf Trödler und modische Szeneläden, frequentiert Imbissbuden mit internationalem Angenot, Kneipen und Cafés. Wer das besondere Einkaufserlebnis sucht, sollte den **Marheinekeplatz** aufsuchen. Dort steht eine der vier noch erhaltenen **Markthallen** Berlins – um 1900 waren es 14.

Der Ostteil der Bergmannstraße ist im wahrsten Sinne des Wortes fast unbelebt: Fünf **Friedhöfe** säumen den Straßenzug bis zum Südstern und zur ehem. *Garnisonskirche* von 1896.

Eher ruhig hat man es auch über den Südstern hinaus, denn dort schließt sich die **Hasenheide** (www.volkspark-hasenheide.de) an, der Volkspark der Kreuzberger. Turnvater Jahn etablierte hier 1811 den ersten deutschen Sportplatz. Bis heute bietet die Hasenheide jede Menge Freizeitmöglichkeiten und eine Freilichtbühne für Konzerte, Theater und Filmnächte.

94 Viktoriapark

Zwischen Wasserfall und Weinberg.

S1, S2, S25 und U7 Yorckstraße
U6 Platz der Luftbrücke,
Bus M19, 104, 140, 248

Mit natürlichen Erhebungen kann Berlin nicht geradezu prahlen. Der **Kreuzberg**, immerhin höchster Hügel im Innenstadtbereich, misst gerade einmal 66 m. Deshalb greifen die Einwohner zu einer List: In Zentimetern rechnend, nennen sie die Erhebung liebevoll ihren ›Sechstausender‹. Auf dem Kreuzberg-Gipfel erinnert das 20 m hohe **Nationaldenkmal** an die Befreiungskriege (1813–15). Das gusseiserne Monument mit seinem neogotischen Turm wurde von *Karl Friedrich Schinkel* entworfen und 1821 eingeweiht. In den Nischen des Denkmals stehen 12 *Statuen* von Heerführern und Angehörigen des preußischen Königshauses, die Christian Daniel Rauch, Christian Friedrich Tieck und Ludwig Wichmann gestalteten. Inschriften im kreuzförmigen Sockel erinnern an die wichtigsten Schlachten der Befreiungskriege. Nach dem Eisernen Kreuz auf der Spitze, einstmals gestiftet von Friedrich Wilhelm III., wurden der Berg und im Jahr 1920 der ganze Bezirk Kreuzberg, dessen heutiges Image nicht eben an heroische Kriegstaten gemahnt, benannt.

Der **Viktoriapark** rund um den Berg wurde 1888–94 als Gartenanlage mit gebirgsähnlichem Charakter gestaltet. Eine Attraktion ist der 24 m hohe künstliche *Wasserfall*, der dem Zackelfall im Riesengebirge nachgebildet ist. 13 000 l Wasser plätschern pro Minute bergabwärts in der Sichtachse auf die Großbeerenstraße. Im Brunnen unterhalb des rauschenden Geschehens glänzt ›*Der seltene Fang*‹ von 1896: ein Fischer, dem hier eine nette Nixe ins Netz ging – leider nur aus Bronze.

Ebenfals an die Gründerjahre erinnert die **Tivoli-Brauerei** in der Methfesselstraße, südlich vom Kreuzberg. Auf dem 1891 von Schultheiss gekauften und 1993 wieder verkauften Brauereigelände entsteht das 5,7 ha große *Viktoria Quartier* (www.finekreuzbergliving.de) mit allerlei modernen Apartments, Büros und Stadthäusern. Auch die markanten Backsteinbauten (1862–1937) der Tivoli-Brauerei werden einer neuen Nutzung zugeführt, bereits restauriert ist der Schmiedehof.

Westlich der Methfesselstraße findet sich etwas, das viele hier nicht erwartet haben dürften: Seit 1435 nämlich wird auf dem Cöllnischen oder Götzschen **Weinberg**, übrigens dem nördlichsten Europas, ein dieser Gegend entsprechend vielleicht nicht eben hochklassiges Produkt angebaut. Die Weinlese ergibt lediglich einige Hektoliter – weshalb man das Tröpfchen auch nur zu offiziellen Anlässen im Kreuzberger Rathaus kredenzt.

95 Deutsches Technikmuseum

TOP TIPP

Die Kulturgeschichte der Technik zum Erleben und Mitmachen.

Trebbiner Straße 9
Tel. 030/90 25 40
www.sdtb.de
Di–Fr 9–17.30, Sa/So 10–18 Uhr
S1, S2, S25 Anhalter Bahnhof, U1, U7 Möckernbrücke, U1, U2 Gleisdreieck

Als Verkehrsknotenpunkt von Eisenbahn, U- und S-Bahn, Schifffahrt und Straßenverkehr war das Gebiet Gleisdreieck für die Güterversorgung Berlins von größter Bedeutung. Hier befanden sich der *Anhalter Güterbahnhof*, das Bahnbetriebsgelände mit zwei Lokschuppen und die Fabrikgebäude der Gesellschaft für Markt- und Kühlhallen. Auf diesem Areal ist seit 1982 das Deutsche Technikmuseum zu Hause. Mit einer Ausstellungsfläche von imponierenden 25 000 m² gehört es zu den großen *Technikmuseen* der Welt.

Das Haus ist in 14 Abteilungen gegliedert. Im **Eingangsgebäude** werden Themen wie Papier-, Schreib- und Drucktechnik, Nachrichtentechnik, Computer- und Textiltechnik dokumentiert. In den zwei unteren Etagen des **Neubaus** (2003) am Landwehrkanal ist die Abteilung Schifffahrt vertreten, u. a. mit einem 33 m langen Kaffenkahn und einer reichen Auswahl an Navigationsinstrumenten. Die Abteilung Luft- und Raumfahrt residiert in den beiden oberen Etagen auf 6000 m². Flugkörper (z. T. Nachbauten) – vom Fesselballon über Otto Lilienthals

›Tante Ju‹ – die Junkers Ju 52 war in den 1930-Jahren erfolgreichstes Verkehrsflugzeug der Welt

Gleitflugeräte bis zu den Sturzkampfbombern und V2-Fernraketen des Zweiten Weltkriegs – vergegenwärtigen die bewegte Geschichte vom Fliegen. Über dem Dach des Neubaus schwebt ein *Rosinenbomber*. Dieses Flugzeug vom Typ Douglas C-47 Skytrain half im Zuge der Luftbrücke der Alliierten von 1948/49 den West-Berlinern, die Blockade der Teil Stadt durch die Sowjetunion zu überstehen.

In zwei **Lokschuppen** werden die Stationen der Eisenbahnhistorie von 1800 bis 2000 gezeigt. Die Abteilungen Filmtechnik, Schmuckherstellung und Kofferproduktion finden sich im **Beamtenhaus**. In der **Brauerei** gegenüber erfährt man alles über die Brautechnik zu Anfang des 20. Jh. Überall im Museum gibt es Vorführungen, bei denen Maschinen in Bewegung gesetzt und Techniken erläutert werden. Die Termine erscheinen auf Info-Bildschirmen.

Nicht verpassen sollte man auch einen Besuch im benachbarten **Science Center Spectrum**. Über 250 Experimente, z.B. in den Bereichen Akustik, Optik, Elektrizität und Radioaktivität, verdeutlichen naturwissenschaftliche und technische Phänomene. Auf der sich anschließenden Ladestraße mit ihren Schuppen plant das Technikmuseum ein weiteres Quartier: das *Technoversum*, worin die Beziehung zwischen Mensch und Technik beleuchtet werden soll.

Sehenswert ist darüber hinaus der große, weitgehend naturbelassene **Museumspark**, der in einen Stadtteilpark integriert werden soll. Hier finden sich seltene Pflanzen und Tiere, außerdem ein Wasserturm, eine Bockwindmühle und eine Holländermühle.

Sayonara – japanische Spielzeugroboter von etwa 1940 im Deutschen Technikmuseum

Von Hohenschönhausen nach Friedrichsfelde und Treptow-Köpenick – Streifzüge durch den Berliner Osten

Im Nordosten Berlins lag einst ein geheimes Areal, das nicht einmal in den offiziellen Stadtplänen der DDR auftauchte. Als **Gedenkstätte Berlin-Hohenschönhausen** ist das ehem. Gefängnis und Stasi-Arbeitslager heute ein Besuchermagnet. Im Kontrast dazu lockt weiter im Süden Erfreulicheres: das barocke *Schloss Friedrichsfelde* nämlich und der artenreich bevölkerte **Tierpark Friedrichsfelde**.

Mit 168 km^2 ist **Treptow-Köpenick** im Südosten der *flächengrößte Bezirk* Berlins. Zu DDR-Zeiten war es der größte Ost-Berliner Industriestandort, heute stehen die meisten gründerzeitlichen Fabriken und Industriebauten leer und der Bezirk profiliert sich durch moderne Dienstleistungen. Deutlich wird der Wandel in **Adlershof** – mit Universitätscampus, Technologiepark und Mediencity. Das andere Gesicht von Treptow-Köpenick sind ausgedehnte Grünflächen und Wälder wie der weitläufige *Stadtforst* rund um die 115 m hohen *Müggelberge*. Außerdem laden 165 km Wasserstraßen und sieben Seen zu ausgiebigen Dampferpartien ein. An den Ufern der Spree und am **Müggelsee**, dem größten Gewässer Berlins, finden sich gemütliche Ausflugslokale mit Biergärten. Ein Glanzpunkt ist die Altstadt von **Köpenick** mit dem neugotischen Rathaus und dem **Schloss Köpenick**, wo exquisites Kunsthandwerk gezeigt wird.

96 Gedenkstätte Berlin-Hohenschönhausen

Vom sowjetischen Speziallager und Stasi-Gefängnis zum Ort des Erinnerns.

Genslerstraße 66
Tel. 030/98 60 82 30
www.stiftung-hsh.de
Besichtigung nur mit Führung: Mo–Fr stündlich 11–15 (Nov.–Febr. 11, 13, 15) Sa/So/Fei stündlich 10–16 Uhr; Gruppen ab 8 Pers nur mit Voranmeldung, Tram M5 Freienwalder Straße, Tram M6, 16 Genslerstraße

Nach dem Zweiten Weltkrieg wurde im Nordosten Berlins das sowjetische **Speziallager Nr. 3** eingerichtet. Hier hielt man als Spione, Nazis und andere ›feindliche Elemente‹ bezichtigte Menschen gefangen – in vielen Fällen traf es Unschuldige, denn bei der Inhaftierung war oft Willkür im Spiel –, um sie dann in die berüchtigten Gefangenenlager der damaligen Sowjetunion zu transportieren. Im Oktober 1946 wurde das Lager durch das zentrale *sowjetische Untersuchungsgefängnis für Deutschland* abgelöst. Die meisten Häftlinge saßen im *U-Boot*, einem halb unterirdisch gelegenen Trakt mit fensterlosen Zellen, die nur mit einer Holzpritsche und einem Kübel ausgestattet waren. Die Verhöre durch den Geheimdienst fanden vor allem nachts statt und waren oft von körperlicher Gewalt begleitet.

1951 übernahm das neu gegründete **Ministerium für Staatssicherheit (Stasi)** der DDR das Gefängnis. Ende der 1950er-Jahre erweiterte man die Anlage um einen Neubau und nutzte sie bis 1989 als zentrale Untersuchungshaftanstalt. Tausende von politisch Andersdenkenden, seien es erklärte Regimekritiker oder lediglich Ausreisewillige, wurden hier festgesetzt, verhört und psychisch gefoltert, darunter etwa der Schriftsteller *Jürgen Fuchs* oder die Malerin *Bärbel Bohley*, deren Engagement als Bürgerrechtlerin den Herrschenden ein Dorn im Auge war.

Heiter-elegant und nach Preußens erstem König benannt ist Schloss Friedrichsfelde

Das Gefängnis und der dazugehörige militärische **Sperrbezirk** waren auf keinem Ost-Berliner Stadtplan eingezeichnet. Im Sperrbezirk hatte man auch Teile des Stasi-Spionageapparates und das **Arbeitslager X** (bis 1974 in Betrieb) angesiedelt, wo Strafgefangene Zwangsarbeit verrichten mussten.

Seit 1994 ist die Haftanstalt Berlin-Hohenschönhausen eine **Gedenkstätte**, die jedes Jahr mehr Besucher anzieht. Ehemalige Häftlinge führen durch die Zellen und Verhörräume, berichten über die Geschichte des Gefängnisses und erzählen eindrucksvoll von ihren persönlichen Erfahrungen während der Haft.

Die Führung durch die Gedenkstätte beginnt mit einem kurzen *Film* zur Geschichte der Anlage. Anschließend besichtigt man das sog. *U-Boot* (fensterlose Keller-Zellen), wobei die Repression der frühen Jahre im Vordergrund steht. Von dort gelangt man zum Zellentrakt des *Neubaus* mit den Zellen und den Kontrollräumen, von denen aus die Flure überwacht wurden. Eine Ampelanlage auf den Gängen stellte sicher, dass die isoliert gehaltenen Gefangenen auf dem Weg zum Verhör keinem ihrer Mithäftlinge begegneten. Die Verhöre fanden in den *Vernehmungsräumen* jenseits des Zellentraktes statt. Schließlich steht man in einer der schwer bewachten, als ›*Tigerkäfige*‹ bezeichneten Hofganganlagen. Donnerstags ist (im Rahmen der 13-Uhr-Führung) auch der ›*Grotewohl-Express*‹ zu besichtigen, ein Spezialwagen, mit dem die politischen Häftlinge zum Zielgefängnis

Zynismus pur: In diesem als Gemüseauto getarnten Fahrzeug wurden Gefangene transportiert

transportiert wurden. Abschließend kann man die *Ausstellung* ›Inhaftiert in Hohenschönhausen, Zeugnisse politischer Verfolgung 1945–1989‹ besuchen, deren Dokumente die Geschichte der Haftanstalt beeindruckend illustrieren.

97 Tierpark und Schloss Friedrichsfelde

Großer Landschaftstiergarten mit kleinem Barockschlösschen.

Am Tierpark 125, Eingänge: Bärenschaufenster und Schloss
Tel. 030/51 53 10
www.tierpark-berlin.de
Jan.–Mitte März tgl. 9–17, Ende März–Mitte Sept. tgl. 9–19, Mitte Sept.–Ende Okt. tgl. 9–17, Ende Okt.–Ende Dez. tgl. 9–17 Uhr
Fütterung der Großkatzen: Sa–Do ca. 15 Uhr, Badezeit der Elefanten: Nov.–März Sa/So ca. 12 Uhr
U5 Tierpark, Tram M17, 27, Bus 296, 396, 194

Der beliebte **Tierpark Friedrichsfelde** im Bezirk Lichtenberg entstand im Jahr 1955 als Gegenstück zum West-Berliner Zoologischen Garten [Nr. 111]. Auf dem weitläufigen, 160 ha umfassenden Areal mit einem Wegenetz von knapp 23 km sind etwa 8000 Tiere und fast 1000 Arten zu Hause. Die *Parkbahn* führt im Sommer auf einer Rundtour zu den wichtigsten Sehenswürdigkeiten des Tierparks. Gewissermaßen ein Muss ist der Besuch im *Alfred-Brehm-Haus* am Südostrand der Anlage, in dem sibirische Tiger, Löwen, Leoparden, Panther und andere Großkatzen zu beobachten sind. Das benachbarte *Dickhäuterhaus* beherbergt afrikanische und asiatische Elefanten sowie Nashörner und Seekühe. Reptilienfans können in der *Schlangenfarm* eine der weltweit größten Populationen von Giftnattern und Grubenottern bestaunen.

Historischer Nukleus der Anlage ist das **Schloss Friedrichsfelde** (Tel. 030/51 53 14 07, www.schlossfriedrichsfelde.de, seit 2010 in Teilen wieder zugänglich). Friedrich Wilhelm, der Große Kurfürst, ließ es 1682 nach Plänen von *Johann Arnold Nering* als Lustschloss errichten und überließ es Benjamin Raulé, Generaldirektor der brandenburgischen Marine. Dieser kaufte Land hinzu, sodass *Peter Joseph Lenné* genug Platz zur Verfügung hatte, als er 1821 auf dem Areal einen Landschaftsgarten anlegte. Der wurde dann später zum Tierpark umgewandelt. Das Schloss selbst

Friedrichsfelder Familienidylle: Selbst die Jüngsten haben Stil, und sei es frisurtechnisch

war 1719 von Martin Heinrich Böhme beidseitig um drei Achsen erweitert worden, der Hauptfassade wurde ein Dreiecksgiebel aufgesetzt. Nach mehrmaligem Besitzerwechsel gestaltete man 1785 die Innenräume im klassizistischen Stil um. Original erhalten sind die dreiläufige Treppe mit schönem Eichenholzgeländer und der stuckverzierte Festsaal im Obergeschoss. In den prächtigen Räumen des Schlosses sind Gemälde und Skulpturen, Möbel und Uhren, Silbergerät und Steingut, Porzellan und Fayencen aus der Zeit vom 17.–19. Jh. zu bewundern. Außerdem finden regelmäßig Schlosskonzerte (Tickets: Tel. 030/51 53 14 07) statt.

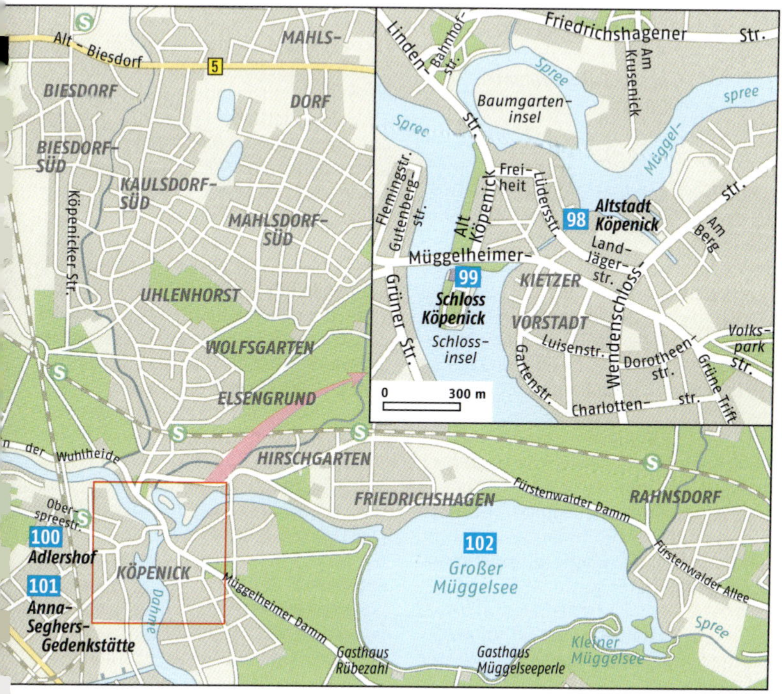

Das Zentrum von Köpenick, mittendrin der Rathaus-Komplex, im Vordergrund das Schloss

98 Altstadt Köpenick

Schauplatz der weltberühmten Köpenickiade.

S3 Köpenick, dann Tram 62, 63, 68 oder Bus 164, 269

Lange Zeit war Köpenick ein eigenständiger Ort, immerhin ist es ja fast 400 Jahre älter als Berlin. Bereits im 9. Jh. siedelten slawische Fischer dort, wo Dahme und Spree zusammenfließen. Der Fürst *Jaczo de Copanic* errichtete an dieser Stelle in der ersten Hälfte des 12. Jh. seine befestigte Burg – die freilich schon kurze Zeit später von den Askaniern unter Albrecht dem Bären zerstört wurde.

Im Jahr 1209 wurden *Cöpenick* und sein südlicher Vorort *Kietz* erstmals urkundlich erwähnt, 1232 erhielten beide Siedlungen Stadtrechte. Ihre wirtschaftliche Grundlage waren in den kommenden Jahrhunderten neben der **Fischerei** zunehmend auch Lohgerberei sowie Woll- und Seidenweberei, meist betrieben von im 17./18. Jh. aus Frankreich hierhin zugewanderten Hugenotten. Dank des Wasserreichtums avancierte Köpenick im 19. Jh. mit 400 Lohnwäschereien zur ›**Waschküche Berlins**‹, Färbereien und chemische Reinigungen folgten. Erst 1920 wurde es Groß-Berlin eingemeindet.

Die Silhouette der Köpenicker Altstadt dominiert das 1901–04 im Stil der märkischen Backsteingotik erbaute **Rathaus Köpenick** (Alt-Köpenick 21), das ein hübscher fünfteiliger Ziergiebel und der 54 m hohe Uhrturm kennzeichnet. 1906 wurde das Gebäude weltbekannt – durch den Gaunerstreich eines gewissen Wilhelm Voigt, des selbsternannten **Hauptmanns von Köpenick**. Neben dem Eingangsportal erinnert seine lebensgroße *Bronzestatue* (1996, Spartak Babajanan) an jene *Köpenickiade*. Im Erdgeschoss des Rathauses hat man Voigt eine ständige *Ausstellung* (tgl. 10–17.30 Uhr) gewidmet.

Der Rathaushof dient alljährlich in Juli und August als Kulisse für **Jazz in Town** (Tel. 030/655 56 52, www.jazz-in-town.de), das renommierte Köpenicker Blues- und Jazzfestival. Auch die kleine Bühne im Gewölbe des *Ratskellers* (Tel. 030/655 51 78, www.ratskeller-koepenick.de) hat sich bei Jazzfreunden weit über Berlin hinaus einen guten Namen erworben.

Die Gassen rund ums Rathaus warten mit meist einstöckigen **Kolonistenhäusern** aus dem 17./18. Jh. auf. Die hier ansässigen Hugenotten, von Brandenburgs Kurfürst ins Land geholt, mussten weder Steuern zahlen noch Militärdienst leisten. Nach Jahren der Verfolgung im Heimatland Frankreich konnten sie erstmals frei leben, worauf sich auch der Straßenname **Freiheit** bezieht. Im Hinterhof des einstigen Amtsgerichts (heute Wirtschaftsamt) in der Freiheit 16 befand sich einst das Gefängnis. Von einer kleinen Außenplattform ist die sog. Hauptmannszelle einsehbar, in der einst Wilhelm Voigt einsaß.

Ein reizvolles Beispiel friderizianischen Rokokos stellt das **Anderson'sche Palais** (Alt-Köpenick 15) aus der Mitte des 18. Jh. dar. Heute birgt das Haus Büros, doch der Durchgang zur *Keramikwerkstatt Jennrich* (www.jennrich-keramik.de) in der Remise ist öffentlich. Auf dem Weg lohnt ein Blick ins ovale Treppenhaus mit schnitzwerkverzierter Holztreppe.

Am Alten Markt, östlich des Rathauses, informiert das **Heimatmuseum** (Tel. 030/902 97 33 51, www.heimatmuseum-koepenick.de, Di/Mi 10–16, Do 10–18, So 14–18 Uhr) anhand von archäologischen Funden, Karten, Urkunden sowie anhand eines großen Foto- und Pressearchivs über die wechselvolle Stadtgeschichte. Die liebevoll präsentierte Sammlung residiert in einem mit großer Sorgfalt restaurierten Fachwerkhaus aus der zweiten Hälfte des 17. Jh., das ursprünglich einmal Teil eines innerstädtischen Gutshofs war.

Auf dem **Platz des 23. April** an der Alten Spree erinnert ein 6 m hoher graniteneer Gedenkstein (1969, Walter Sutkowski) an die *Köpenicker Blutwoche* im Juni 1933. Damals verschleppten und folterten SA-Männer mehr als 500 Gegner der Nationalsozialisten. Viele Gefangene (möglicherweise bis zu über 90) wurden getötet, 23 von ihnen auf diesem Platz.

Den Stadtteil **Fischerkietz**, gleich gegenüber der Altstadt, prägen hübsch herausgeputzte Straßenzeilen mit alten Fischerkaten. Am Ufer der Dahme lädt das älteste erhaltene **Flussbad** (Gartenstraße 42, Tel. 030/65 88 00 94, Mo–Fr 15–18, Sa/So 13–18 Uhr) Berlins mit einem aufgeschütteten, 50 m langen Sandstrand, wo man auch Boote mieten kann, zum lässigen Sommerspaß ein.

Der Hauptmann von Köpenick

Im Frühjahr 1906 verschlug es den 1849 in Tilsit geborenen und bereits mehrfach straffällig gewordenen Schuster **Wilhelm Voigt** nach Berlin. Hier landete der 57-Jährige am 16. Oktober 1906 einen Coup, über den bald alle Welt schmunzelte: Bei einem Potsdamer Trödler erstand er für 20 Reichsmark die Uniform eines kaiserlichen Gardeoffiziers, nahm an der Neuen Wache im Wedding zehn Soldaten unter sein Kommando und fuhr mit ihnen per Vorortzug nach Köpenick. Im dortigen Rathaus ließ er auf vorgeblich ›allerhöchste Kabinettsordre‹ hin Bürgermeister Dr. Georg Langerhans, Oberstadtsekretär Rosenkranz und Kassenrendant von Wiltberg verhaften, beschlagnahmte gegen Quittung die Stadtkasse mit 4000 Reichsmark und verschwand unbehelligt. Viel Heiterkeit erregte der **Gaunerstreich**, hatte doch niemand zuvor die preußische Obrigkeit so dreist zum Narren gehalten. Zehn Tage später wurde Voigt verhaftet und zu vier Jahren Gefängnis verurteilt. Nach der Hälfte der Zeit vom Kaiser begnadigt, verstand er es, aus seiner Geschichte Kapital zu schlagen: Er veröffentlichte seine **Autobiografie** (›Mein Lebensbild‹, 1909) und reiste mit einem Zirkus als ›Hauptmann von Köpenick‹ um die Welt, bevor er sich schließlich in Luxemburg niederließ. Doch im Zuge der Inflation nach dem Ersten Weltkrieg verlor Wilhelm Voigt sein ehrlich erworbenes Vermögen. Er starb 1922 mittellos, seine letzte Ruhe fand er in einem Armengrab auf dem Luxemburger Friedhof Notre-Dame.

1931 bereitete der Schriftsteller **Carl Zuckmayer** (1896–1977) den Stoff in einem volksnahen Bühnenstück auf – ein Dauerbrenner der Theatergeschichte, den *Helmut Käutner* 1956 zu dem Film ›Der Hauptmann von Köpenick‹ verarbeitete. Heinz Rühmann in der Hauptrolle verhalf dem Schuster zu bleibendem Ruhm. Heute wird die **Köpenickiade** am Originalschauplatz vor dem Köpenicker Rathaus als 20-minütiges *Straßentheater* (Mi und Sa 11 Uhr) nachgespielt; auch der historische Festumzug des *Köpenicker Sommers* folgt alljährlich im Juli Voigts Spuren.

Schloss Köpenick präsentiert sich seit 1690 als typisches Bauwerk des niederländischen Barock

99 Schloss Köpenick

TOP TIPP

Barocker Rahmen für exquisite Raumkunst und ausgesuchte kunstgewerbliche Schätze.

Schlossinsel 1
Tel. 030/266 42 42 42
www.smb.museum
Di–So 10–18 Uhr
S 3 Köpenick, dann Tram 62, 63, 68 (Rathausplatz), Bus 164,
S47 Spindlersfeld, dann Tram 60, 61, Bus 167

Köpenick hat eines der prächtigsten Barockensembles der Hauptstadt zu bieten. Das **Wasserschloss** liegt idyllisch auf der südlich der Köpenicker Altstadt vorgelagerten **Schlossinsel** in der Dahme, durch einen schmalen Holzsteg mit dem Festland verbunden. Bereits im 9. Jh. stand hier eine grabengesicherte Burg, die Kurfürst Joachim II. von Brandenburg im Jahr 1558 durch ein erstes Wasserschloss ersetzte. In seiner heutigen Form geht es auf den Großen Kurfürsten zurück, der es 1677–90 als *Lustschloss* für seinen Sohn, den späteren König Friedrich I., erneuern ließ. Der Holländer *Rutger van Langervelt* schuf einen klar strukturierten Bau. Einzige Schmuckelemente sind die Dachbalustrade und der Mittelrisalit mit Portal und Rundgiebel.

Im *Souterrain* des Schlosses fasst eine *Ausstellung* die Bau- und Siedlungsgeschichte der Schlossinsel zusammen. Die übrigen Räume beherbergen eine Dependance des am Kulturforum, in der Nähe des Potsdamer Platzes, residierenden **Kunstgewerbemuseums** [Nr. 34]. Die Ausstellung ›Raumkunst aus Renaissance, Barock und Rokoko‹ zeigt einen Querschnitt durch die höfische und bürgerliche Wohn- und Repräsentationskunst des 16.–18. Jh. Rund 600 Objekte verteilen sich auf 21 üppig geschmückte Säle. Außer opulentem barocken Stuck und bemalten Plafonddecken, seidenen Tapisserien und formschönen Leuchten sind vor allem die getäfelten Wandverkleidungen hervorzuheben.

Gleich im *Erdgeschoss* findet sich mit der *Haldensteiner Prunkstube* (1548) ein herausragendes Beispiel der hoch entwickelten Intarsienkunst der Renaissance. Nicht minder prunkvoll ist die Zimmervertäfelung aus dem unterfränkischen *Schloss Höllrich*, in dessen Kassettendecke (1555) teils versilberte Wappenmedaillons eingearbeitet sind.

Das *1. Obergeschoss* ist mit erlesenen deutschen Möbeln aus Renaissance und Rokoko eingerichtet. Vor allem der *Augsburger Kabinettschrank* (um 1650), gefertigt aus schwarz schimmerndem Ebenholz und verziert mit vergoldeten Metallen und Einlegearbeiten, sticht hervor. Links vom Treppenaufgang dokumentiert das *Lackkabinett* (1740–50) aus dem Turiner Palazzo Graneri della Roccia die im 18. Jh. in Europa beliebte Chinamode.

Im *2. Obergeschoss* glänzt das barocke *Spiegelkabinett* (1724/25) aus dem unterfränkischen Schloss Wiesentheid mit einer reich verzierten Stuckdecke. Wände und Fußboden sind mit aufwendigen Marketeriearbeiten aus Zinn und Perlmutt sowie Hölzern wie Nussbaum und Pappel ausgestattet. Vorbei am prachtvollen Buffet der Basler Safranzunft gelangt man zum *Großen Silberbuffet* (um 1698), dessen neun Gießgarnituren Teil des brandenburgen Staatsschatzes waren. Hauptsaal des Köpenicker Schlosses ist der **Wappensaal**, den der Tessiner *Giovanni Caroveri* um 1685 mit üppigem Barockstuck ausstattete. 18 Hermenpilaster gliedern den rechteckigen Saal, in dessen Mitte das heute nur noch 160-teilige *Tafelservice* (1767/68) aus dem Breslauer Stadtschloss ausgestellt ist.

Weitere Glanzstücke der friderizianischen Porzellankunst sind in der Studiensammlung im *Dachgeschoss* zu bestaunen, die überdies Gerät aus Glas, Silber, Zinn und Messing umfasst. Gewissermaßen nebenbei erlaubt die oberste Etage auch Einblicke in die Konstruktion des Dachstuhls und offeriert schöne Ausblicke auf den prächtigen figurenverzierten **Schlossgarten**. Er wurde um 1690 nach englischem Vorbild angelegt, Rhododendronsträucher und ein ehrwürdiger alter Baumbestand umrahmen die Liegewiese. Besonders zu erwähnen sind eine rund 350-jährige Flatterulme und ein 150 Jahre alter Schwarznussbaum.

Am Ostufer der Insel komplettiert die 1685 geweihte **Schlosskapelle** (geöffnet zu ev.-reform. Gottesdienst So 10 Uhr sowie zu Konzerten) das barocke Ensemble. Sie ist ein Werk *Johann Arnold Nerings* (1659–1695), der als bedeutendster Vertreter des märkischen Barock gilt. Die Kapellenfassade in ionischer Pilasterordnung zeigt die Sandsteinfiguren der vier Evangelisten, innen sind die reich geschnitzte Kanzel und das herrliche Deckengemälde von *Giovanni Caroveri* sehenswert.

Aus Gründen der Staatsräson

Am 28. Oktober 1730 trat im Wappensaal des Köpenicker Schlosses das **Königliche Kriegsgericht** zusammen, um über Kronprinz Friedrich, den späteren *Friedrich den Großen*, zu richten. Der Prinz hatte sich schon in früher Jugend mit seinem allzu strengen Vater, dem ›Soldatenkönig‹ Friedrich Wilhelm I., überworfen. 18-jährig versuchte er die Flucht vom preußischen Hof – und wurde prompt zusammen mit seinem Freund, dem Leutnant Hans Hermann von Katte, gefasst.

In einem **Schauprozess** ließ Friedrich Wilhelm die jungen Leute zum Tode verurteilen. Zwar begnadigte der König den Kronprinzen, nicht jedoch Katte. Vor den Augen Friedrichs ließ er diesen in der Festung Küstrin hinrichten. Fortan verzichtete Friedrich auf offene Rebellion gegen den Vater, mit philosophischen Studien verbrachte er die Jahre bis zu dessen Tod auf Schloss Rheinsberg.

Das Große Silberbuffet im Schloss Köpenick

100 Adlershof

Wissenschafts- und Technologiepark.

www.adlershof.de
S45, S46, S8, S85, S9 Adlershof

Das 420 ha große Areal im Südosten von Treptow-Köpenick ging aus einem 1754 gegründeten Gutshof hervor, zu dem im damaligen Vorort Adlershof eine Plantage mit Maulbeerbäumen für die *Seidenraupenzucht* gehörte. Derart experimetelle Zuchtversuche misslangen indessen. Am 9. September 1909 aber war es mit der Ruhe hier vorbei: Der **Flugplatz Johannisthal-Adlershof**, die erste Einrichtung dieser Art in Deutschland, wurde eröffnet. Teile des Areals bilden einen *Natur- und Landschaftspark*, auf dessen verbliebenen Rollbahnen sich Inlineskater und Skateboarder tummeln.

Auf den übrigen Flächen wuchs nach der Einheit die **WiStA** (*Wissenschafts- und Wirtschaftsstadt Adlershof*) als Standort für technologieorientierte Unternehmen, den naturwissenschaftliche Fachbereiche der Berliner Humboldt-Universität, einige weitere Forschungsinstitute sowie die **Medienstadt Adlershof** ergänzen. In letzterer werden Kinofilme, Fernsehformate und Hörbücher produziert. Mit über 800 Unternehmen, rund 14 000 Beschäftigten und 6700 Studierenden gehört Adlershof zu den größten Wissenschafts- und Technologieparks der Welt. Zu besichtigen sind viele der Institute und Firmen in der alljährlich Ende Mai veranstalteten ›Langen Nacht der Wissenschaften‹ (www.langenachtderwissenschaften.de). Auffälligstes Gebäude ist hier das **Innovationszentrum für Photonik** (Rudower Chaussee). Der dreigeschossige Glaspalast mit seinen farbigen Jalousetten entstand 1996–98 nach Entwürfen des Architektenteams *Louisa Hutton* und *Matthias Sauerbruch*. Der imposante Bau wird seiner fließenden Wellenform wegen auch ›Amöbe‹ genannt.

101 Anna-Seghers-Gedenkstätte

Ein Stück literarisches Berlin.

Anna-Seghers-Straße 81
Tel. 030/677 47 25
www.anna-seghers.de
Di, Do 10–16 Uhr und nach Vereinbarung
S45, S46, S8, S9 Adlershof

Hier wohnte die Erzählerin *Anna Seghers* (1900–1983) ab 1955, als die ihr zu Ehren benannte Straße noch Volkswohlstraße hieß. Nach ihrem Tod wurden die Räume, in denen sie gelebt hatte, als Gedenkstätte der Öffentlichkeit zugänglich gemacht. In zweien davon zeugen schlichtes Mobilar aus den 1950er-Jahren, eine Remington-Schreibmaschine sowie die rund 9000 Bände umfassende Bibliothek von einem arbeitsamen Künstlerleben. Seghers war 1933 als Jüdin und KPD-Mitglied vor den Nazis ins Ausland geflohen. Ihr 1942 erschienener Roman *›Das siebte Kreuz‹* war eines der erfolgreichsten Werke der Exilliteratur und trug im Ausland wesentlich zur Aufklärung über den Nationalsozialismus und seine Hintergründe bei. Die Schriftstellerin kehrte 1947 aus dem Exil zurück und zog 1950 in die DDR.

102 Großer Müggelsee

Größte Badewanne der Berliner.

S3 Friedrichshagen oder Rahnsdorf, Tram 60, 61, 87, 88, Bus 161

Der Große Müggelsee und sein östliches Anhängsel, der **Kleine Müggelsee**, zählen zu den beliebtesten Ausflugszielen im Osten Berlins, zugleich bilden beide neben dem Wannsee und dem Tegeler See das größte *Wassersportzentrum* der Stadt (4,5 km x 2,5 km). An den überwiegend unverbauten Ufern des bis zu 11 m tiefen Großen Müggelsees stehen ausgedehnte Ahorn-, Erlen- und Kiefernwälder.

Ein guter Ausgangspunkt für Schiffstouren (Stern- und Kreisschifffahrt, s. S. 180) ist **Friedrichshagen** am Austritt der Müggelspree im Nordwesten des Sees, ein früheres Spinnereidorf. Der Anleger findet sich im *Müggelpark*. Fußgänger erreichen durch den *Spreetunnel* von 1926 eine Badestelle am Westufer. Das *Museum im Wasserwerk* (Müggelseedamm 307, Tel. 030/86 44 76 95, www.museum-im-wasserwerk.de, März–Okt. Di–Fr 10–16, So 10–17, Nov.–Febr. Di–Fr 10–15, So 10–16 Uhr) wird Technikfans begeistern. In dem neogotischen Backsteinbau (1893) erhält man Aufschluss über die Geschichte der Berliner Wasserversorgung.

Rahnsdorf am Nordostufer des Müggelsees zeigt noch ländliches Flair. Den Mittelpunkt des hufeisenförmig angelegten Angerdorfs bildet die 1887 nach Plänen von Friedrich Adler errichtete *Dorfkirche*. Reizvoll ist auch eine **Kanupartie** (Kanuverleih und geführte Touren: Wassersport Berlin, s. S. 179) durch **Neu-Venedig**, ein in den 1920er-Jahren angelegtes Wasserlabyrinth aus fünf schmalen Kanälen, das von 14 Brücken überspannt wird. An den Ufern liegen hinter Trauerweiden versteckt idyllische Wassergrundstücke mit Lauben und Bootshäusern.

Ende des 19. Jh. entstanden im damaligen Neu-Rahnsdorf, heute Wilhelmshagen, und im Hessenwinkel hübsche *Villenkolonien* im Landhausstil. Für Badefreunde empfiehlt sich das 1912 eröffnete **Strandbad Müggelsee** (Fürstenwalder Damm 838, tgl. 9–20 Uhr) mit Sandstrand, Sonnenschirmen, Strandkörben und FKK-Bereich. Es gibt vorzügliche Wassersportmöglichkeiten, und auch eine *Surf- und Segelschule* (Wassersport Berlin, s. S. 179) findet sich vor Ort.

Am Südufer des Müggelsees ragen die sanft gerundeten, bewaldeten **Müggel-**

Einfach mal relaxen und abfeiern – im Treptower Park kommt jeder auf einen grünen Zweig

berge auf, mit 115 m mangels Konkurrenz sozusagen Berlins höchstes Gebirge. Von den Schiffsanlegern Müggelseeperle und Rübezahl, wo jeweils Ausflugslokale liegen, können Wanderer auf gut ausgebauten Wegen die *Köpenicker Heide* und den *Berliner Stadtforst* zwischen See und Bergen erkunden. Beliebt als Ausflugsziel ist der 30 m hohe **Müggelturm**, der 1960 an der Stelle eines abgebrannten Vorgängers errichtet wurde. Von seiner Aussichtsplattform aus genießt man ein fulminantes Panorama mit den Müggelseen, der Stadt und ihrem Umland – an klaren Tagen ist gar der Teufelsberg im Westen auszumachen.

103 Treptower Park

Grüne Lunge im Südosten mit Volkssternwarte und Sowjetischem Ehrenmal.

S41, S42, S8, S85, S9 Treptower Park,
S8, S85, S9 Plänterwald,
Bus 166, 167, 265

Über 85 ha erstreckt sich der Treptower Park entlang der Spree. In seinem nördlichen Drittel verläuft die von Platanen gesäumte Puschkinallee. Die Grünanlage wurde 1876–88 als einer der ersten *Volksparks* der Stadt nach Plänen des Gartenbaudirektors und Lenné-Schülers *Gustav Meyer* gestaltet. Neben Wäldchen, Blumenrabatten und großem Karpfenteich verfügt die Anlage bis heute über Spiel- und Sportwiesen, auf der die Großstädter in Bewegung kommen können.

Im Osten des Treptower Parks ragt das **Sowjetische Ehrenmal** auf. Der Architekt Jakow Belopolski und der Bildhauer Jewgeni Wutscheritsch schufen die monumentale Gedenkstätte 1947–49 für 5000 hier bestattete sowjetische Gefallene des Zweiten Weltkrieges mit allem Pathos des Kunstgeschmacks zu stalinistischer Zeit. Zwei Rundbogenportale führen von Norden und Süden her auf das Gelände, Trauerbirken und Granitreliefs mit Kriegsszenen säumen den weiteren Weg. Im Zentrum der Anlage führt eine Treppe zu dem marmornen Mausoleum auf einer flachen Hügelkuppe. Es wird von der annähernd 12 m hohen und 70 t schweren *Kolossalstatue* eines sowjetischen Soldaten bekrönt. An seine linke Schulter schmiegt sich Schutz suchend ein Kind, mit einem Schwert in der rechten Hand zerschlägt er das Hakenkreuz als Symbol des am Ende doch niedergerungenen Angreifers Deutschland.

Unweit nordöstlich steht die **Archenhold-Sternwarte** (Tel. 030/536 06 37 19, www.sdtb.de, Mi–So 14–16.30 Uhr, Führungen Do 20, Sa/So 15 Uhr), die älteste Volkssternwarte Deutschlands. 1896 zeigte der Astronom *Friedrich Simon Archenhold* (1861–1939) hier erstmals das von ihm entwickelte bewegliche Linsenfern-

Von Feinden zu Freunden – die Alliierten in Berlin

Noch während des Zweiten Weltkriegs, im Februar 1945, beschlossen Premierminister **Churchill**, Präsident **Roosevelt** und Kremlchef **Stalin**, die Repräsentanten Großbritanniens, der USA und der Sowjetunion, Deutschland in Zonen aufzuteilen. Dies betraf auch Berlin: die Westalliierten (England, USA, zu denen sich später Frankreich gesellte) sollten den westlichen Teil der Stadt erhalten, die Sowjetunion den Ostteil. In Kraft trat der Beschluss nach der deutschen Kapitulation, die am 7. Mai 1945 in Reims bzw. am 8. Mai in **Berlin-Karlshorst** unterzeichnet wurde.

Hier, im ehemaligen Offizierskasino der Wehrmachtspionierschule, eröffnete die Sowjetarmee 1967 das *Museum der bedingungslosen Kapitulation des faschistischen Deutschland im Großen Vaterländischen Krieg 1941–1945*. Den in der DDR stationierten Sowjetsoldaten wurden in diesen Räumen Kampf und Leiden der Roten Armee während des Zweiten Weltkriegs nahegebracht. Die DDR-Bürger sollten erst drei Jahre später von der Existenz des Museums erfahren, doch recht schnell machten sie dessen größte Besuchergruppe aus.

Bei der Wiedervereinigung wurde der Abzug aller alliierten Truppen aus Berlin im sog. ›Zwei-plus-Vier-Vertrag‹ (1990) für das Jahresende 1994 festgelegt. In den Mauern des Kapitulationsmuseums eröffnete man dann im Jahr 1995 und mit ganz neuem Konzept das **Deutsch-Russische Museum Berlin-Karlshorst** (Zwieseler Straße 4/ Rheinsteinstraße, Tel. 030/50150810, www.museum-karlshorst.de, Di–So 10–18 Uhr), das von Institutionen aus beiden Ländern gemeinsam betreut wird. Es dokumentiert die Geschichte deutsch-russischer Beziehungen zwischen 1917 und 1990. Im Fokus stehen die politischen und militärischen Ereignisse des Zweiten Weltkriegs und ihre Auswirkungen auf die Lebenswelt in beiden Ländern. Anhand zahlreicher Schauobjekte und Dokumente werden Themen wie Soldatenalltag, Kriegsgefangenschaft und Schicksal der Zivilbevölkerung eindrucksvoll vor Augen geführt. Im Originalzustand erhalten ist der Saal, in dem 1945 die Kapitulation der deutschen Wehrmacht besiegelt wurde.

Auch die westlichen Alliierten verabschiedeten sich 1994 von Berlin. Ihre Seite der Geschichte beleuchtet das 1998 auf dem früheren US-Militärgelände in **Zehlendorf** eröffnete **Alliiertenmuseum** (Clayallee 135, Tel. 030/8181990, www.alliiertenmuseum.de, Do–Di 10–18 Uhr). Im ehem. *Outpost Theater* (1952) werden die Jahre 1945–50 thematisiert, im Zentrum steht die **Berliner Luftbrücke**. Während der Blockade West-Berlins durch sowjetische Truppen 1948/49 konnte dieser Teil der Stadt nur noch aus der Luft mit Nahrungsmitteln, Kohle und Medikamenten versorgt werden. Alliierte Flugzeuge, die sog. *Rosinenbomber*, brachten damals 2,3 Mio. Tonnen Fracht nach West-Berlin. Auf dem Freigelände des Museums stehen außer einem Rosinenbomber noch ein Wachturm der Berliner Mauer und das Kontrollhaus vom Checkpoint Charlie [Nr. 29]. Die Ausstellung in der *Nicholson-Gedenkbibliothek* (1979) dokumentiert die militärischen Konfrontationen während des **Kalten Kriegs**. Sogar ein Teil jenes *Spionagetunnels*, der 1953/54 vom amerikanischen und vom britischen Geheimdienst gebuddelt wurde, um die sowjetischen Kommunikationslinien in Berlin anzuzapfen, ist zu sehen. Heute braucht man hier keinen solchen Tunnel mehr. Jedermann steht es frei, das eine oder das andere Museum aufzusuchen und sich über die grotesken einstigen Verhältnisse zu informieren.

rohr, das mit 21 m Länge und 130 t Gewicht bis heute das imposanteste seiner Art in der Welt ist. Ein Objektivdurchmesser von 68 cm macht es möglich, die Gestirne in 210-facher Vergrößerung zu beobachten. 1959 wurde ein **Zeiss-Kleinplanetarium** mit einer 8 m messenden Himmelskuppel angebaut. Auf dem Freigelände stehen u.a. ein Spiegelteleskop (500 mm) und ein sonnenphysikalisches Kabinett. Im Inneren beleuchten Fotos und Texttafeln die Geschichte der Sternwarte. *Albert Einstein* (1879–1955) stellte hier am 2. Februar 1915 seine Relativitätstheorie vor. Unter den Exponaten finden sich auch ein 283,5 kg schwerer Meteorit sowie allerlei Globen und Messinstrumente. Interessant für Astronomiesüchtige ist die genaue Rekonstruktion eines historischen Beobachtungsraums aus dem 19. Jh.

Nördlich der Sternwarte liegt am Ufer der Spree das **Gasthaus Zenner** [s. S. 168]. Dieses Ausflugslokal wurde 1821/22 von *Carl Ferdinand Langhans* im klassizistischen Stil erbaut. Noch heute ist es, mit 1500 Plätzen, eines der größten Gartenlokale von ganz Berlin.

Vom Biergarten lässt sich bestens das große Feuerwerkspektakel *Treptow in Flammen* genießen, das alljährlich im Juni auf der **Insel der Jugend** (früher Abteiinsel) inszeniert wird. Das künstliche Spreeeiland wird seit 1916 durch eine 76 m lange Stahlbetonbrücke mit dem Festland verbunden, deren Tortürme von hübschen Fachwerkaufbauten gekrönt sind. Heute ist hier der *Jugendclub Insel* (www.johanniter-helfen.de) ansässig.

Steigt man am S-Bahnhof Treptower Park aus, fallen einem sofort die **Treptowers** an der Elsenbrücke ins Auge. Der mit 30 Etagen und 125 m höchste Berliner Büroturm entstand 1995–98 nach Plänen Gerhard Spangenbergs. Vor der Elsenbrücke ragt die 30 m hohe und 45 t schwere Installation **Molecule Man** (1999) des Amerikaners *Jonathan Borofsky* aus der Spree. Die drei Figuren aus durchlöchertem Aluminium markieren die Stelle, an der die alten Bezirke Kreuzberg, Friedrichshain und Treptow aneinander grenzten.

Vom **Spreehafen Treptow** verkehren im Sommer *Schiffe* (Stern- und Kreisschifffahrt, s. S. 180) nach Charlottenburg,

Molecule Man – zeitgenössische Kunst vor romantisch ausgeleuchteter Spree-Kulisse

Köpenick und über den Großen Müggelsee bis zur Woltersdorfer Schleuse. Auch ein achtstündiger Schiffsausflug rund um Berlin steht auf dem Programm.

Weiter westlich, im Park **Schlesischer Busch**, ragt einer von noch zwei in Berlin erhaltenen *Grenzwachtürmen* auf. Der 10 m hohe quadratische Bau vom Typ sorgfältig restauriert und dient heute als Ausstellungsort der **Kunstfabrik am Flutgraben** (Tel. 030/53 21 96 58, www.kunstfabrik.org, Mai–Okt. Do–So 14–19 Uhr), die mit Engagement frische Kreativität fördert und auch ein Atelierhaus unterhält.

Schwungvoller Auftakt – eine elegante Stahlbetonbrücke führt auf die Insel der Jugend

Rund um den Ku'damm – Kaufen, Schauen, Tiere beobachten

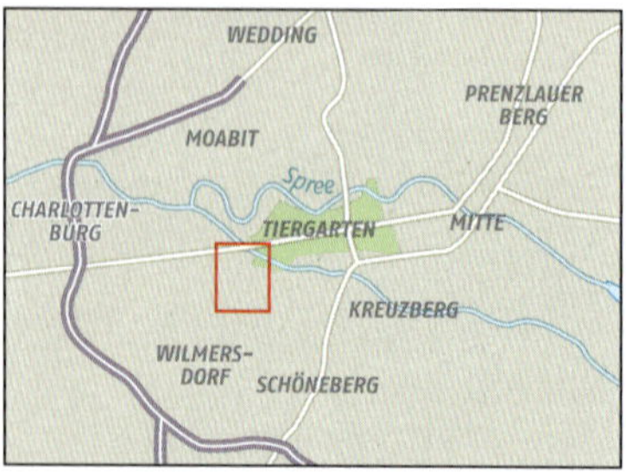

Das Geschäfts- und Kulturzentrum West-Berlins rund um den **Kurfürstendamm** und seine östliche Verlängerung, die **Tauentzienstraße**, gehört noch immer zu den interessantesten Adressen der Stadt. Der von den Berlinern kurz Ku'damm genannte, 3,5 km lange Boulevard ist seit jeher eine beliebte *Flaniermeile*. Luxushotels, Restaurants, Cafés, Kinos, Modegeschäfte und Kaufhäuser bestimmen das Straßenbild bis zum legendären Warenhaus **KaDeWe** am Ostende der Tauentzienstraße. An manchen Stellen setzen exzentrisch gestaltete Neubaukomplexe wie das **Neue Kranzler Eck** heftige Akzente. Aber auch Kunst und Kultur sind rund um den Ku'damm zu finden, z.B. das **Theater des Westens** und das **Literaturhaus**, das **Käthe-Kollwitz-Museum** und das **Museum für Fotografie** mit der **Helmut Newton Stiftung**. Nicht zuletzt ist der **Zoologische Garten** mit seinem großen Aquarium ein Publikumsliebling.

104 Kurfürstendamm

Vom Reitweg der Kurfürsten zum Laufsteg der Flaneure und Shopper.

S5, S7, S75, S9 und U2 Zoologischer Garten, U1, U9 Kurfürstendamm und U1 Uhlandstraße, U7 Adenauerplatz, Bus X9, X10, M19, M29, M45, M46, 100, 109, 110, 200, 204, 245, 249

Die Ursprünge der berühmten Straße gehen auf einen Reitweg zurück, der ab 1542 zum Jagdschloss Grunewald führte. Lange war der Weg nur der kurfürstlichen Familie vorbehalten, und daher bürgerte sich der Name Kurfürstendamm ein. Zum großstädtischen Boulevard wurde er erst durch den Ausbau ab 1886, der auf *Otto von Bismarcks* Initiative zurückging: Der Berliner Westen sollte ein prachtvolles Pendant zum östlich des Brandenburger Tors verlaufenden Boulevard Unter den Linden [Nr. 6] erhalten. Am und um den Kurfürstendamm entstanden bald zahlreiche Stadtpalais. Hier wohnten wohlhabende Bürger, später kamen die Künstler hinzu – und Spekulanten. Adel und Politik indessen blieben Unter den Linden.

Im Herzen des Westens: Breitscheidplatz, Europa-Center und Gedächtniskirche

Seine erste große **Blüte** erlebte der Kurfürstendamm in den 1920er-Jahren, als hier Vergnügungstempel, Kabaretts, Revuen, Varietés und Kinos wie Pilze aus dem Boden schossen. Vom opulenten Baubestand der Gründerzeit war nach dem Zweiten Weltkrieg nur noch wenig erhalten. Was gerettet und restauriert werden konnte, ist heute eingebettet in eine eher nüchterne Kulisse aus Bürobauten und Hochhäusern der 1960/70er-Jahre. Neuen Schwung bringen da die Architekturprojekte des 21. Jh., und neues Flair schaffen Designershops, Juwelierläden und edle Einkaufspassagen.

Neben Kinos und Bühnen wie *Theater & Komödie am Kurfürstendamm* oder *Schaubühne am Lehniner Platz* [s. S. 174] gehören große Hotels traditioneller Weise zum Kurfürstendamm. Eins der bekanntesten ist sicherlich das **Kempinski Hotel Bristol** [s. S. 182]. In dem eleganten, 1952 nach Plänen von *Paul Schwebes* erbauten Haus logiert noch heute Prominenz aus aller Welt, und in der *Bristol-Bar* kann man mit etwas Glück richtige VIPs sehen.

TOP TIPP

Legendär ist das **Café Kranzler** [s. S. 170], das 1944 von Unter den Linden an den Ku'damm (Ecke Joachimstaler Straße) zog. Heute fügt sich seine Rotunde ins **Neue Kranzler Eck** ein, so heißt jenes aus mehreren alten und neuen Bauten bestehende Quartier, das von einem raumgreifenden Hochhaus (1998–2000) des Star-Architekten *Helmut Jahn* überragt wird. Um 1900 fand man an dieser Keuzung noch das *Café des Westens* (auch Café Größenwahn genannt), ein Lieblingslokal der Berliner Boheme. Autoren und Schauspieler trafen sich hier zu langen Gesprächen bei Kaffee und Kuchen. Gegenüber am **Ku'damm Eck** steht heute der 44 m hohe Rundbau (2001) der Luxusherberge *Swissôtel Berlin* [s. S. 183].

Viele Geschichten sind auch mit Gebäuden auf dem Charlottenburger Teil des Kurfürstendamms (zwischen Breitscheidplatz und Adenauerplatz) verbunden: In **Nr. 234**, lange Jahre ein Café, verkehrten vor dem Ersten Weltkrieg viele Offiziersgattinnen, die hier ihre Töchter unter die Haube bringen wollten. Das Haus **Nr. 218** wurde 1902 vom Chinesi-

Für nostalgisch Gestimmte noch immer gewöhnungsbedürftig: das Neue Kranzler Eck

schen Kaiserreich erworben. Bis 1979 gehörte es der Volksrepublik China und war als Botschaftsgelände exterritoriales Gebiet. Haus **Nr. 217** war in den 1920er-Jahren ein Revuetheater, hier trat 1926 die Tänzerin *Josephine Baker* in ihrem legendären Bananenkostüm auf. Bis 2002 fungierte es als *Kino Astor*, heute spielt Tommy Hilfiger hier die Hauptrolle. Der Gebäudekomplex **Nr. 193** sollte 1912 als Apartmenthaus nach amerikanischem Vorbild eröffnet werden, doch die sofortige Pleite stoppte derlei Pläne. Mittlerweile beherbergt der Bau die *Oberfinanzdirektion Berlin*.

Ein Bummel lohnt sich auch durch die Seitenstraßen des Ku'damms zwischen Joachimstaler Straße und Leibnizstraße. Hier sowie rund um den **Savignyplatz** findet man in großer Zahl Designerläden, Galerien, Cafés und (Szene-)Restaurants. Kein Wunder, dass diese Straßen schon seit langem zu den bevorzugten Wohngegenden Berlins gehören.

Monarchen-Mosaik – Wilhelm II. und Gattin Auguste Viktoria in der Gedächtniskirche

105 Kaiser-Wilhelm-Gedächtniskirche

Eines der bekanntesten Wahrzeichen von Berlin ist die Turmruine der Kaiser-Wilhelm-Gedächtniskirche.

Breitscheidplatz
www.gedaechtniskirche-berlin.de
tgl. 9–19 Uhr
S5, S7, S75, S9 und
U2, U9 Zoologischer Garten,
U1, U9 Kurfürstendamm,
Bus X9, X10, X34, M19, M29, M45, M46, M49, 100, 109, 200, 204, 245, 249

Gleich nach seiner Thronbesteigung gab Kaiser Wilhelm II. den Auftrag zum Bau einer repräsentativen Kirche, die vor allem im Innenraum die Einheit von Thron und Altar in Preußen demonstrieren und dem Andenken an Wilhelm I. gewidmet sein sollte. *Franz Schwechten* erbaute sie in neoromanischem Stil rheinischer Prägung mit einem 113 m hohen Westturm und vier Ecktürmen. Im religiösen Leben indes spielte die 1895 vollendete Kaiser-Wilhelm-Gedächtniskirche in den folgenden Jahrzehnten keine große Rolle. Und am Totensonntag 1943 zerstörten die Bomben der Alliierten das Gotteshaus – bis auf den Westturm.

1957 wollte man die Ruine abreißen, doch die Berliner protestierten vehement. Man einigte sich auf einen Kompromiss: Der mächtige **Westturm**, mittlerweile nur noch 68 m hoch und ›hohler Zahn‹ genannt, blieb stehen und wurde nach einem Entwurf *Egon Eiermanns* um einen Sakralraum ergänzt – in Form eines flach gedeckten Oktogons aus mosaikartig verglasten Betonplatten. Zusätzlich entstanden ein zweiter *Glockenturm* (53 m), eine Kapelle und ein als Veranstaltungsort zu nutzendes Foyer. Am 17. Dezember 1961 weihte man das Gotteshaus ein. Das moderne Ensemble nennen die Berliner recht salopp ›Lippenstift und Puderdose‹.

Eine *Gedenkhalle* im Turm mahnt zu Frieden und Versöhnung. Auf dem *Fürstenfries* sind die Hohenzollernherrscher abgebildet – von Kurfürst Friedrich I. aus dem 15. Jh. bis zum letzten Kronprinzen. Zu jeder vollen Stunde ertönt im alten Westturm das *Glockenspiel* – nach einer Melodie, die Prinz Louis Ferdinand, Enkel Kaiser Wilhelms II., geschrieben hat.

106 Europa-Center

Vom Künstlertreff zum nüchtern-modernen Fortschrittssymbol.

Breitscheidplatz
www.europa-center-berlin.de
S5, S7, S75, S9 und U2, U9 Zoologischer Garten,
U1, U2, U3 Wittenbergplatz,
Bus X9, X10, X34, M19, M29, M45, M46, M49, 100, 109, 200, 204, 245, 249

Dort, wo heute das Europa-Center steht, befand sich in den 1920er-Jahren das legendäre *Romanische Café*, ein Treffpunkt der Berliner Kunst- und Kulturszene. Berühmtheiten wie Max Reinhardt, Alfred Döblin, Gustaf Gründgens, Richard Tauber und Egon Erwin Kisch saßen im speziell für sie reservierten Raum ›Bassin der Schwimmer‹. Junge Talente nahmen ihren Kaffee im ›Bassin der Nichtschwimmer‹. Im Novemer 1943 aber zerstörten britische Bomben das Gebäude. Zwischen 1963 und 1965 errichtete man auf dem Gelände das 22-geschossige **Europa-Center** (Hentrich/Petschnigg, Düttmann/Eiermann), in dem allerlei Geschäfte, Restaurants und das Kabarett ›Die Stachelschweine‹ [s. S. 174] angesiedelt sind.

Beliebter Tummelplatz für Berliner und Besucher, für Straßenkünstler und Skateboarder ist der 1983 als Fußgängerzone gestaltete **Breitscheidplatz** vor dem Europa-Center. Sein Name erinnert an den SPD-Politiker *Rudolf Breitscheid* (1874–1944), der im KZ Buchenwald umgebracht wur-

Ein moderner Sakralraum mit beeindruckender Aura – die Kaiser-Wilhelm-Gedächtniskirche

Auch wahre Kunst ist letztlich Ware – jedenfalls im Auktionshaus Villa Grisebach

de. Zentrum des Platzes ist der vom Bildhauer *Joachim Schmettau* entworfene **Weltkugelbrunnen**, der wegen seiner Form auch ›Wasserklops‹ genannt wird.

107 Käthe-Kollwitz-Museum

Expressionismus und Erinnerung.

Fasanenstraße 24
Tel. 030/882 52 10
www.kaethe-kollwitz.de
tgl. 11–18 Uhr
U1 Uhlandstraße
Bus X10, M19, M29, 109, 110, 249

Mit ihren repräsentativen Villen aus dem 19. Jh. und den gediegenen Wohnhäusern des frühen 20. Jh. ist sie eine der architektonisch schönsten und vornehmsten Seitenstraßen des Kurfürstendamms – die *Fasanenstraße*.

In einem 1897 spätklassizistisch umgestalteten Palais zeigt das **Käthe-Kollwitz-Museum** einen Großteil des Lebenswerks einer herausragenden Künstlerin: *Käthe Kollwitz* (1867–1945) zählte zu den Haupt-Protagonisten des Expressionismus Der Maler und Kunsthändler *Hans Pels-Leusden* stiftete dem Haus seine Sammlung von 100 Druckgrafiken, 70 Zeichnungen und Originalplakaten aus dem Atelier der sozial engagierten Grafikerin. Interessante Sonderausstellungen ergänzen das Repertoire.

Das nach seinem Architekten benannte Nachbarhaus (1891–95) beherbergt seit 1986 das Auktionshaus **Villa Grisebach** (Tel. 030/885 91 50, www.villa-grisebach.de). Zwei Kunsträume, die Villa Grisebach Gallery und die Galerie Pels-Leusden, gehören dazu. Das Haus **Nr. 26**, um 1900 erbaut und sogleich als gesellschaftlicher Treffpunkt etabliert, gehörte *Salomon Wertheim*, dem Begründer der bekannten Warenhauskette. Das nebenan gelegene **Literaturhaus Berlin** (Nr. 23, Tel. 030/887 28 60, www.literaturhaus-berlin.de) ist ebenfalls eine Gründerzeitvilla. Garten und Wintergarten dienen als Café. Es gibt eine Buchhandlung und ein *Kurt-Tucholsky-Zimmer* mit Möbeln, die der berühmte gesellschaftskritische Publizist Kurt Tucholsky (1890–1935) in seinem Domizil im schwedischen Hindas nutzte. Er eröffnete 1912 am Ku'damm 12 eine Bücherbar, die Geistiges anbot – nämlich Literatur und Hochprozentiges zugleich!

In diesem Abschnitt der Fasanenstraße wie auch in anderen Ku'damm-Seitenstraßen finden sich traditionell viele Altberliner **Pensionen**. Nach 1918 waren es vor allem Kriegerwitwen, die Zimmer ihrer riesigen Wohnungen vermieteten, um ihr Budget aufzubessern. In den 1920er und 30er-Jahren logierten hier sehr gerne Schauspieler und andere bedeutende Persönlichkeiten, oftmals so prominente, darunter wie z.B. der Stummfilmstar Asta Nielsen, die Fliegerlegende Ernst Udet oder der Dichter Franz Kafka.

108 Jüdisches Gemeindehaus

Das Portal der 1938 zerstörten Synagoge steht vor dem Jüdischen Gemeindehaus

Kulturelles Zentrum der größten jüdischen Gemeinde Deutschlands.

Fasanenstraße 79/80
Tel. 030/88 02 80
www.jg-berlin.org
S5, S7, S75, S9 und U2, U9 Zoologischer Garten, U1, U9 Kurfürstendamm, U1 Uhlandstraße,
Bus X9, X10, X34, M19, M29, M45, M46, M49, 100, 109, 110, 200, 204, 245, 249

In der Fasanenstraße wurde 1912 die erste Synagoge im Berliner Westen eröffnet. In dem byzantinisch geprägten Bau nach den Plänen *Ehrenfried Hessels* fanden 1700 Gläubige Platz. Doch die Synagoge wurde in der Pogromnacht 1938 fast völlig zerstört, ihre Ruine schließlich 1958 gesprengt. *Dieter Knoblauch* und *Heinz Heise* errichteten 1957–59 ein neues Gemeindehaus, das alte Portal dient als Haupteingang. Ein Säulenpaar der Fassade des ersten Baus ist heute *Mahnmal*, und eine Wand im Hof wurde zur *Gedenkstätte* für die ermordeten Berliner Juden. Das Gemeindehaus bietet als Kulturzentrum ein vielfältiges Programm, seine Bibilothek verfügt über die größte Sammlung jüdischen Schrifttums in ganz Deutschland. Mit koscheren Speisen lockt das Restaurant *It's Gabriel's* [s. S. 169].
Unmittelbar benachbart liegt als markantes Bau-Ensemble das **Kantdreieck** (1994). Das Bürohochhaus von *Josef Paul Kleihues* krönt eine gigantische silberne Wetterfahne. Gegenüber steht das ›Gürteltier‹ genannte **Ludwig-Erhard-Haus** (1998, www.leh-berlin.de). Das Bauwerk des Londoner Architekten *Nicholas Grimshaw* gilt als Zentrum der hauptstädtischen Wirtschaft, außerdem ist hier die Berliner Wertpapierbörse beheimatet.

Im Literaturhaus-Garten bringen Bücherfreunde bei Kaffee und Kuchen Blätter zum Rascheln

109 Theater des Westens

Munteres Entertainment hinter alten Mauern: Berlins Operetten- und Musicalbühne.

TOP TIPP

Kantstraße 12
Tel. 018 05/44 44 (0,14 €/Min.)
www.stage-entertainment.de
S5, S7, S75, S9 und U2, U9 Zoologischer Garten, U1, U9 Kurfürstendamm, Bus X9, X10, X34, M45, M46, M49, 100, 109, 110, 200, 204, 245, 249

Im pompösen Stil des wilhelminischen Historismus 1895/96 von *Bernhard Sehring* erbaut, bot das Theater des Westens zunächst den geeigneten Rahmen für die Aufführung klassischer *Operetten*. In der Zeit nach dem Zweiten Weltkrieg war es dann Spielstätte der *Deutschen Oper*, bis diese in den Neubau an der Bismarckstraße umzog. Unter der künstlerischen Leitung Helmut Baumanns erwarb sich das Haus schließlich einen guten Ruf als bewährte Bühne für die Aufführung modernen **Musicals**. Seit 2003 wird es von der Hamburger Stage Entertainment betrieben. Aufgeführt werden die angesagten Bühnenshows des 21. Jh.

Nebenan steht der **Delphi-Filmpalast**, [s. S. 175]. Das Gebäude wurde 1927/28 als Tanzlokal errichtet und war ab 1949 als das größte Kino Berlins und als Uraufführungsstätte bekannt. 1997/98 wurden die historische Fassade, der Garten und die sog. Kaisertreppe rekonstruiert. Das *Quasimodo* [s. S. 177] lockt mit seiner hübschen Café-Terrasse, und der gleichnamige alteingesessene, überdies auch international renommierte Klub im Keller hat mitreißenden Live-Jazz zu bieten.

Oben: *Die Schmuckkästchenarchitektur erfreut, und drinnen geht's eh ab: Theater des Westens*
Unten: *Mamma Mia! – Auftritt eines ausgelassenen Damenkränzchens im Theater des Westens*

Eher keine Schnappschüsse – Impressionen von einer Ausstellung im Museum für Fotografie

110 Museum für Fotografie Helmut Newton Stiftung

Zeitgenössische Fotokunst und lauter schöne Newton-Menschen in romantischer Architekturkulisse.

Jebensstaße 2
Tel. 030/31 86 48 25
www.smb.museum
Di/Mi, Fr–So 10–18, Do 10–22 Uhr
S5, S7, S75, S9 und U2, U9
Zoologischer Garten,
Bus X9, X10, X34, M45, M46, M49, 100, 109, 110, 200, 204, 245, 249

Das *Museum für Fotografie – Helmut Newton Stiftung* öffnete im Jahr 2004 seine Pforten. Der Lichtbildtempel macht seine Bestände in Sonderausstellungen zugänglich. Gleichfalls in stetem Wechsel sind die kühl-erotischen Arbeiten aus dem Lebenswerk des US-Starfotografen Helmut Newton (1920– 2004) zu sehen. Der gebürtige Berliner, der als Jude 1938 emigiert war, hatte diese als Dauerleihgabe seiner Vaterstadt übergeben. Überdies umfasst seine Sammlung Fotos aus der Tagespresse, die Newton zu Aufnahmen für den ›Playboy‹ inspirierten.

Das neoklassizistische *Museumsgebäude* wurde 1908/09 nach Plänen von Heino Schmieden und Julius Boethke als Kasino des Offizierscorps der Landwehrinspektion Berlin errichtet. Die Ausstattung der Säle und Zimmerfluchten war prächtig: größtenteils bunt und üppig, entsprechend dem Geschmack der wilhelminischen Zeit, jedoch auch mit Jugendstilornamenten versehen und bereits mit indirekter Beleuchtung ausgestattet. Einen Eindruck von der einstigen Pracht erhält man am besten im 665 m² großen, tonnenüberwölbten und 11 m hohen *Kaisersaal* im zweiten Stock, der ebenfalls als Ausstellungsfläche genutzt wird.

Das Image des einst ziemlich berüchtigten **Bahnhofs Zoologischer Garten** gegenüber dem Museum, wie es in dem Film ›Wir Kinder vom Bahnhof Zoo‹ (1981) geschildert wurde, hat sich längst gewandelt, auch dank einer tiefgreifenden baulichen Modernisierung. Eine Wandelhalle mit Reisezentrum, Läden und Imbissständen geben dem Bahnhof nun ein wenig Flair. Die 1934–36 von Fritz Hane errichtete Anlage war lange Zeit Startpunkt für Züge in westliche Richtung. Seit der Eröffnung des neuen Berliner Hauptbahnhofs im Jahr 2006 ist der Bahnhof Zoo vom Fernverkehr abgekoppelt.

Gähnende Lebensfreude – Flusspferddümpeln im tierisch aufregenden Zoo

111 Zoologischer Garten

Ältester und meistbesuchter Tierpark Deutschlands.

Eingänge: Budapester Straße 34 (Elefantentor), Hardenbergplatz 8 (Löwentor),
Tel. 030/25 40 10
www.zoo-berlin.de
1. Jan.–20. März 9–17,
21. März–16. Okt. tgl. 9–19,
17. Okt.–30. Dez. tgl. 9–17 Uhr
S5, S7, S75, S9 und U2, U9 Zoologischer Garten,
Bus X9, X10, X34, M45, M46, M49, 100, 109, 110, 200, 204, 245, 249

Schon das prächtige **Elefantentor** (Nachbau von 1899) mit den beiden steinernen Dickhäutern, die ein Pagodendach tragen, beeindruckt am Eingang Budapester Straße. Eröffnet wurde die Anlage bereits 1844, die Gründerväter dieses ersten Tierparks Deutschlands waren die Naturwissenschaftler Alexander von Humboldt und Martin Lichtenstein sowie der Gartenarchitekt Peter Joseph Lenné. Der Grundstock des Zoos wurde durch die *Königliche Tiersammlung* gelegt, die Friedrich Wilhelm IV. den Berlinern schenkte. Ab 1869 begann man dann mit dem Bau von Toren und Tierhäusern in exotischem Stil. 1943 wurde ein großer Teil der Anlage innerhalb von lediglich 15 Minuten zerstört, nur 91 von 4000 Tieren überlebten. Einer der wenigen Bauten, die das Bombardement überstanden, ist das bei seiner Eröffnung 1871 bewunderte **Antilopenhaus** – ein Exempel prachtvoll-ägyptisierender Zoobauten im 19. Jh.

Heute leben und lärmen auf dem 35 ha großen Gelände des Zoologischen Gartens rund 15 000 Tiere aus 1450 Arten (inkl. Aquarium), damit ist er der artenreichste Tierpark der Welt. Allein im riesigen **Vogelhaus** (3300 m^2) gibt es 3000 Piepmätze aus 450 Arten. Publikumslieblinge sind Löwen und Pinguine, Seehunde, Gorillas und Pandas und, dank dem Medienhype um einen gewissen Knut, die Eisbären.

Nicht weit vom Elefantentor liegt das **Zoo Aquarium** (Budapester Straße 32, www.aquarium-berlin.de, tgl. 9–18 Uhr). Es geht auf das von ›Tiervater‹ *Alfred Brehm* 1869 gegründete Berliner Aquarium Unter den Linden zurück. 1913 wurde der hiesige Bau eröffnet. Blickfang ist die mit Saurierdarstellungen verzierte *Fassade*, am Eingang steht eine eindrucksvolle Iguanodon-Skulptur.

Historisches Highlight des Aquariums ist die **Krokodilhalle**, die erste überdachte Freianlage überhaupt. Der angrenzende *Neubau* (1983) birgt sieben Wasserwelten, darunter die Landschaftsbecken, das Haibecken und das Rundumbecken. Die Bewohner der Aquarien und Terrarien, die Fische, Reptilien, Amphibien und Insekten, begeistern in ihrer Farbenpracht und Formenvielfalt. Neben Echsen und Schlangen, Schildkröten und Kaimanen stehen die schnittig-grimmigen Riffhaie, die traumhaft wallenden Quallen und die quietschbunten Tropenfische besonders hoch in der Publikumsgunst.

112 KaDeWe

TOP TIPP *Kaufrausch ohne Grenzen im größten Warenhaus auf dem europäischen Kontinent.*

Tauentzienstraße 21–24/
Wittenbergplatz
Tel. 030/212 10
www.kadewe.de
U1, U2, U3 Wittenbergplatz
Bus M19, M29, M46, 343

Als Einkaufsparadies par excellence gilt das **Kaufhaus des Westens** (meist kurz KaDeWe genannt). Mit rund 60 000 m^2 Verkaufsfläche ist es das größte Kaufhaus des Kontinents – und gleichzeitig, nach Reichstag und Brandenburger Tor, die meistbesuchte Sehnswürdigkeit Berlins. 1906/07 wurde das Gebäude von *Johann Emil Schaudt* im Auftrag des Unternehmers Adolf Jandorf errichtet: Das Viertel, das sich damals um die Gedächtniskirche entwickelte, sollte ein Warenhaus für gehobene Ansprüche erhalten. Mit Übernahme des Hauses durch Hermann Tietz (Hertie) 1927 erlebte das KaDeWe seine erste große Blüte – und konnte bis heute den Status halten: mit einer schier unerschöpflichen Warenpalette, die von Spielwaren bis zu den Kreationen der renommiertesten Designer wie Armani, Cavalli oder Diane von Fuerstenberg fast alles umfasst. Highlight des Hauses ist seit den 1920er-Jahren die **Feinschmeckeretage** (6. Stock), die größte ihrer Art in Europa. Spezialitäten aus aller Welt locken hier, man hat die Wahl zwischen 200 Brot- und Tortenarten, 15 Hähnchen- und 50 Steaktypen, 1200 Würsten, 1300 Käsearten, 3400 Weinen, 100 Kaffee- und 350 Teesorten.

TOP TIPP Eine Superaussicht bietet das Restaurant **LeBuffet** (www.lebuffet.de) im 7. Stock, das den Gast unter einem riesigen Glastonnendach verwöhnt.

Die **Tauentzienstraße** lockt mit weiteren Einkaufstempeln. Südöstlich vom Wittenbergplatz dagegen gelangt man zum *Nollendorfplatz* mit dem einstigen **Metropol-Theater**. Es wurde 1905/06 als *Neues Schauspielhaus* in Jugendstilformen errichtet und erlangte Berühmtheit durch Erwin Piscator (1893–1966), der hier 1927 mit seiner Inszenierung des Ernst-Toller-Stücks ›Hoppla, wir leben!‹ das Kapitel *Piscator-Bühne* eröffnete. Lange Zeit war das Metropol eine Diskothek. Inzwischen wird es unter dem Namen *Goya* (www.goya-berlin.com) als Eventlocation und für Klubnächte (Fr/Sa) genutzt.

Das KaDeWe geizt nicht mit Reizen – und inszeniert Dessous in rosarotem Bühnenbild

Rund um Schloss Charlottenburg – lauter erste Adressen für Kunstfreunde

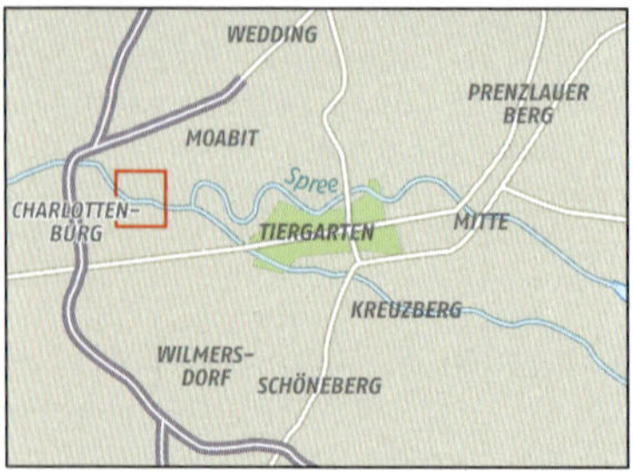

Das Viertel rund um **Schloss Charlottenburg** ist ein Hort der Kunst. Die grandiose Barockanlage hat im Bund mit den Museen im weitläufigen Park und in der Umgebung – darunter das **Museum Berggruen** mit seiner großen Picasso-Sammlung und das **Museum Scharf-Gerstenberg**, das dem Surrealismus gewidmet ist – exquisite Meisterwerke in Fülle zu bieten.

Der Stadtteil Charlottenburg, übrigens hieß er früher einmal Lietzow, war vor seiner Eingemeindung nach Berlin zu Anfang des 20. Jh. die zweitreichste Stadt Preußens. Überzeugende Belege hierfür sind noch heute sichtbar: Viele repräsentative Bauwerke fallen dem Betrachter ins Auge. Und vor allem die vornehmen Wohnhäuser etwa zwischen Kaiserdamm und Neuer Kantstraße am Lietzensee zeugen von der Prosperität jener Jahrzehnte.

Versailles an der Spree: Schloss Charlottenburg, benannt nach Sophie Charlotte von Hannover, Preußens erster Königin, war das strahlendste Juwel barocker Baukunst im Hohenzollernreich.

113 Schloss Charlottenburg

Das größte und glanzvollste der Berliner Hohenzollernschlösser.

Spandauer Damm/Luisenplatz
Tel. 030/32 09 11
www.spsg.de
Altes Schloss: April–Okt. Di–So 10–18, Nov.–März 10–17 Uhr
Neuer Flügel: April–Okt. Mi–Mo 10–18, Nov.–März Mi–Mo 10–17 Uhr
S41, S42 Jungfernheide, S41, S42, S46 Westend, U7 Richard-Wagner-Platz, U2 Sophie-Charlotte-Platz, Bus M 45, 109, 309

In einst ländlicher und bewaldeter Umgebung errichtete *Johann Arnold Nering* 1695–99 Schloss Lietzenburg, benannt nach dem nahe gelegenen Dorf Lietzow. Kurfürst Friedrich III. schenkte es als **Sommerresidenz** seiner Frau Sophie Charlotte, die daraus das geistige Zentrum Berlins machte. Einer ihrer engsten Freunde war der bedeutende Philosoph Johann Gottfried Leibniz, Gründer der Berliner Akademie der Wissenschaften.

Als sich Friedrich III. im Jahr 1701 zum *König in Preußen* (als *Friedrich I.*) krönte, genügte das Sommerschlösschen seinen Repräsentationsbedürfnissen nicht mehr. Deshalb wurde lange an der Anlage weitergebaut – mit dem Resultat, dass sie heute als glanzvollstes Kapitel barocker Baukunst im Hohenzollernreich gilt. Fast 100 Jahre sollte es dauern, bis das **Alte Schloss** seine endgültige prunkvolle Gestalt und Ausdehnung erreicht hatte.

Den Anfang machte der schwedische Architekt *Johann Friedrich Eosander von Göthe*, der die Anlage an beiden Seiten erweiterte. Schloss Lietzenburg erhielt nach dem Tod von Königin Sophie Charlotte 1705 den Namen Charlottenburg. Bis 1713 wurde das Kleinod getreu dem Vorbild *Versailles* durch den – 48 m hohen – Kuppelturm über dem Mittelbau ergänzt. Bekrönt wird die Kuppel von einer vergoldeten *Fortuna*, die als Wetterfahne dient. Zu den Architekturprojekten jener Epoche gehört auch die dem Westflügel benachbarte **Orangerie**, in der man heute Kunstausstellungen einrichtet.

1740–47 ließ *Friedrich der Große* als Pendant zur Orangerie den **Neuen Flügel** im Osten errichten, die Pläne zeichnete *Georg Wenzeslaus von Knobelsdorff*. Unter

Brandenburgischer Mythos: der bronzene Große Kurfürst im Ehrenhof des Schlosses

Friedrich Wilhelm II. wurde der Gebäudekomplex 1788–91 um die Kleine Orangerie und das **Schlosstheater** von *Carl Gotthard Langhans* ergänzt, womit eine Gesamtlänge von 505 m erreicht war.

Nach der Revolution von 1918/19 ging das Schloss in den Staatsbesitz des Deutschen Reiches über und diente fortan als Museum. Im Zweiten Weltkrieg wurde es fast völlig zerstört. Jahrzehntelang dauerten Wiederaufbau und Restaurierung, bis der ursprüngliche Zustand als weitgehend wiederhergestellt gelten konnte.

Barocker Geniestreich: das Reiterstandbild des Großen Kurfürsten

Im *Ehrenhof*, vor dem Mittelbau des Schlosses, steht seit 1952 das bronzene Reiterstandbild des Großen Kurfürsten (1698–1700) von *Andreas Schlüter*. König Friedrich I. hatte das fast 6 m hohe Denkmal in Auftrag gegeben. Es zeigt seinen Vater Kurfürst Friedrich Wilhelm in der Pose des siegreichen Feldherrn. Ihm zu Füßen, am Marmorsockel, symbolisieren dramatisch bewegt vier *Sklavenfiguren* die unterworfenen Feinde. Schlüters Werk, das bedeutendste Reiterstandbild des Barock in Deutschland, stand ab 1703 auf der Langen Brücke vor dem Berliner Stadtschloss. Während des Zweiten Weltkriegs wurde die monumentale Skulptur in Sicherheit gebracht. 1947 versank sie bei einer Havarie im Tegeler Hafen, konnte aber 1949 wieder geborgen werden. Als Kopie trifft das Reiterdenkmal heute auch im Foyer des Bode-Museums [s. S. 41] stets auf ein reges Publikumsinteresse.

Historische Räume

Die historischen Räume im **Mitteltrakt** und im rechten Seitenflügel von Schloss Charlottenburg wurden in den 1950er-Jahren wiederhergestellt. Im Erdgeschoss des Mittelbaus sind vor allem die *Eichengalerie* und das **Porzellankabinett** beachtenswert. Letzteres präsentiert kostbares chinesisches und japanisches Porzellan aus dem 17. und 18. Jh. Um die Wirkung der herrlichen Geschirr-Kreationen noch zu erhöhen, ließ König Friedrich I. die Sammlung mittels zahlloser Spiegel, die an den Wänden angebracht sind, optisch vervielfältigen.

Im Vestibül des **Neuen Flügels** erfreut eine zweite Fassung der Schadowschen ›*Prinzessinnengruppe*‹ [s. S. 31] das Auge. Im Obergeschoss liegen die prunkvollen Gemächer Friedrichs des Großen und der *Weiße Saal*, der dem Alten Fritz als Speise- und Thronsaal diente. Ein weiterer Augenschmaus ist die 42 m lange *Goldene Galerie* mit ihren kunstvollen Dekorationen aus vergoldetem Stuck.

Der Liebe Friedrichs des Großen zur Malerei des französischen Rokoko ist es zu verdanken, dass man in den Sälen eine beachtliche Kollektion dieses Genres zu sehen bekommt. Sehr beliebt sind acht Gemälde von *Jean-Antoine Watteau*, besonders lieblich schildert dieser die ›Einschiffung nach Kythera‹ (1717). Nicht nur kulturhistorisch bemerkenswert ist des Alten Fritz Tabakdosensammlung.

TOP TIPP Schlosspark Charlottenburg

Zu den beliebtesten Spaziergangsarealen Berlins gehört der Charlottenburger Schlosspark. 1687 von *Simeon Godeau* als erster französischer Barockgarten in Deutschland gestaltet, wurde die Anlage ab 1825 von *Peter Joseph Lenné* um einen englischen Landschaftsgarten erweitert. Bis heute gilt sie als ein Glanzstück europäischer Gartenbaukunst.

Von der Straße aus ist die Pracht nicht sogleich zu erahnen, da sich der Park vor allem hinter dem Schloss ausdehnt. Der im Osten von der Spree abgeschlossene *Barockgarten* wurde stilgerecht symmetrisch angelegt: Reich gemusterte Broderien erstrecken sich bis zu einem *Karpfenteich*. Die Mittelpartie ist von vierreihigen Alleen eingefasst. Das Zentrum markiert ein achteckiger Brunnen mit Fontäne.

Im nördlichen Teil des Parks steht das von *Carl Gotthard Langhans* 1788 erbaute barocke **Belvedere** (Tel. 030/32 09 14 45, April–Okt. Di–So 10–18, Nov.–März Sa/So 12–16 Uhr), ein hübsches dreistöckiges Teehaus. Hier werden heute Porzellan und Dekor aus den Werkstätten der *Königlichen Porzellan Manufaktur* (KPM) präsentiert, die 18. und 19. Jh. entstanden.

Am Ende einer Tannenallee im Westteil des Parks steht ein kleiner dorischer Tempel, das **Mausoleum** (Tel. 030/32 09 14 46, April–Okt. Di–So 10–18 Uhr), das von *Heinrich Gentz* 1812 im Auftrag König Friedrich Wilhelms III. erbaut wurde; seine Tempelfront geht vermutlich auf Pläne Schinkels zurück. Es ist die letzte Ruhestätte der beim Volk sehr beliebten, früh verstorbenen *Königin Luise* (1776–1810). Ihr *Marmorsarkophag*, eines der Hauptwerke deutscher Bildhauerkunst im 19. Jh., wurde von *Christian Daniel Rauch* 1811–14 in Italien gefertigt. Rauch war Kammerdiener der Königin und wurde von ihr für das Bildhauerstudium freigestellt. Im Gedenken an die legendäre Monarchin legen noch heute viele Berliner an ihrem Todestag Blumen am Sarkophag nieder. Auch andere bedeutende Mitglieder des preußischen Königshauses sind hier beigesetzt: Luises Ehermann Friedrich Wilhelm III. (†1840) etwa, dessen zweite Frau, die Fürstin Liegnitz (†1873), sowie Prinz Albrecht (†1872). Das Herz König Friedrich Wilhelms IV. (†1861), älterer Bruder des späteren Kaisers Wilhelm I., ist in einer

So viel Gold, so viel Grün – die 42 m lange Goldene Galerie im Neuen Flügel

Steinkapsel zwischen den Grabstätten seiner Eltern beigesetzt. Die Marmorsarkophage von Wilhelm selbst († 1888) und Kaiserin Augusta († 1890) entstanden in der Werkstatt von Erdmann Encke.

Am Osteingang der Anlage fügt sich der 2011 sanierte **Neue Pavillon** (Tel. 030/32 09 14 43, April–Okt. Di–So 10–18, Nov.–März Di–So 10–17 Uhr) harmonisch ins Landschaftsbild ein. Das auch Schinkel-Pavillon genannte Sommerhaus wurde auf Veranlassung König Friedrich Wilhelms III. von Karl Friedrich Schinkel geplant und von Albert Dietrich Schadow 1824/25 ausgeführt. Vorbild war der *Palazzo di Chiatamone* in Neapel, worin der

Symmetrisch gegliederte Stadtlandschaft, akzentuiert von Schloss und Spree: Charlottenburg

Museum Berggruen – Picassos ›Matador und Akt‹ von 1970 beherrscht den Raum

König 1822 logiert hatte. Im Neuen Pavillon pflegte der Witwer der Königin Luise mit seiner zweiten Gemahlin, der nach Auffassung damaliger Zeiten standesrechtlich nicht ebenbürtigen Auguste von Harrach (Fürstin Liegnitz), die Sommermonate zu verbringen.

Das *Innere* wurde ebenfalls größtenteils nach den Plänen Schinkels gestaltet. Zwar sind die Räume in Form und Grundriss relativ einheitlich, doch wird der individuelle Charakter jedes Zimmers durch die je eigene *Farbgebung* betont. In den Gemächern sind heute Möbel und Kunstwerke aus der Schinkel-Zeit ausgestellt.

114 Museum Berggruen

Bedeutende Sammlung der Klassischen Moderne.

Schlossstraße 1/Spandauer Damm
Tel. 030/266 42 42 42
www.smb.museum
wg. Restaurierungs- und Umbauarbeiten bis Sommer 2012 geschl.
S41, S42, S46 Westend, U7 Richard-Wagner-Platz, U2 Sophie-Charlotte-Platz, Bus m45, 109, 309

Heinz Berggruen (1914–2007), der große Kunsthändler und Mäzen, war 1996, 60 Jahre nach seiner Emigration als Jude aus Nazi-Deutschland, in seine Heimatstadt zurückgekehrt. Alsbald überließ er seine wertvolle Kollektion klassischer Moderne der Stiftung Preußischer Kulturbesitz als Leihgabe. Untergebracht wurde das Museum Berggruen im westlichen *Stülerbau* gegenüber von Schloss Charlottenburg. Im Jahr 2000 bot Berggruen der Stiftung die Kollektion weit unter Marktwert zum Kauf an. Nach seinem Tod überließ die Familie dem Haus weitere 70 Kunstwerke. Im Mittelpunkt der Sammlung steht **Pablo Picasso** mit ca. 100 Arbeiten, darunter Gemälde, Skulpturen und Grafik. Zu sehen sind etwa die Bronze ›Frauenkopf‹ (1909), das ›Bildnis des Dichters Jaime Sabarté‹ (1904) und der ›Sitzende Harlekin‹ (1906). **Paul Klee** ist mit 60 Arbeiten aus den Jahren 1917–40 vertreten. Unter den über 20 Werken von *Henri Matisse* sind sechs seiner berühmten Scherenschnitte. Feingliedrige Skulpturen *Alberto Giacomettis* geben der unschätzbar wertvollen Sammlung zusätzlich Gepräge.

115 Museum Scharf-Gerstenberg

Ein Blick durch den Vexierspiegel – Surrealismus von Goya bis Magritte.

Schlossstraße 70
Tel. 030/266 42 42 42
www.smb.museum
Di–So 10–18 Uhr
S41, S42, S46 Westend, U7 Richard-Wagner-Platz, U2 Sophie-Charlotte-Platz, Bus m45, 109, 309

Im östlichen Stülerbau und im benachbarten Marstall wurde 2008 eine rund 250 Werke umfassende Sammlung zur Kunst-

Schulter-Kieker: Heinrich Drakes Zille-Denkmal (1965) im Köllnischen Park

Heinrich Zilles spitzer Stift

Beiderseits der Schlossstraße breitet sich ein typisches Berliner Viertel aus– und Erinnerungen an die Zeit des **Heinrich Zille** (1858–1929) werden wach. 37 Jahre lang lebte und arbeitete Zille in der **Sophie-Charlotte-Straße 88**. Der ›Rinnsteinmaler‹ wurde berühmt durch seine Zeichnungen aus der Welt des Berliner Proletariats, seine pointierten Bildkommentare und Fotografien, die er u.a. in den ›Lustigen Blättern‹ und im ›Simplicissimus‹ veröffentlichte. 1931 brachte man an seinem Wohnhaus eine Gedenktafel an, die später von den Nazis entfernt wurde. Einem Arbeiter, der die Tafel anschließend versteckte, ist es zu verdanken, dass man sie zum 20. Todestag Zilles wieder restaurieren und am Eingang des **Zille Ecks** in der Zillestraße anbringen konnte. So wird man noch heute dort an den Zeichner des ›**Berliner Milljöhs**‹ erinnert.

epoche des *Surrealismus* eröffnet. Das Museum Scharf-Gerstenberg erinnert an *Otto Gerstenberg* (1848–1935), einen der bedeutendsten Kunstsammler seiner Ära. Sein Enkel *Dieter Scharf* (1926–2001) baute das, was er an Grafiken aus der durch den Krieg dezimierten Kollektion geerbt hatte, weiter aus. So entstand eine raumgreifende Sammlung, die sich dem Thema ›Surreale Welten‹ widmet und ein gelungenes Gegenstück zu den ›Picasso Welten‹ im Museum Berggruen gleich gegenüber darstellt.

Neben Gemälden von Max Ernst, René Magritte, Salvador Dalí und Jean Dubuffet gibt es viel Grafik zu sehen, darunter Blätter von großen Vorgängern der Surrealisten wie Piranesi und Goya. Im *Sahuré-Saal* sorgen Klassiker und neuere Protagonisten des surrealistischen *Films* für Gruselstimmung. Den passenden Rahmen liefern zurückgelassene ägyptische Architekturen, das Kalabscha-Tor und die Säulen des Sahuré-Tempels. Sie sollen 2015 in den neuen (vierten) Flügel des Pergamonmuseums umziehen.

116 Bröhan-Museum

Jugendstil in alter Kaserne.

Schlossstraße 1 a/Spandauer Damm
Tel. 030/32 69 06 00
www.broehan-museum.de
Di–So 10–18 Uhr
S41, S42, S46 Westend, U7 Richard-Wagner-Platz, U2 Sophie-Charlotte-Platz, Bus m45, 109, 309

Das Bröhan-Museum, als *Landesmuseum für Jugendstil, Art Déco und Funktionalismus* eingerichtet, ist in einer 1893 erbauten früheren Infanteriekaserne untergebracht. Die qualitätvolle Sammlung war ein Geschenk des Kunstprofessors Karl H. Bröhan (1921–2000) an das Land Berlin. Zwischen 1966 und 1975 hatte dieser eifrig Kunsthandwerk, Porzellan, Gemälde, Möbel, Gläser und Design der europäischen Stilrichtungen Art Déco, Art Nouveau, Jugendstil und Funktionalismus zusammengetragen. 1983 konnte das Museum eröffnet werden. Die Abteilung mit Gemälden, Pastellen, Zeichnungen und Druckgrafik stellt die Künstler der 1898 gegründeten *Berliner Secession* mit beispielhaften Arbeiten vor. Eine weitere Themengalerie präsentiert das Werk des großen belgischen Architekten und Designers *Henry van de Velde*.

117 Rathaus Charlottenburg

Geglückte Mischung aus allerlei bauhistorischen Stilen seit dem Barock.

Otto-Suhr-Allee 96–102
U7 Richard-Wagner-Platz,
Bus M45

Charlottenburg war um 1900 eine der wohlhabendsten Gemeinden des Kaiserreichs. Ein stilvolles Zeugnis der damaligen Epoche ist das 1899–1905 von *Heinrich Reinhardt* und *Georg Süßenguth* erbaute Rathaus. Der von vornherein mitgeplante Erweiterungsbau entstand von 1911 bis 1915 durch Heinrich Seeling. Aufmerksamkeit fordert zunächst der gewaltige, 88 m hohe *Rathausturm*. Vier Bronzefiguren schmücken seine Ecken. An der *Hauptfassade* unten symbolisieren allegorische Figuren die großen Handwerkszünfte. Ebenfalls repräsentativ gestaltet sind das Treppenhaus und die Festsäle im Inneren. Im zweiten Stock findet sich die Gedächtnishalle für die Gefallenen der Weltkriege und die Opfer der NS-Gewaltherrschaft (Mo–Fr 8–19 Uhr).

Gegenüber, in der Otto-Suhr-Allee 89, steht das älteste Haus der Straße, es wurde um 1820 erbaut. Die Inschrift *›Privilegierte Hof-Apotheke Anno 1799‹* erinnert an diese früher neben dem Rathaus gelegene Einrichtung.

Weiter in nordwestlicher Richtung gelangt man zur **Luisenkirche** (1712–16) am Gierkeplatz, der einstigen Pfarrkirche von Charlottenburg. Das Gotteshaus, das *Karl Friedrich Schinkel* 1823–26 neu gestaltete (von ihm stammt auch der Turm), wurde im Krieg schwer beschädigt. Nach dem Wiederaufbau in veränderten Formen (1950–56) hat man es 1987/88 innen im Sinne Schinkels rekonstruiert.

Gut wilhelminisch: Das Rathaus Charlottenburg weist Neogotik- und Jugendstilformen auf

Das Westend – von Welthandel und guter Aussicht geprägt

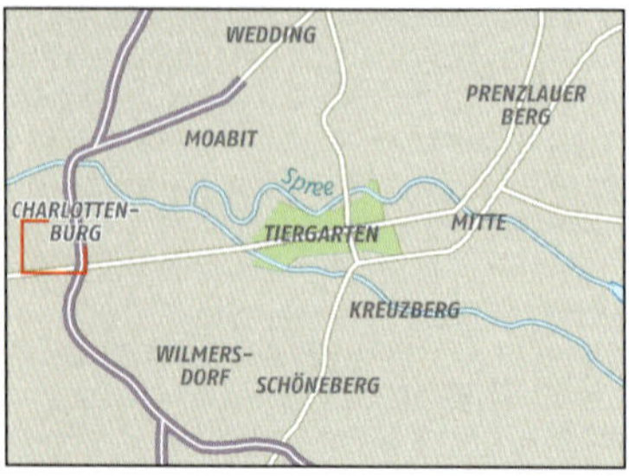

Um 1900 war das Westend eine der neuen feinen Adressen außerhalb der City. Den heutigen Besuchern der Stadt ist dieses Viertel vor allem durch die **Messe Berlin** bekannt, in deren Hallen in aller Welt bekannte Fachausstellungen stattfinden. Ein Spaziergang durch den Bezirk Westend gestaltet sich aber auch für denjenigen abwechslungsreich, der das Olympiagelände mit dem modernisierten **Olympiastadion** und die Waldbühne sehen will oder sich für Kunst und Architektur des 20. Jh. interessiert. Stets sollte man dabei einen Besuch des **Funkturms**, den die Berliner seit jeher den ›Langen Lulatsch‹ nennen, einplanen.

118 Internationales Congress Centrum (ICC)

Mit rund 400 Kongressen pro Jahr ist das ICC eine der führenden Kongressstätten der Welt.

Haupteingang: Neue Kantstraße/ Messedamm
www.icc-berlin.de
S41, S42, S46 Messe Nord/ICC, S7, S9 Messe Süd, U2 Kaiserdamm und Theodor-Heuss-Platz, Bus X34, X49, M49, 104, 139, 218, 349

Das ganz in Aluminium gehüllte Internationale Congress Centrum (ICC), 1973–79 nach Plänen von *Ralf Schüler* errichtet, war anfangs als architektonisches Monstrum verschrien. Heute hat man sich an den Anblick gewöhnt. Die daran vorbei führende Stadtautobahn ist für die lang gestreckte, schiffsähnliche Form dieses Baus von 320 m Länge, 80 m Breite und 40 m Höhe verantwortlich. Zur eigenwilligen Formsprache des ICC passt auch die vor dem Haupteingang aufragende Plastik ›*Ein Mensch baut seine Stadt*‹ (1980) von *Jean Ipoustéguy*.

Im **Inneren** des Gebäudes werden die Besucher über ein elektronisches Leitsystem zu den jeweiligen Veranstaltungsorten gelotst. Eine eigens für das Haus entwickelte Mechanik der Geräusch- und Schwingungsdämpfung macht es möglich, mehrere Veranstaltungen gleichzeitig störungsfrei durchzuführen. In den mehr als 80 Räumen und Sälen finden nicht nur Kongresse und Pressekonferenzen statt, sondern auch kulturelle Events,

Bankette und Feste. Die größte Saal bietet Raum für 5000 Personen und verfügt über die zweitgrößte mit moderner Technik ausgestattete Bühne Europas. Bei besonders großen Veranstaltungen werden die Räumlichkeiten des ICC von der benachbarten Messe Berlin [Nr. 119] mit in deren Betrieb einbezogen – denn eine dreistöckige **Brücke** verbindet die beiden durch die Stadtautobahn getrennten Gebäudekomplexe.

119 Messe Berlin

Internationale Fachmessen mit Rekordbesucherzahlen.

Eingänge: Hammarskjöldplatz (Nord), Messedamm (Ost), Jafféstraße (Süd)
www.messe-berlin.de
S41, S42, S46 Messe Nord/ICC, S7, S9 Messe Süd, U2 Kaiserdamm und Theodor-Heuss-Platz, Bus X34, X49, M49, 104, 139, 218, 349

Die Zahlen können sich sehen lassen: Fast 500 000 Besucher zieht es jedes Jahr Ende Januar zur *Internationalen Grünen Woche*, der größten Ausstellung für Ernährungswirtschaft, Landwirtschaft und Gartenbau in Europa. Und ebenso viele Besucher hat Ende August die *Internationale Funkausstellung*, eine Medienshow der Superlative. Zur *ITB Berlin*, der größten Tourismusbörse der Welt, versammeln sich alljährlich im März 11 000 Unternehmen der Reisebranche aus 180 Ländern. **Ausstellungshallen** standen hier schon vor dem Ersten Weltkrieg. Nach einem Brand 1935 gab *Richard Ermisch* dem Messegelände sein heutiges Gepräge. Im Zweiten Weltkrieges stark beschädigt, wurde die Messe ab 1950 und erneut Ende des 20. Jh. saniert und erweitert. Das gesamte Areal umfasst heute 188 887 m^2, davon sind rund 160 000 m^2 überdachte Ausstellungsfläche. Der 40 000 m^2 große **Sommergarten** wurde bereits 1930 von *Hans Poelzig* als Blumenidylle im Zentrum des Messegeländes konzipiert.

Lange als Alu-Monster vor dem Funkturm geschmäht, genießt das ICC heute Respekt

120 Funkturm

Vom stählernen Pionier der Rundfunkhistorie aus hat man einen herrlichen Blick über die Stadt.

Hammarskjöldplatz 1
Tel. 030/30 38 19 05
Plattform: Mo 10–20, Di–So 10–23 Uhr bei schlechter Witterung geschl.
S41, S42, S46 Messe Nord/ICC, S7, S9 Messe Süd, U2 Kaiserdamm und Theodor-Heuss-Platz, Bus X34, X49, M49, 104, 139, 218, 349

Der ›Lange Lulatsch‹, wie der 147 m hohe Funkturm von den Berlinern scherzhaft genannt wird, entstand 1924–26 anlässlich der dritten Großen Deutschen Funkausstellung. Nach einem Entwurf *Heinrich Straumers* am nordöstlichen Rand des Messegeländes errichtet, diente er als Antennenträger, Signalturm für den Flugverkehr – und sein Restaurant war eine beliebte Aussichtskanzel der Berliner.

1945 zerstörte eine Granate eine der Hauptstreben des Turms, der sich jedoch mithilfe von 800 kg schweren Schrauben auf den verbliebenen drei Beinen wacker hielt. Übrigens: Seine Eckpfeiler ruhen auf Porzellan der KPM und weisen ein Gesamtgewicht von 600 t auf. Vom Funkturm wurde 1929 das *erste Fernsehbild der Welt* ausgestrahlt. Bis 1962 diente er zudem als Rundfunk-Sendemast. Vom **Restaurant** (Tel. 030/30 38 29 96, www.funkturmrestaurant.de, Mo geschl.) in rund 55 m Höhe, das zwei Etagen aufweist, und von der **Aussichtsplattform** in 126 m Höhe hat man einen fantastischen Blick.

121 Haus des Rundfunks

Deutschlands ältestes Funkhaus.

Masurenallee 8–14
www.rbb-online.de
Führungen Mo 18, Sa 15 Uhr, Voranmeldung Tel. 030/97 99 31 24 97
U2 Theodor-Heuss-Platz, Bus X34, X49, M49, 104, 218, 349

Das 1929–31 von *Hans Poelzig* erbaute Funkhaus besaß seinerzeit die beste technische Ausstattung Europas. In dem originellen Klinkerbau mit Satellitenschirm-Grundriss traten einst Erich Kästner und Alfred Döblin in Hörspielen auf, und hier inszenierte Bertolt Brecht Shakespeares ›Hamlet‹ für den Funk. 1945–56 produzierten die Sowjets in den Sendestudios den ›Berliner Rundfunk‹. Ab 1957 schickte von hier aus der Sender Freies Berlin (SFB) seine Hörfunksendungen in den Äther. 2003 fusionierte dieser mit dem Ostdeutschen Rundfunk Brandenburg (ORB) zum **Rundfunk Berlin-Brandenburg (RBB)**. Heute kann man bei einer **Führung** erfahren, wie Radio gemacht wird und wie

Monumental, auch mal zierlich – das Georg Kolbe Museum zeigt klassisch-moderne Plastiken

Farbenfrohes Fassadengewand – auch das ist die Sprache des Welt-Architekten Le Corbusier

Hörspiele entstehen. Und in den Fernsehstudios lernen die Besucher die Abläufe kennen, etwa im Rahmen der Nachrichtensendung ›Abendschau‹.

122 Georg Kolbe Museum

Eine Sammlung zur Skulptur des 20. Jh. mit viel Garten-Ambiente.

Sensburger Allee 25
Tel. 030/304 21 44
www.georg-kolbe-museum.de
Di–So 10–18 Uhr
S75, S9 Heerstraße,
Bus X34, M49, X49, 218

Im 1928/29 errichteten Wohn- und Atelierhaus des Bildhauers *Georg Kolbe* (1877–1947) ist heute eine Sammlung zur Skulptur des 20. Jh. mit Schwerpunkt auf Kolbes Werk ansässig. Auch im Grünen gibt es viel Kolbe zu sehen, so im *Garten* u.a. den ›Tänzerinnenbrunnen‹, im nahen *Georg Kolbe Hain* Werke wie ›Große Kniende‹ (1942/43), ›Ruhende‹ (1939–41), ›Dionysos‹ (1932), ›Großer Stürzender‹ (1939–45) und ›Mars und Venus‹ (1940).

Das Grab des Bildhauers findet man nahebei, auf dem landschaftlich besonders schön gelegenen **Friedhof Heerstraße** (Trakehner Allee 1, S75, S9 und U2 Olympiastadion). Die Gräber sind auf Terrassen rund um den *Sausuhlensee* gruppiert. Neben Kolbe fanden hier auch der Kunsthändler Paul Cassirer (†1926), der Dichter Joachim Ringelnatz (†1934), der Maler George Grosz (†1959), der Dramatiker Curt Goetz (†1960) und Bühnen- bzw. Filmstars wie Grete Weiser (†1970), Tilla Durieux (†1971) und Victor de Kowa (†1973) ihre letzte Ruhestätte.

123 Le-Corbusier-Haus

Moderner Wohnungsbau von einem der größten Architekten des 20. Jh.

Flatowallee 16
S75, S9 Olympiastadion,
Bus X34, X49, M49, 218

Nach dem Bau seiner Häuser in Marseille und Nantes verwirklichte der Architekt Le Corbusier (1887–1965) in Berlin, am Heilsberger Dreieck, die dritte Version seiner ›Wohneinheit angemessener Größe‹. Das 17-stöckige Gebäude aus Stahlbeton hat er 1956–58 anlässlich der *Internationalen Bauaustellung* errichtet. Die 557 Wohnungen verschiedener Größe und Anordnung sind für 1500 Bewohner gedacht. Diese leben in einer kleinen Stadt für sich – mit Kraftwerk, Postamt und Einkaufsstraße. Charakteristisch für Le Corbusiers ›plastischen Stil‹ ist die Gliederung der *Fassade* durch farbig-abstrakte Friese und Balkonbrüstungen. Der Meister distanzierte sich jedoch später – für Star-Architekten nicht unüblich – von dem Gebäude, da seine Pläne nachträglich ohne seine Zustimmung geändert worden waren.

124 Olympiastadion

Das größte Sportstadion Deutschlands.

Olympischer Platz 3
Tel. 030/25 00 23 22
www.olympiastadion-berlin.de
Führungen Mitte März–Juni tgl. 11, 13, 15, Juni–Aug. 11, 13, 15, 17, Nov.–Mitte März 11 Uhr
S75, S9 und U2 Olympiastadion, Bus 104, 149

Anlässlich der Olympischen Spiele 1936 wurde das Stadion als Mittelpunkt des *Reichssportfeldes* nach Plänen von Werner March (überarbeitet von Albert Speer) erbaut. 15 Mio. Reichsmark und 2600 Bauarbeiter, Ingenieure und Helfer waren nötig, um die Anlage in zwei Jahren aus dem Boden zu stampfen. Am 1. August 1936 eröffnete Adolf Hitler hier vor 120 000 Zuschauern die XI. Olympischen Spiele. Die Nazis gaben sich damals weltoffen, alle judenfeindlichen Parolen waren aus dem Stadtbild verschwunden, und eine Jüdin war Mitglied der deutschen Olympiamannschaft. Am 28. September 1937 jubelten im Stadion dann die Massen Italiens Diktator Benito Mussolini zu. In der Folgezeit sah man hier bombastische NS-Mai- und Sonnenwendfeiern.

Ab den 1960er-Jahren wurde das Stadion wieder für Sportveranstaltungen genutzt. Seit dem Umbau 2000–2004 schirmt ein Dach die nunmehr 76 000 Sitzplätze. Ungewöhnlich ist die geringe Außenhöhe der Arena – sie beträgt lediglich 16,5 m. Dafür wurde das *Spielfeld* 12 m unter das Bodenniveau abgesenkt, nach dem Umbau liegt es noch einmal 2,65 m tiefer. Zwei hohe Pfeiler markieren das **Olympische Tor** im Osten. Im Westen befindet sich das **Marathontor** mit der Schale des Olympischen Feuers. Am Tor sind Tafeln mit den Namen der Olympia-Sieger von 1936 angebracht.

Dahinter liegt das **Maifeld**, das seinen Namen während der NS-Zeit erhielt: Dort trat die ›Deutsche Arbeitsfront‹ am 1. Mai an. Der 77 m hohe *Glockenturm*, seinerzeit als Führerturm bezeichnet, wurde wegen Kriegsschäden im Jahr 1962 gesprengt und später wiederaufgebaut. Er bietet einen herrlichen Rundblick. Das Maifeld unterstand nach dem Zweiten Weltkrieg bis 1990 den Streitkräften Großbritanniens, die hier alljährlich zum Geburtstag der Queen Paraden abhielten.

Nördlich des Olympiastadions schließt sich das **Schwimmstadion** (7600 Plätze) an. Es wurde anlässlich der Weltmeisterschaften 1978 umgebaut.

Nahebei hat man 1936 die **Waldbühne** [s. S. 174] errichtet. Sie ist mit 20 000 Plätzen eines der größten Freilichttheater Europas. Werner March gestaltete die NS-Kult- und Feierstätte nach dem Vorbild antiker Theater. Heute finden hier Konzerte und Kinoabende statt.

Berlins Olympiastadion – traditionsreiche Stätte großer Sport-Ereignisse in neuem Gewand

Spandau und Reinickendorf – Seenidylle zwischen Zitadelle und Flughafen

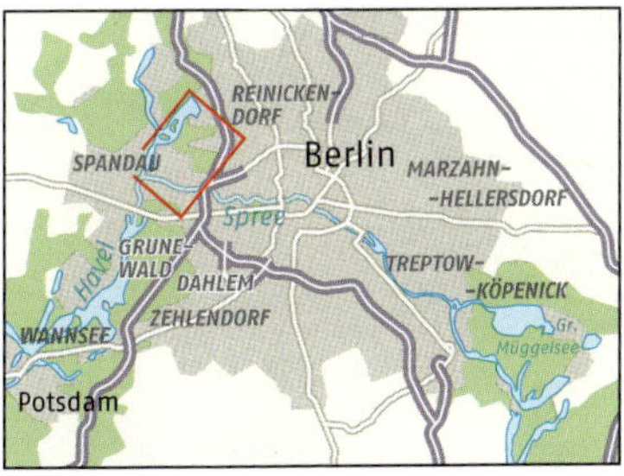

Spandau war schon immer etwas Besonderes: Seine **Altstadt** – samt **Zitadelle** – ist älter als Berlin. Eine erste Besiedlung erfolgte bereits im 8. Jh. durch die Slawen, 1232 erhielt man gar das Stadtrecht. 1920 war Schluss mit der Selbstständigkeit: Spandau und die umliegenden Gemeinden Gatow, Kladow, Pichelsdorf, Staaken, Tiefwerder, Spandau-Zitadelle und Pichelswerder wurden nach Groß-Berlin eingemeindet. Die Moderne setzte hier ihre Zeichen: Reinickendorf (1375 erstmals erwähnt) merkt man die Nähe zum **Flughafen Tegel** (Schließung Juni 2012) an, und das **Märkische Viertel** (1963–74) lebt mit dem Ruf einer wenig charmanten Trabantensiedlung. Doch sorgt das **Tegeler Fließ** für ein Naturidyll am Stadtrand, und den landschaftlichen Reiz des **Tegeler Sees** schätzen alle.

125 Altstadt Spandau

Kleinstadtflair mit Mittelalter-Anklängen am Westufer der Havel.

S75, S9 Spandau, U7 Altstadt Spandau und Rathaus Spandau,
Bus X33, M32, M37, M45, 130, 134, 135, 136, 236, 237, 337, 638, 639, 671

Die Spandauer Altstadt wurde durch die Bombardierungen im Zweiten Weltkrieg stark zerstört. Zudem setzte man bis in die 1970er-Jahre den Abrissbagger ausgiebig ein. Erst 1978 besannen sich die Verantwortlichen darauf, die verbliebenen Reste mittelalterlicher Bausubstanz lieber sanieren zu lassen. Heute sind der **Reformationsplatz** und der nahegelegene **Marktplatz** Zentren eines Ensembles von Straßen und Gassen, in denen die Vergangenheit zumindest optisch noch nicht völlig vergangen ist.

Die **St.-Nikolai-Kirche** (www.nikolai-spandau.de, Mo–Fr 12–16, Sa 11–15, So 14–16 Uhr, Turmführungen: April–Okt. Sa 12.30, So 14.30 Uhr) am Reformationsplatz mit ihrem steilen Satteldach und dem mächtigen *Westturm* stammt aus der ersten Hälfte des 15. Jh. und ist ein bedeutendes Monument märkischer Backsteingotik. Das Gotteshaus, über einem Vorgängerbau des 13. Jh. errichtet, brannte 1944 aus, doch stellte man es 1988 endgültig wieder her. In der dreischiffigen Halle fällt vor allem der 8 m hohe *Renaissancealtar* aus farbig gefasstem Kalkstein und Tuff ins Auge. Er wurde 1581 errichtet. Die barocke *Kanzel* (um 1700), von Friedrich Wilhelm I. für die Kapelle des Stadtschlosses in Potsdam gestiftet, wurde erst 1904 hierher verbracht. Gleich am Eingang der Nordkapelle beeindruckt eine *Kreuzigungsgruppe* aus der ersten Hälfte des 16. Jh.

Vor dem Westportal erinnert das von Erdmann Encke 1889 geschaffene **Denkmal des Kurfürsten Joachim II.** an jenen Herrscher, der offiziell die Reformation in Brandenburg eingeführt hat. Das Ehrenmal für die Gefallenen der Freiheitskriege gegen Napoleon entwarf Karl Friedrich Schinkel im Jahr 1816.

Viele der umliegenden Häuser stehen unter Denkmalschutz, so der **Gasthof zum Stern** (Carl-Schurz-Straße 41) aus dem frühen 18. Jh. und, in der *Breiten Straße 20*, ein Haus mit klassizistischer Fassade, das um 1800 im Stil des Architekten David Gilly gestaltet wurde. An der Havel (Behnitz 5) präsentiert sich das **Heinemann-Haus** (1795) als Fachwerkbau mit spätbarocken Elementen. Die **Alte Kolkschänke** (Kolk 3) ist ein Vierteljahrtausend alt, die **Marienkirche**, ebenfalls im Kolk, wurde 1848 als schlichte dreischiffige Basilika erbaut und nach Kriegsschäden ab 1964 wiederhergestellt. An der *Charlottenbrücke* kann man vom Schiffsanleger aus auf Havelfahrt gehen (u. a. bis zum Wannsee, Stern- und Kreisschifffahrt, s. S. 180).

Mächtig, trutzig, uneinnehmbar wirkend präsentiert sie sich, die Zitadelle Spandau

126 Zitadelle Spandau

Eine Festung in Renaissanceformen und mit bewegter Geschichte.

Am Juliusturm
Tel. 030/354 94 40
www.zitadelle-spandau.de
tgl. 10–17 Uhr
U7 Zitadelle, Bus X33

Das Hochmittelalter und ihm folgenden Epochen brandenburgischer Geschichte haben hier einen hochrangigen architektonischen Zeugen, dem die Renaissance sein Gepräge gab. In strategisch günstiger Lage, allseits von Wasser umgeben, wurde die 1197 erstmals erwähnte Zitadelle vermutlich um 1160 unter Markgraf Albrecht dem Bären als Burg angelegt. Die Gestalt eines Festungswerks nach italienischem Vorbild erhielt sie ab 1560 unter Kurfürst Joachim II., und vollendet wurde die mächtige Anlage 1578–94 von Rochus Graf zu Lynar.

Die Zitadelle Spandau war nicht nur militärischer Stützpunkt, sie diente bis 1876 auch als *Gefängnis* und wurde zudem als eine Art *Tresor* genutzt: Im Verlies des Juliusturms ließ Reichskanzler Otto von Bismarck 1874 einen Teil des Schatzes (120 Mio. Goldmark) einlagern, der aus Frankreichs Entschädigungszahlungen für den Krieg von 1870/71 stammte.

Ab 1935 richteten die NS-Verantwortlichen in der Zitadelle ein *Laboratorium* ein und ließen hier chemische Kampfstoffe entwickeln und testen. Bei Kriegsende 1945 warf man Reste der gefährlichen Substanzen in den Brunnen des Zitadellenhofes – ein fatales Erbe.

Den Kern der Festung bildet ein Quadrat von 200 m Seitenlänge und je einer spitzwinkligen Bastion an allen Ecken. Die vier **Bastionen** tragen die Namen König, Königin, Kronprinz und Brandenburg, sie sind durch die Kurtinen (Außenmauern) miteinander verbunden. Der Zugang zur Zitadelle erfolgt von Süden über einen Damm und eine Brücke; man passiert das **Kommandantenhaus** (16. Jh.), das 1839 klassizistisch erneuert wurde. Heute präsentieren die repräsentativen Räume eine *Ausstellung* zur Geschichte der Zitadelle mit Gemälden, Dioramen und Modellen, mit Waffen und Helmen.

Linker Hand wendet man sich nun zum **Palas**, dem Wohnhaus der Burg aus dem 15. Jh. Sein Gotischer Saal wird heute als stimmungsvoller Schauplatz für Konzerte genutzt. Die **Westkurtine** hinter dem Palas birgt Reste von Vorgängerbauten der Zitadelle – Befestigungsanlagen und Ringmauern aus dem 11. und 15. Jh. Der benachbarte **Juliusturm** (13. Jh.), als Bergfried und zu Wohnzwecken errichtet, ist der älteste erhaltene Bau der Anlage und dient als *Aussichtsturm*. Sein Zinnenkranz wurde im Jahr 1838 nach den Plänen Karl Friedrich Schinkels erneuert.

Rechts vom Kommandantenhaus erhebt sich das **Zeughaus** (1856–58), heute Sitz des *Stadtgeschichtlichen Museums Spandau*. Hier wird die Geschichte des Ortes von der Frühzeit bis in die Gegenwart dokumentiert. Man staunt über ein Mammutskelett, betrachtet kunsthandwerkliche Arbeiten und begutachtet ein Altstadtmodell.

In der **Bastion Königin** sind 75 jüdische Grabsteine des 13.–15. Jh. aufgestellt, die man in den Fundamenten von Palas und Westbaus fand und die vielleicht im 16. Jh. im Zuge von Judenvertreibungen hierher verbracht wurden, um sie als Baumaterial zu verwenden.

127 Tegeler Fließ

Idylle vor den Toren der Stadt.

S25 Tegel, U6 Alt-Tegel,
Bus 124, 125, 133, 222

Von landschaftlich besonderem Reiz ist die Umgebung des Tegeler Fließes, das den Bezirk Reinickendorf von Lübars bis zum Tegeler See durchströmt. Dies letzte frei mäandernde Gewässer Berlins wurde 1955 unter Naturschutz gestellt. Wer am Tegeler Fließ entlangwandern möchte, sollte im Dorf **Lübars**, das mittlerweile unter Denkmalschutz steht, starten. Im Jahre 1247 erstmals urkundlich ewähnt, hat die märkische Siedlung ihr ländliches Flair – mit Dorfanger und Kopfsteinpflaster, Kirche (1793) und Schule – bewahrt.

128 Tegeler See

Hübsche Wasserlandschaft mit Schloss, Parks und Villen.

S25 Tegel, U6 Alt-Tegel,
Bus 124, 125, 133, 222

Das Tegeler Fließ geht im Tegeler See auf, dem größten und schönsten der Havelseen. Hier steht ein weiteres Meisterwerk Schinkels – das (auch Humboldt-Schloss genannte) **Schloss Tegel**, in dessen Mauern das *Humboldt-Museum* (Adelheidallee 19–21, Tel. 030/8867150, nur mit Führung Mai–Sept. Mo 10, 11, 15 und 16 Uhr) seine Schätze zeigt. Das Gebäude diente Kurfürst Joachim II. um 1550 als Landsitz. Danach wechselten die Besitzer mehrfach, bis 1765 die Familie von Humboldt die Immobilie erwarb. Die Brüder *Wilhelm* und *Alexander von Humboldt* wuchsen hier auf. Wilhelm, der Gründer der Berliner Universität, und seine Frau Caroline ließen das Schloss in den Jahren 1820–24 von Schinkel in klassizistischem Stil umbauen. Zum Schmuck verwendete man Originale, aber auch Repliken von antiken *Skulpturen*, die Wilhelm als Gesandter Preußens in Rom gesammelt hatte. Die *Hauptfassade* erhielt durch dorische Pilaster und betonte Gesimse einen antikisierenden Charakter. In den Nischen stehen die Marmorkopien berühmter antiker Statuen. Die vier *Ecktürme* des Landschlosses entwarf Christian Daniel Rauch, der auch die Reliefs der acht Windgötter schuf. Die von Schinkel konzipierte *Innenausstattung* des Schlosses lässt sich noch gut im Vestibül, in der Bibliothek, im Blauen Salon und im Antikensaal begutachten. Im Atrium findet sich der marmorne ›*Brunnen des hl. Calixtus*‹, ein römisches Original aus dem 3. Jh. n. Chr.

Im **Schlosspark** führt eine prachtvolle, 1792 angelegte Lindenallee an der 400-jährigen *Alexander-von-Humboldt-Eiche* vorüber zur *Grabstätte* der Familie Humboldt. Schinkel entwarf sie nach dem Tod Carolines († 1829). In der Mitte des Grabes erhebt sich auf einer Granitsäule die Statue ›Hoffnung‹ (1831) des dänischen Bildhauers *Bertel Thorvaldsen*. Unweit des Schlosses, an der Nordspitze des Tegeler Sees, steht Berlins ältester Baum, die ›**Dicke Marie**‹, eine ca. 900 Jahre alte Stieleiche. Sie ist 26 m hoch und der Stamm hat einen Umfang von 6,65 m.

Sehenswert sind auch die Bauten am **Tegeler Hafen**, die anlässlich der *Internationalen Bauausstellung* 1984–87 entstanden – eine maritim anmutende Stadtlandschaft mit farbig gestalteten Villen und Reihenhäusern um ein Wasserbecken, worin eine künstliche Insel liegt. Glanzlicht des Hafenviertels ist die *Humboldt-Bibliothek* (Tel. 030/4373680, www.stadtbibliothek-reinickendorf.de, Mo–Fr 11–19, Sa 11–16 Uhr), die 1988 von Charles Moore erbaut wurde. Während das Ge-

bäude von außen klassizistisch zurückhaltend wirkt, entfaltet es im Innern einen nahezu sakral anmutenden Charakter.

An der *Greenwichpromenade* starten Schiffe nach Spandau und zum Wannsee (Stern- und Kreisschifffahrt, s. S. 180). Von hier aus führt die Hafen-Brücke zum **Freizeitpark Tegel**, wo sich viele Berliner am Wochenende zum Grillen oder Bootfahren versammeln. Am Westufer lockt das traditionsreiche Restaurant **Tegeler Seeterrassen** [s. S. 168], von dem aus man einen wunderschönen Blick über das Wasser hinweg genießen kann.

Ebenfalls lohnend ist ein Spaziergang auf dem Uferweg in Richtung Süden: Die sehenswerte **Villa Borsig** (1911–13) auf der kleinen Halbinsel *Reiherwerder* fällt einem dabei ins Auge, ein schlossartiges Landhaus von neobarocker Pracht. Wo einst die Fabrikanten Friedrich-Ernst und Konrad Borsig in der Nähe ihrer Fabriken lebten, nutzt heute ein Ausbildungszentrum (nebst Gästehaus) des *Auswärtigen Amtes* den Komfort der feinen Lage.

Wassersportmöglichkeiten und zugleich lauschige Orte der Stille bietet der Tegeler See

Bahnbrechendes Bauen – das Erbe der Berliner Moderne

Unter den Metropolen des 20. Jh. zeichnete sich Berlin durch seine architektonisch richtungsweisenden Bau-Reformen aus. Zu Zeiten der Weimarer Republik entwickelte der damalige Stadtbaurat Martin Wagner (1885–1957), unterstützt von der Sozialdemokratie und den Gewerkschaften vor dem Hintergrund zunehmender Wohnungsnot, ein modernes, auch international beachtetes Städtebaukonzept. Dieses sah aufgelockerte Siedlungen mit viel Grün vor. Lichte Domizile mit Balkonen oder Loggien, mit separaten Bädern und Toiletten, sollten breiteren Bevölkerungsschichten ein menschenfreundliches und gesundheitlich-hygienisches Wohnen in Würde ermöglichen.

Der **soziale Wohnungsbau** zur Zeit der Weimarer Republik ist vor allem mit dem Wirken **Bruno Taut**s (1880–1938) verknüpft. Der Architekt war maßgeblich an der Planung von vier der sechs Siedlungen der Berliner Moderne beteiligt, die 2008 von der UNESCO in die Liste des Weltkulturerbe aufgenommen wurden. Während die **Gartenstadt Falkenberg** (1913–16, Treptow, S8, S46, S85 Grünau) durch Reihen-Einfamilienhäuser mit Gärten zur Selbstversorgung geprägt ist und die **Großsiedlung Britz** (1925–30, Neukölln, U7 Blaschkoallee), deren Zentrum die berühmte Hufeisensiedlung bildet, eine Mischung von Einfamilien- und Etagenwohnhäusern aufweist, gelten die **Siedlung Schillerpark** (1924–30, Wedding, U6 Rehberge) und die **Wohnstadt Carl Legien** (1928–30, Prenzlauer Berg, S8, S42, S41 Prenzlauer Allee) als beispielhaft für neuartigen großstädtischen Massenwohnungsbau. Wie auch in der **Weißen Stadt** (1929–31, Reinickendorf, U8 Paracelsus-Bad), die Salvisberg, Ahrends und Büning entwarfen, und in der von Gropius, Häring, Scharoun u.a geplanten **Siemensstadt** (1929–31, Charlottenburg, U7 Siemensdamm) traten an die Stelle geschlossener, dicht bebauter Wohnblocks, dunkler Hinterhöfe und enger Korridorstraßen nun offene Häuser mit weiten Rasenflächen und Gemeinschaftseinrichtungen wie Kinderspielplätze, Wasch- und Heizhäuser sowie Ladenzeilen.

Grunewald und Wannsee – Gartenkunst und Malerei in herrlicher Naturkulisse

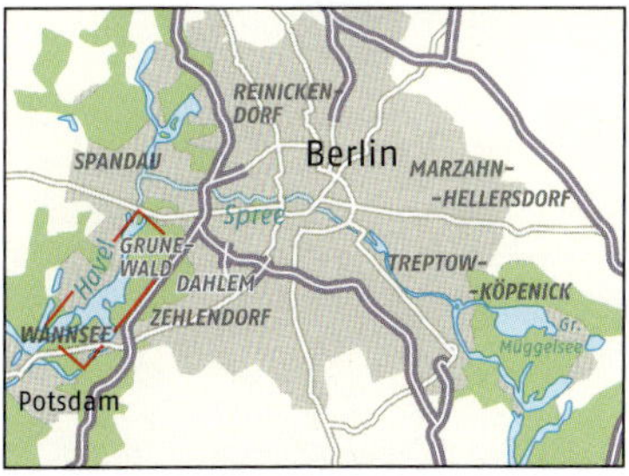

Das Naherholungsgebiet der Berliner war und ist der 32 km² große **Grunewald** mit den **Havelseen** Wannsee, Grunewaldsee, Krumme Lanke und Schlachtensee. Das einst *Spandauer Forst* genannte Waldgebiet war Jagdrevier des preußischen Herrscherhauses. Heute findet man hier schöne Wanderwege und vornehme Villenviertel, die Seen locken mit hübschen Badestränden, wo es Ausflugslokale gibt. Zu den bedeutendsten Sehenswürdigkeiten zählen das **Jagdschloss Grunewald** und die **Max Liebermann Villa** mit ihren Gemäldesammlungen sowie die **Pfaueninsel** und **Schloss Glienicke** mit ihren herrlichen Landschaftsparks.

129 Villenkolonie Grunewald

Noble Wohnsitze mit Seeblick.

S7 Grunewald, Bus M19, 186

1877 entstand an Hundekehlesee, Dianasee und Königssee, reizende Gewässer allesamt, eine vornehme Villenkolonie. Geschäftsleute, Fabrikanten und Künstler zogen hierher, für den Verkehrsanschluss ans Zentrum sorgte ab 1890 die S-Bahn, deren Bahnhof im Stil eines englischen Landhauses gestaltet wurde. In der NS-Zeit enteignete man die jüdischen Hausbesitzer. In die noblen Villen zogen nun Parteigrößen wie Hermann Göring oder Joseph Goebbels (Königsallee 68 bzw. 70) ein, und vom Bahnhof Grunewald aus wurden schon bald die Berliner Juden in die Konzentrationslager und in den sicheren Tod expediert. *Mahnmale*, die man ab 1987 an Gleisen und Rampen aufgestellt hat, erinnern daran. Heute ist der Bahnhof in erster Linie wieder, was er war: Startpunkt für Grunewald-Ausflüge.

130 Teufelsberg

Ein Berg aus Trümmerschutt am Nordrand des Grunewalds.

S7 Grunewald, dann etwa 20-minütiger Fußmarsch

Im Norden des Grunewalds erhebt sich der 115 m hohe Teufelsberg. Dem höchsten Berg des Großraums Berlin sieht man heute nicht mehr an, dass er aus 25 Mio. m³ *Trümmerschutt* besteht. Zur kalten Jahreszeit tummeln sich hier Rodler oder Skifahrer, im Sommer und Herbst lässt man Drachen steigen. Wichtig für Spaziergänger aber ist vor allem der bezaubernde **Ausblick**: In südwestlicher Richtung sieht man weit über das Grün des Grunewalds hinweg bis hin zur Havel. Am Fuß des Berges schließlich liegt der *Teufelssee*.

131 Jagdschloss Grunewald

Ältestes Schloss Berlins, mit Gemäldekollektion und Jagdzeugmuseum.

Hüttenweg 100
Tel. 030/813 35 97
www.spsg.de
Jagdschloss: April–Okt. Di–So 10–18, Nov.–März Sa/So/Fei 10–16 Uhr
Jagdzeugmuseum: April–Okt. Di–So 10–18, Nov.–März Sa/So/Fei 10–16 Uhr
Bus X83, 115, 183 Clayallee, dann 20 Min. zu Fuß

Das Schlösschen am Südostufer des Grunewaldsees ist einer der ältesten erhaltenen Profanbauten Berlins. Das idyllisch gelegene Kleinod, 1542 von *Caspar Theyss* errichtet, gehörte im 16. Jh. Kurfürst Joachim II. von Brandenburg. Seiner Lage wegen trug es den Namen ›Zum grünen Wald‹, woraus später Grunewald werden sollte. Der schlichte Renaissancebau wur-

Im grünen Bereich: Jagdschloss und Grunewaldsee lassen vergessen, dass auch dies Berlin ist

de zu Anfang des 18. Jh. in barockem Stil umgestaltet und durch Hinzufügung von Wirtschaftsgebäuden zum Geviert erweitert. In der ursprünglichen Form erhalten blieben die Vorhalle und der Treppenturm. Das Jagdschloss wurde in den letzten Jahren umfassend restauriert. Seit Oktober 2011 präsentiert die hochkarätige hauseigene **Gemäldesammlung** wieder Werke deutscher und niederländischer Meister des 15.–19. Jh. An die 30 Bilder der Cranachschule gilt es zu bestaunen, herausragend sind die ›Quellnymphe‹ (1515) und ›Judith mit dem Haupt des Holofernes‹ (1530) von Lucas Cranach d. Ä. Auch Berliner Porträtmalerei vom Barock bis zum Biedermeier gibt es zu bewundern.

Das **Jagdzeugmuseum** dokumentiert die Baugeschichte des Schlosses und die Geschichte der höfischen Jagd.

132 Großer Wannsee

TOP TIPP

Der Schlager aus den 1950ern fordert es zu Recht: Pack' die Badehose ein!

S1, S7 Nikolassee und Wannsee
Bus 112, 114, 118, 218, 316, 318, 620

Manch einer, der sich in sommerlicher Hitze auf den Weg zum Wannsee macht, trällert den Conny-Froboess-Hit »Pack' die Badehose ein...« vor sich hin. Das **Strandbad** [s. S. 179], erstmals 1907 und dann 1929–30 nach Entwurf *Richard Ermischs* sozusagen gültig im Stil der Neuen Sachlichkeit erbaut, ist immer noch das beliebteste Freibad Berlins. Die großzügig dimensionierte Badeanstalt mit ihren Terrassen und dem 1,3 km langen und 80 m breiten *Sandstrand* kann sogar für sich beanspruchen, die größte ihrer Art in Europa zu sein.

Wer nicht nur entspannt am Wasser liegen möchte, spaziert nach Norden zur 25 ha großen Halbinsel **Schwanenwerder**, wo Ende des 19. Jh. ein **Villenviertel** entstand. In den 1930er-Jahren zog Nazi-Prominenz hierher. Nach dem Krieg kam Dwight D. Eisenhower als Militärgouverneur, später übernahm das *Aspen-Institut* das einstige Goebbels-Grundstück an der Inselstraße 10–14, und Verleger Axel Springer ließ sich auf Nr. 24–26 eine Villa bauen. Am See residiert auch das *Literarische Colloqium Berlin* (Am Sandwerder 5, Tel. 030/816 99 60, www.lcb.de, ein Veranstaltungsforum für Autoren.

133 Villenviertel Alsen

Die Sommerresidenzen feiner Kreise – und mittendrin der Ort der Planung eines Verbrechens ohne Beispiel.

S1, S7 Wannsee, Bus 114

Der nur dünn besiedelte Wald um den Wannsee war jahrhundertelang *Jagdgebiet* der brandenburgischen Herrscher. Es gab nur einige Bauern-, Fischer- und Gasthäuser, z.B. Stimmings Krug (Königstraße 4) an der heutigen Wannseebrücke. Hier verbrachte der Dichter *Heinrich von Kleist* die letzte Nacht, bevor er seine Gefährtin Henriette Vogel und sich selbst am 21. November 1811 erschoss. Sein Grab liegt an der Bismarckstraße 3.

Den Gasthof Stimmings Krug ließ Wilhelm Conrad 1863 abreißen, um sich hier eine Villa errichten zu lassen. Der Bankier plante auf seinem 70 ha großen Grundstück am Südufer des Großen Wannsees eine Villenkolonie und regte Freunde an, auch dort zu bauen. Nachdem Conrad 1874 den Bau der *Wannseebahn* (heute S1) durchgesetzt hatte, entstanden hier tatsächlich zahlreiche Sommerresidenzen der feinen Gesellschaft Berlins. Mit der Umgestaltung des Wald- und Sumpfgebiets wurde der Lenné-Schüler *Gustav Meyer* beauftragt. Diese erste Villenkolonie außerhalb von Berlin benannte Conrad nach der im Krieg von 1864 eroberten dänischen Insel *Alsen*.

Der Maler *Max Liebermann* (1847–1935) zog sich ebenfalls gerne an den Wannsee zurück. Die **Max-Liebermann-Villa** (Colomierstraße 3, Tel. 030/80585900, www.max-liebermann.de, April–Sept. Mi, Fr–Mo 10–18, Do 10–20, Okt.–März Mi–Mo 11–17 Uhr) ist als Museum zu Leben und Werk des großen Impressionisten zugänglich. Dessen Spätwerk entstand just hier, rund um sein ›Schloss am See‹. Wiederkehrendes Motiv ist der vom Meister selbst geplante wunderschöne Garten.

Zu Ende seines Lebens wurde Liebermann als Jude noch mit dem Antisemitismus der Nationalsozialisten konfrontiert. Und in diesem Zusammenhang historisch bedeutsam geworden ist die nahegelegene *Villa Marlier*: Am 20. Januar 1942 trafen sich hier Organisatoren des Holo-

Nischt wie raus nach Wannsee – Strandkorbbastionen und Beachvolleyball sind Argumente!

Berlin
Westliche Außenbezirke
Nr. 125 – 142
Internationaler Flughafen
Flughafen
0 2 4 km
Weitere Pläne Seiten 102/103, 158 und Umschlagklappen
Velten
Oranienburg
Mühlenbeck
Marwitz
Hohen Neuendorf
Oranienburger Chaussee
96a
E26
Schildow
Heiligenseestr.
Hennigsdorf
Glienicke
Karolinenstr.
REINICKEN-DORF
Hermsdorfer Damm
111
Schloss Tegel
Pankow
Gorkistr.
96
Tegeler Fließ
127
128
Tegeler See
Berliner Str.
111
Roedern-Allee
Oranienburger Str.
Falkenhagener See
Havel
Bernauer Str.
Flughafen Tegel
105
Müllerstr.
Falkenseer Chaussee
Falkensee
Hohenzollern-Kanal
Seestr.
Zitadelle Spandau
126
Nonnendamm-Allee
100
125
Altstadt Spandau
Nauen
Spree
SPANDAU
Seeburger Chaussee
Heerstr.
2
5
Kaiserdamm
Bismarckstr.
Kreuzberg
Seeburg
2
130
Teufelsberg
Kurfürstendamm
Potsdamer Chaussee
129
Villenkolonie Grunewald
115
ehem. Militär-Flugplatz B.-Gatow
E51
Grunewald-see
104
Groß Glienicke
Kladower Damm
Jagdschloss Grunewald
Brücke-Museum
103
131
140
Freilichtmuseum
139
Domäne Dahlem
Gr. Glienicker See
Museumskomplex Dahlem
138
137
Botanischer Garten
Havel
Krumme Lanke
Avus
Freie Universität Berlin
141
Sacrower See
Pfaueninsel
Unter den Eichen
134
ZEHLENDORF
STEGLITZ
Großer Wannsee
Berliner Str.
132
Blockhaus Nikolskoe
Potsdamer Chaussee
142
135
1
Museumsdorf Düppel
Tempelhof
Schloss Glienicke
136
Königstr.
133
Teltower Damm
Lichtenfelder Str.
Klein-machnow
Villenviertel Alsen
Osdorf
Stölpchen-see
Teltowkanal
Potsdam
Mahlower Str.
Heinersdorf
Teltow
Babelsberg
Potsdamer Str.
Stahnsdorf
Großbeeren
Kienwerder
Ruhlsdorf
Drewitz
Güterfelde
Kleinbeeren
Schenken-horst
Blankenfelde
Bergholz-Rehbrücke
101
Sputendorf
Ludwigsfelde

caust auf Einladung von SS-Obergruppenführer Reinhard Heydrich – u.a. SS-Obersturmbannführer Adolf Eichmann, einige Völkermord-Schergen sowie Ministeriumsvertreter. Ziel des als *Wannseekonferenz* in die Geschichte eingegangenen Treffens war ›effektiveres‹ Vorgehen bei der Vernichtung von Millionen Juden in Europa. Zum 50. Jahrestag (1992) richtete man die Villa als **Gedenkstätte Haus der Wannseekonferenz** (Am Großen Wannsee 56–58, Tel. 030/805 00 10, www.ghwk.de, tgl. 10–18 Uhr) und Mahnmal gegen Rassismus ein. Die Dauerausstellung thematisiert ›*Die Wannsee-Konferenz und der Völkermord an den europäischen Juden*‹.

134 Pfaueninsel

TOP TIPP

Die Perle im Havelmeer – das Meisterwerk deutscher Gartenbaukunst ist ein beliebtes Ausflugsziel.

Tel. 030/80 58 68 30
www.spsg.de
Schloss: April–Okt. Di–So 10–17.30 Uhr
S1, S7 Wannsee, Bus 218, 316
Fähre: Mai–Aug. tgl. 8–21, März, Okt. tgl. 9–18, April, Sept. tgl. 9–19, Nov.–Febr. tgl. 10–16 Uhr

Nur mit einer kleinen *Fähre* ist die idyllische Pfaueninsel im südlichen Arm der Havel zu erreichen. Autos und Fahrräder müssen am *Nikolskoer Weg* geparkt werden, Hunde dürfen ebenfalls nicht mit auf das Gelände.

Das zauberhafte Eiland wird nicht von ungefähr auch ›Perle im Havelmeer‹ genannt – gilt sie doch als Musterbeispiel eines ›Sentimentalen Landschaftsgartens‹ im Sinne der Romantik, aufgerüstet mit klassizistischer Architektur und künstlichen Ruinen. Im 19. Jh. strömten die Berliner in Massen hierher, um exotische Tiere in einer Art Märchenland zu bestaunen. Heute ist die Insel mit ihrem jahrhundertealten *Baumbestand* und der artenreichen *Vogelwelt* das wohl schönste Naturschutzgebiet der deutschen Hauptstadt. Und ihre Stars sind nicht etwa Stare, sondern natürlich die hier frei herumstolzierenden Pfaue.

Schaut nur – auf der nach mir benannten Insel stolziere ich gleich scharenweise einher!

Solch eine Brücke von Turm zu Turm lässt an ein Lustschloss denken – nicht zu Unrecht

Zur Zeit des Großen Kurfürsten (1640–88) wurden auf der etwa 1,5 km langen und 500 m breiten Havelinsel Kaninchen zur Jagd ausgesetzt. An der Ostseite ließ der Fürst eine *Glashütte* bauen, worin der Chemiker Johann Kunckel von Löwenstein das damals so begehrte Rubinglas herstellte. Im 18. Jh. diente die Insel nur noch der Rinder- und Schafzucht, bis 1794 König Friedrich Wilhelm II. hier ein Liebesnest für sich und seine Geliebte Wilhelmine Encke bauen ließ: Es entstand ein **Lustschloss** im Ruinenstil mit zwei durch eine Brücke verbundenen Türmen. Doch der ›dicke Wilhelm‹, wie der Spottname des Monarchen lautete, kam nicht mehr in den Genuss seines Bauwerks. Er starb 1797, im Jahr der Fertigstellung. Später jedoch avancierte das Schlösschen zur Sommerresidenz für seinen Sohn Friedrich Wilhelm III. und dessen Gemahlin, die vielgeliebte Königin Luise. Da das Gebäude nach dieses Königs Tod (1840) nicht mehr genutzt wurde, ist die komplette *Ausstattung* im Original erhalten – ein Glanzstück der damaligen Dekorationskunst mit prachtvollen Stuckaturen, schönen Wand- und Deckengemälden und Fußböden aus Edelhölzern.

Für die landschaftliche Gestaltung der Insel sorgte kein Geringerer als der große Gartenarchitekt *Peter Joseph Lenné*. Ab 1821 verwandelte er den größten Teil von ihr in einen englischen Landschaftsgarten. In der Mitte der Insel entstand eine *Menagerie*, deren Tiere den Grundstock des 1844 eröffneten Zoologischen Gartens [Nr. 111] in Berlin bilden sollten. 1829–31 kam ein *Palmenhaus* nach Plänen *Karl Friedrich Schinkels* hinzu. Dieses jedoch, ein imposanter und üppig ausgestatteter Glaspalast, brannte 1880 bis auf seine noch heute zu betrachtenden Grundmauern nieder.

Das **Schweizerhaus**, das südlich des Schlosses steht und das Schinkel 1829/30 konzipierte, war für die Bediensteten bestimmt. Auf dem Weg geht es in nördlicher Richtung weiter, vorbei an Rosengarten, Gebirgsbach und Fontäne, bis zu einem Überbleibsel der Menagerie – die von vielen geflügelten Arten bewohnte **Voliere** mit dem Wasservogelteich.

Das **Kavalierhaus** aus dem Jahr 1804, weiter nordwestlich gelegen, gestaltete Schinkel 1824/25 zum Gästehaus um. In den *Südturm* wurden Bauteile eines spätgotischen Patrizierhauses des 15. Jh. aus Danzig integriert. In Sichtweite erinnert der **Luisentempel** (1829, Schinkel), ein Portikus im Grünen, an die populäre Königin. Die nahe **Meierei** wurde 1795 als neogotische Klosterruine mit eindrucksvollem Saal im Obergeschoss errichtet.

135 Blockhaus Nikolskoe

TOP TIPP

Ein Stück Russland im Grunewald – ein beliebtes Ausflugslokal.

Nikolskoer Weg 15
Tel. 030/805 29 14
www.blockhaus-nikolskoe.de
S1, S7 Wannsee, dann Bus 316

Gegenüber der Pfaueninsel, auf einem von *Lenné* Anfang des 19. Jh. angelegten kleinen Aussichtsplateau, steht das Blockhaus Nikolskoe. König Friedrich Wilhelm III. ließ es 1819 für seine Tochter Charlotte und ihren Mann, den späteren Zaren Nikolaus I., in russischem Stil errichten. Der Name Nikolskoe bedeutet ›Nikolaus zu eigen‹. Das Haus bewohnte der Leibkutscher des Zaren, der darin eine illegale Schankwirtschaft betrieb. Noch heute ist es ein beliebtes Ausflugsziel – mit Festsaal, Fürstenzimmer und Sommerterrasse, von der aus sich ein herrlicher Blick auf Havel und Pfaueninsel bietet.

Östlich des Blockhauses steht die von Stüler erbaute Kirche **St. Peter und Paul** (1834–37), ein einschiffiger Bau mit halbrunder Altarnische und russischem Zwiebelturm. Die beiden römischen *Mosaikmedaillons* mit den Namenspatronen der Kirche an der hohen Kanzel sind ein Geschenk von Papst Clemens XIII. an Friedrich den Großen.

An der Havel entlang und gen Südwesten strebend gelangt man zum **Wirtshaus Moorlake** [s. S. 168], das nicht nur mit seinem Biergarten, sondern auch mit Literatur- und Kabarettabenden lockt.

136 Schloss Glienicke

Fulminantes architektonisches und landschaftliches Gesamtkunstwerk.

Königsstraße 36
Tel. 030/80 58 67 50
www.spsg.de
April–Okt. Di–So 10–18, Nov.–März (nur mit Führung) Sa/So/Fei 10–17 Uhr
S1, S7 Wannsee, dann Bus 316

Die **Glienicker Brücke** führt über die Havel nach Potsdam. In der Zeit des Kalten Krieges konnte man hier, quasi an der Nahtstelle des Eisernen Vorhangs, bisweilen den Austausch von *Spionen* von Ost nach West und umgekehrt beobachten. Das private ›deutsch-deutsche Museum‹ **Villa Schöningen** beleuchtet multimedial diesen und andere Aspekte der Historie und zeigt auch Kunstausstellungen.

Nahebei findet sich das italienisch anmutende **Schloss Glienicke**. Seit 1753 gab es an dieser Stelle ein *Gutshaus*, das der Staatskanzler Karl August von Hardenberg 1814 erworben hatte. Initiator der Neugestaltung war der dritte Sohn König Friedrich Wilhelms III., *Prinz Carl von Preußen*: Er machte das Landhaus im Jahr 1824 zur Sommerresidenz, und *Karl Friedrich Schinkel* baute es 1825–28 zu einer klassizistischen, in manch Formvariante schon die Moderne andeutenden Dreiflügelanlage aus. Dem *Kavalierflügel* wurde noch ein Turm hinzugefügt.

Prinz Carl hatte von seinen Reisen nach Pompeji usw. antike Architekturfragmente, Skulpturen und Vorlagen mitgebracht, die das Dekor bestimmen: So bildet die vergoldete **Löwenfontäne** vor dem Mittelbau des Schlosses den festlichen Auf-

Casino Glienicke – Schinkels Klassizismus kommt hier beinahe schon der Moderne nahe

takt; sie bezieht sich auf ein Vorbild in der Villa Medici in Rom. Der Brunnen im Gartenhof ist der *Ildefonso-Gruppe* (›Schlaf und Tod‹) im Madrider Prado nachgebildet. In die rückwärtige Schlossfassade hat man antike Baufragmente eingelassen.

Die Innengestaltung des Schlosses beruht ebenso auf Schinkels Entwürfen, selbst die Möbel sind seine Kreation. Als besonders gut erhalten präsentiert sich der *Weiße Salon* im Obergeschoss. Im *Roten Salon*, dem Festsaal, sieht man Porträts Prinz Carls und seiner Familie.

Im Westflügel dokumentiert das **Hofgärtnermuseum** die Geschichte preußischen Gartenkunst – gleichsam eine Einstimmung auf das grüne Kleinod, das sich gleich vor der Tür ausbreitet:

Die Gestaltung des 116 ha großen **Parks** übernahm *Peter Joseph Lenné*, der schon 1816 für Hardenberg den *Pleasureground* nach englischem Vorbild angelegt hatte. Der Garten birgt weitere Bauten Schinkels. Nahe der Glienicker Brücke steht die **Große Neugierde** (1835). Der von korinthischen Säulen getragene Rundtempel diente als Teepavillon. Unweit der Königsstraße erhebt sich die **Kleine Neugierde**, ein ebenfalls tempelartiges Gartenhaus, das 1827 entstand und dessen Wände Sarkophagreliefs und pompejianische Mosaik- und Freskenfragmente schmücken.

Das **Casino** am Havelufer war zunächst ein Billardhaus, Schinkel verwandelte es 1824/25 in eine Gästevilla mit ausgedehnten Pergolen und einem edlen Festsaal.

Den **Jägerhof** im Norden des Parks, der mit seinen Zinnen und den sog. Tudorbögen Stilformen der englischen Gotik zitiert, errichtete der Baumeister 1828.

Schönheit ohne Schnörkel – das Blaue Eckkabinett im Schloss pflegt ein Flair der Sachlichkeit

Dahlem und Zehlendorf – Exotisches aus Kunst, Kultur und Botanik

Zehlendorf und das eingemeindete Angerdorf **Dahlem**, einst kleine Bauernsiedlungen vor den Toren der großen Stadt, gehören heute zu den bevorzugten Wohngegenden von Berlin. Der Reiz dieser wohlhabenden Stadtteile kommt nicht von ungefähr: Einen Großteil Zehlendorfs nehmen Wald und Gewässer, Park- und Gartenanlagen ein, 173 ha werden noch landwirtschaftlich genutzt. Gleich beim historischen Dahlemer Dorfkern erwarten hochkarätige Sehenswürdigkeiten den Besucher, darunter der größte **Botanische Garten** Europas, daneben hochbedeutende **Museen** zur Kunst und Kultur Europas, Afrikas und Asiens. Große Expressionisten präsentiert das kleine **Brücke-Museum**, und die **Freie Universität** glänzt mit einer Bibliothek, die Star-Architekt Norman Foster entwarf.

Großstadt-Dschungel: Amazonas-Riesenseerosen im Victoria-Haus des Botanischen Gartens

137 Botanischer Garten

Der drittgrößte Botanische Garten der Welt ist Heimat von 22 000 Arten.

Eingänge: Königin-Luise-Platz und Unter den Eichen 5–10
Tel. 030/83 85 01 00
www.bgbm.org
Mai–Juli tgl. 9–21, April, Aug. tgl. 9–20, Sept. tgl. 9–19, März, Okt. tgl. 9–18, Febr. tgl. 9–17, Nov.–Jan. tgl. 9–16 Uhr
S1 Botanischer Garten, U3 Dahlem-Dorf, U9 Rathaus Steglitz, dann Bus M48, X83, 101

Der Botanische Garten, mit 43 ha und etwa 22 000 Pflanzenarten der größte in Europa und drittgrößter der Welt, wurde 1897–1904/10 unter der Leitung von *Adolf Engler* angelegt. Anfänglich hütete man seltene Exemplare der Pflanzenwelt im Lustgarten vor dem Berliner Stadtschloss. Einen ersten Botanischen Garten gab es dann von 1679 bis 1897 in Schöneberg – heute heißt er Heinrich-von-Kleist-Park und birgt noch den alten Baumbestand. Im Botanischen Garten Dahlem, seit 1996 Teil der Freien Universität Berlin, sind die Pflanzen nach unterschiedlichen wissenschaftlichen Gesichtspunkten zusammengestellt: Es gibt ein Areal mit Nutz- und Arzneipflanzen, den Duft- und Tastgarten, den Sumpf- und Wassergarten sowie den Italienischen Garten.

Gleich beim Eingang Unter den Eichen findet man das **Arboretum** (Baumgarten). Hier gedeihen etwa 1800 Baum- und Straucharten, hier gibt es Wiesen und Teiche. Vegetationszonen aus allen Teilen der Welt sind in der **Pflanzengeografischen Abteilung** versammelt, von Steingärten à la Himalaja über Japanischen Wald bis zur Nordwestdeutschen Heide. Zu den absoluten Publikumslieblingen zählen die 16 Schaugewächshäuser mit ihren prachtvoll exotischen tropischen bzw. subtropischen Pflanzen.

Das 25 m hohe **Große Tropenhaus** (1905–07), eines der größten frei tragenden Gewächshäuser der Welt, bewahrt seltene und gefährdete Tropenvegetation. Bei hoher Luftfeuchtigkeit und Temperaturen bis 30 °C gedeihen hier 1360

Auf die Matte – zur japanischen Teezeremonie im Museum für Asiatische Kunst ist alles bereit

Pflanzenarten. Eindrucksvoll sind der 25 m hohe Riesenbambus, der 10–30 cm pro Tag wächst, und eine 17,5 m hohe Königspalme. Als ein zweiter architektonischer Höhepunkt will das dreischiffige **Mittelmeerhaus** mit seinen zwei Portaltürmen gewürdigt werden – vor allen aber seiner Vielfalt an subtropischen Gewächsen wegen. In weiteren Glashäusern sieht man Orchideen, Bromeliengewächse, tierfressende Pflanzen, Kakteen und Seerosen.

Das **Botanische Museum** (Königin-Luise-Straße 6–8, tgl. 10–18 Uhr) birgt eine aufschlussreiche Sammlung präparierter Pflanzen. Hinzu kommen Modelle, Dioramen und die interaktive Video-Installation *Botanic Channel*.

138 Museumskomplex Dahlem

TOP TIPP

Drei Museen präsentieren eine der bedeutendsten und reichsten völkerkundlichen Sammlungen Europas.

Lansstraße 8/Arnimallee 23–27
Tel. 030/266 42 42 42
www.smb.museum
Di–Fr 10–18, Sa/So 11–18 Uhr
U3 Dahlem Dorf, Bus X11, X83

Der älteste Bau des Dahlemer Museumskomplexes wurde 1914–23 auf Betreiben Wilhelm von Bodes, des Generaldirektors der Berliner Museen, nach Entwürfen von *Bruno Paul* errichtet und beherbergte anfänglich das Asiatische Museum. Vor dem Eingang Arnimallee steht eine bronzene *Kentaurengruppe* (1881) von Reinhold Begas, an der Ecke zur Fabeckstraße sieht man die Bronzeskulptur *›Herkules mit dem Nemeischen Löwen‹* (1897) von Max Klein. In den 1960er-Jahren kamen Erweiterungsbauten von Wils Ebert und Fritz Bornemann für die durch die Teilung der Stadt heimatlos gewordenen Museen hinzu. Nach der Wiedervereinigung wurde folgerichtig eine Zusammenführung dieser Kollektionen mit denen der Museumsinsel beschlossen. Dahlem verlassen haben seitdem die Gemäldegalerie [Nr. 32], die Skulpturensammlung, das Museum für Byzantinische Kunst [Bode-Museum, s. S. 41] und das Museum für Islamische Kunst [im Pergamonmuseum, s. S. 42]. Die verbliebenen außereuropäischen Sammlungen sollen eines Tages ins *Humboldt-Forum* [s. S. 43] am Berliner Schlossplatz ziehen.

Ethnologisches Museum

Eines der interessantesten und größten Institute seiner Art ist das Ethnologische Museum. Es entstand 1873, geht aber auf das 17. Jh. zurück – auf das *Kunst- und Raritätenkabinett* des Großen Kurfürsten. Heute besitzt das Haus mehr als 500 000 Ethnographica. Über 140 000 Fotos, 1000 völkerkundliche Filme und zahllose Musikaufnahmen kommen noch hinzu.

Das Museum gliedert sich in die Abteilungen Afrika, Amerikanische Archäologie, Amerikanische Ethnologie, Islamischer Orient, Ost- und Nordasien, Süd- und Südostasien, Südsee und Australien sowie Musikethnologie.

›Kunst aus Afrika‹ zeigt 180 Werke, die einen Zeitraum von 800 Jahren umspannen, 70 Völker Afrikas repräsentieren und nach den Themenschwerpunkten Kunstgeschichte, figurale Plastik, Performance und Design geordnet vermittelt werden.

Im *Juniormuseum* erfahren Kinder zwischen fünf und zwölf Jahren alles Wissenswerte über das geheimnisvolle Thema Südsee.

Museum für Asiatische Kunst

Seit dem Jahr 2006 sind das Museum für Ostasiatische Kunst und das Museum für Indische Kunst unter dem Namen Museum für Asiatische Kunst vereinigt.

Die im Jahr 1906 gegründete **Ostasiatische Kunstsammlung** präsentiert Erlesenes aus China, Japan und Korea – sowohl in jeweils eigenen Galerien als auch in einer gemeinsamen Studienkollektion. Der Großteil des Fundus wurde 1945 in die Sowjetunion gebracht und befindet sich noch heute in der Eremitage in St. Petersburg.

Zu den Höhepunkten hier in Dahlem zählen die Sammlung japanischer Malerei und ostasiatischer Lackkunst aus der Kollektion von *Klaus F. Naumann* sowie die *Sammlung Yuegutang* mit chinesischer Keramik des Zeitraums vom Neolithikum bis ins 15. Jh. Bemerkenswert sind ferner 150 kostbare *Bronzen* (5. Jh. v. Chr.–3. Jh. n. Chr.) aus dem Ordosgebiet, einer Wüstenregion im Norden Chinas.

Götterwelten in Terrakotta – geheimnisvoll offenbart im Museum für Asiatische Kunst

Die **Kunstsammlung Süd-, Südost- und Zentralasiens** ist eine der weltweit bedeutendsten Kollektionen ausgewählter Schätze des indo-asiatischen Kulturraums vom 4. Jahrtausend v. Chr. bis in die Gegenwart. Einst Teil des Ethnologischen Museums, wurden sie 1963 ausgegliedert. Zwei Schwerpunkte der 20 000 Objekte umfassenden Schau sind die frühindische Skulptur und die Kunst der Seidenstraße. Als überaus kostbar gilt die *Turfan-Sammlung* (2.–12. Jh.) mit Kunstwerken aus buddhistischen Höhlenklöstern und Tempeln in Ostturkestan. Zu dieser Werkgruppe zählen Wandmalereien und Stoffbilder, Lehm- und Holzfiguren. Ebenfalls Glanzlichter setzen die *Gandhara-Bildwerke* aus dem 1.–5. Jh. und die älteste bekannte bronzene Darstellung des Gottes Vishnu (7. Jh.) aus Pakistan.

Museum Europäischer Kulturen

Der berühmte Mediziner und Pathologe *Rudolf Virchow* [s. S. 78] gilt als Begründer des 1889 eröffneten *Museums für Volkstrachten und Erzeugnisse des Hausgewerbes*. 1904 wurde die Kollektion dann als *Königliche Sammlung für Deutsche Volkskunde* den Königlichen Museen unterstellt. Das jetzige Museum Europäischer Kulturen ging 1999 aus der Zusammenlegung des alten *Museums für Volkskunde* und der europäischen Sammlung des *Ethnologischen Museums* hervor und ist seit 2005 im Museumskomplex Dahlem ansässig.

Nach zweijähriger Umbauzeit konnte das Museum im Dezember 2011 wiedereröffnet werden. Mit rund 270 000 Objekten beherbergt es eine der größten Sammlungen europäischer Ethnographie und Kulturgeschichte weltweit. Präsentiert wird Alltagskultur des 18.–21. Jh., darunter Schmuck und Votivbilder, Textilien und Keramik, Haushaltsgeräte, Kinderspielzeug und sogar verschiedene Verkehrsmittel. Präsentiert werden all diese Schätze in langfristig laufenden Themenausstellungen. Zum damit jeweiligen Veranstaltungsprogramm gehören Events wie länderspezifische Kulturtage oder der beliebte europäische Ostermarkt.

139 Freilichtmuseum Domäne Dahlem

Bäuerliches Leben – damals.

Königin-Luise-Straße 49
Tel. 030/666 30 00
www.domaene-dahlem.de
Mi–Mo 10–18 Uhr
U3 Dahlem Dorf, Bus X11, X83, 110

In Dahlems historischem Kern lässt sich Landleben vergangener Zeiten nachvollziehen: Das Gutshaus entstand 1680 auf dem Grund eines mittelalterlichen *Lehn- und Rittergutes*, Besitzer war der Kreiskommissar Cuno Hans von Willmerstorff. Im barocken Flair des *Herrenhauses* finden heute Konzerte und Lesungen statt. Zum Bio-Hof gehören viele Tiere, Gemüse- und Blumengarten, Felder und Handwerksbetriebe. Das *Museum* klärt über die Historie der Domäne auf und informiert über – ökologische – Landwirtschaft bzw. Ernährung. Gern angenommen werden der *Ökomarkt* (Mi 12–18, Sa 8–13 Uhr), die Kinderaktionen und Marktfeste.

Mitten im Ort steht die **Dahlemer Dorfkirche**, auch St.-Annen-Kirche genannt. Der um 1220 errichtete Backsteinbau erhielt im 15. Jh. seinen spätgotischen Chor und 1679 die Barockkanzel samt Empore; ein Glanzlicht setzt auch der Schnitzaltar.

Der **U-Bahnhof Dahlem Dorf** verdient eine genauere Betrachtung. 1913 wurde er im Stil eines niedersächsischen Fachwerkhauses mit Strohdach errichtet. Den *Dorfanger* markiert ein Hügel, worin sich ein 300 Jahre alter Eiskeller verbirgt.

Kollegenporträt: ›Otto Mueller mit Pfeife‹ von Ernst Ludwig Kirchner (1913, Brücke-Museum)

140 Brücke-Museum

Eine feine Kollektion expressionistischer Meisterwerke.

Bussardsteig 9
Tel. 030/831 20 29
www.bruecke-museum.de
Mi–Mo 11–17 Uhr
U3 Oskar-Helene-Heim, dann Bus 115

Das Museumsgebäude in *Zehlendorf* wurde 1967 nach Plänen von Werner Düttmann erbaut – auf Anregung des Malers Karl Schmidt-Rottluff. Der wollte sich und seinen Künstlerfreunden, mit denen er 1905 in Dresden die expressionistische Künstlergemeinschaft **›Brücke‹** gegründet hatte, einen Präsentationsort schaffen. Schmidt-Rottluff und Malerkollege Erich Heckel beteiligten sich auch an den Baukosten. Es entstand ein bungalowähnlicher Flachbau, der viel Glas und schimmernde Sichtbetonwände am Eingang zeigt. Präsentiert wird darin eine Kollektion von 400 Gemälden, dazu Zeichnungen, Aquarelle und Druckgrafik der Brücke-Künstler – ausdrucksstarke Werke von Schmidt-Rottluff, Heckel, Ernst Ludwig Kirchner, Otto Mueller, Emil Nolde und Max Pechstein. Wechselausstellungen vertiefen den Einblick in das Schaffen dieser bedeutenden Künstlerformation der Klassischen Moderne.

Hinter dem Museum steht ein Atelier, in dem einst Arno Breker seine monumentalen, vom NS-Regime überaus geschätzten Heldenfiguren schuf. Heute ist hier die **Bernhard-Heiliger-Stiftung** (Käuzchensteig 8, Tel. 030/831 20 12, www.bernhard-heiliger-stiftung.de, Besichtigung nur auf Anfrage) mit ihrem schönen Skulpturengarten ansässig. Heiliger (1915–1995) war Schüler Brekers, doch hatte er sich abstrakten Formen zugewandt.

141 Freie Universität Berlin

Deutschlands erste Nachkriegsuniversität setzt baulich neue Akzente.

Boltzmannstraße/Garystraße
Tel. 030/83 81
www.fu-berlin.de
U3 Dahlem Dorf und Thielplatz, Bus X11, X83, M11, 110

1948 wurde unter dem Vorsitz des legendären Regierenden Bürgermeisters Ernst Reuter die Freie Universität (FU) in West-

Spektakulär – Norman Fosters Philologische Bibliothek der Freien Universität Berlin

Berlin gegründet – aus Protest von Professoren und Studenten, die sich ihrer akademischen Freiheit an den Universitäten in der sowjetischen Besatzungszone beraubt fühlten. Im amerikanischen Sektor hielten die Professoren ihre Vorlesungen in mehreren Dahlemer Villen ab. Erst 1952 konnte mithilfe von Mitteln der Ford Foundation das Hauptgebäude, der **Henry-Ford-Bau**, und 1954 die Universitätsbibliothek errichtet werden. 1967–72 wurde von den Pariser Architekten Candilis, Josic und Woods die so genannte **Rostlaube** erbaut, ein Komplex pavillonartiger Institutsbauten für die Geisteswissenschaften – den ungewöhnlichen Namen verdankt sie ihrer braunen Stahlfassade. 1972–79 kam ein mit Aluminium verkleideter Bau hinzu, die **Silberlaube**. Nahe der Rostlaube wurde 2005 die neue **Philologische Bibliothek** (Mo–Fr 9–22, Sa/So 10–17 Uhr), ein Werk Sir Norman Fosters, eingeweiht. Das Gebäude mit Raum für ca. 700 000 Bücher wird seiner runden, schädelartigen Form wegen ›The Berlin brain‹ (das Berliner Gehirn) genannt.

An der FU gibt es heute rund 100 Studienfächer und etwa 31 000 Studierende. Seit 2007 ist sie eine jener neun **Eliteuniversitäten**, die von der auf Initiative des Bundes agierenden ›Exzellenzinitiative Deutschland‹ gefördert werden.

Ein Prominentenfriedhof

Sehenswert ist der **Südwestkirchhof** (www.suedwestkirchhof.de, S1 Zehlendorf, dann Bus 623 Stahnsdorf/Bahnhofstraße) in **Stahnsdorf** nicht zuletzt seiner Berühmtheiten wegen: Auf dem reizvollen Gelände finden sich die Grabstätten des Industriellen Werner von Siemens († 1892), des Verlegers Gustav Langenscheidt († 1895), des Filmregisseurs Friedrich Wilhelm Murnau († 1931), des Malers Lovis Corinth († 1925) und des Komponisten Engelbert Humperdinck († 1921). Auch Berlins großer Zeichner *Heinrich Zille* liegt hier begraben – mehr als 2000 Menschen begleiteten ihn 1929 auf seinem letzten Weg.

142 Museumsdorf Düppel

Rekonstruktion einer mittelalterlichen Siedlung am Rande der Großstadt.

Clauertstraße 11
Tel. 030/802 66 71
www.dueppel.de
April–Sept. Do 15–19, So/Fei 10–17 Uhr
S1 Zehlendorf und U3 Oskar-Helene-Heim, dann Bus 115

Auch das gibt es in der Metropole Berlin: eine mittelalterliche Siedlung mit Wohnhäusern, Vorratsschuppen und Werkstätten. Das Museumsdorf Düppel stellt die Rekonstruktion einer fast 1000 Jahre alten Anlage dar, die man in den 1960er-Jahren im südlichen Zehlendorf, am Machnower Krummen Fenn, ausgegraben hat. Archäologen legten dort 1967 ein Dorf aus dem 12. Jh. frei. Die Bewohner hatten die Siedlung vermutlich um 1220 verlassen, um nahebei Zehlendorf zu gründen – wo der lehmhaltige Boden bessere Erträge versprach. Im Sommer werden im Museumsdorf Düppel regelmäßig *Vorführungen* traditioneller Handwerke geboten, z. B. Schmieden, Töpfern, Weben, Schnitzen und Brotbacken.

Potsdam und Babelsberg – Glanz, Gloria und ganz großes Kino

Potsdam, heute Hauptstadt von Brandenburg, wurde 993 erstmals urkundlich erwähnt. Bedeutung erlangte die Stadt durch Friedrich Wilhelm, den *Großen Kurfürsten* (1640–1688), der sie zur zweiten Residenz des Hauses Hohenzollern machte. Das heutige Stadtbild prägten indessen zwei andere Preußenherrscher. *Friedrich Wilhelm I.*, der Soldatenkönig, ließ Potsdam im 18. Jh. zur **Garnisonsstadt** ausbauen – ganz so, wie es seiner schroff-nüchternen Wesensart entsprach. Zum Inbegriff preußischer Macht und herrscherlicher Eleganz wurde die Stadt aber erst durch seinen Sohn und Nachfolger. *Friedrich der Große*, anders als sein Vater der Kunst zugetan, brachte höfisches Leben und Kultur nach Potsdam und machte es zur Hauptresidenz: Mit **Schloss Sanssouci** stellte er sich sein Versailles vor die Tore Berlins. Weitere Potsdam-Highlights sind der **Neue Garten** mit Schloss Cecilienhof sowie Schloss und Filmpark **Babelsberg** – von letztgenannter Stätte aus hob in den 1920er-Jahren der deutsche Film zu seiner kurzen Weltkarriere ab.

143 Altstadt Potsdam

Auf den Spuren des Soldatenkönigs.

S5, S7 Potsdam Hbf., dann Bus 605, 609, 610, 612, 614, 631, 638, 639, 650, 695, Tram 91, 92, 93, 96, 99 Alter Markt

Das historische Zentrum Potsdams wurde 1945 durch Bomben zerstört, und die sozialistische Abrissbirne tat ein Übriges. Heute mischen sich hier prachtvolle historische Bauten mit schlichter DDR-Architektur. 1990 nahm die UNESCO große Teile der Innenstadt in ihre Liste des Weltkulturerbes auf, weitere 14 Denkmalgruppen kamen im Jahr 1999 hinzu.

Der **Alte Markt**, Zentrum der Altstadt, wird von der **Nikolaikirche** (www.nikolaipotsdam.de, Jan.–März, Nov., Dez. tgl. 9–17, April, Mai, Okt 9–19, Juni–Sept. 9–21 Uhr) beherrscht. Der von *Karl Friedrich Schinkel* 1830 entworfene klassizistische Zentralbau mit eleganter Riesenkuppel, schlanken Ecktürmen und Tempelfront markiert als imposantes Monument die städtische Silhouette. Östlich des Gotteshauses erhebt sich das elegante **Alte Rathaus** (www.altesrathauspotsdam.de, Tel. 0331/2896336). Glanzpunkt des 1753–55 von *Johann Boumann* errichteten Gebäudes ist die vergoldete *Atlasfigur* auf dem runden Rathausturm. Kurz nach Fertigstellung 1776 stürzte die aus Blei gegossene Skulptur zur Erde. Ein Jahr später wurde eine identische Figur, diesmal aus Kupfer, aufgestellt. Diese überstand sogar die Bombardierung von 1945, während das Rathaus selbst zerstört und später erneuert wurde. Bis Sommer 2012 wird es im Innern völlig umgestaltet und

Nach dem Vorbild Roms: Das Brandenburger Tor symbolisiert ehrgeizige Machtansprüche

Preußens Gloria verewigt – Nikolaikirche, Fortunaportal und Altes Rathaus (von links)

sodann als *Potsdam Museum – Forum für Kunst und Geschichte* mit einer stadthistorischen Sammlung neueröffnet. Ebenfalls Teil des Forums soll das nach seinem barocken Architekten benannte **Knobelsdorff-Haus** (1750) nebenan sein.

Ein Obelisk und das wiedererrichtete **Fortunaportal** komplettieren die erhabene Kulisse. Letzteres gehörte zum 1662 erbauten Stadtschloss, das, 1945 ausgebrannt, zur DDR-Zeit gesprengt wurde. An seiner Stelle entsteht bis 2013 der neue *Landtag* mit historischer Schlossfassade.

Ebenfalls dem Stadtschloss zugehörig war der südlich davon gelegene Marstall. 1685 von *Johann Arnold Nering* als Orangerie erbaut, wurde er 1714 vom Soldatenkönig in einen Reitstall umgewandelt. Seine heutige Form geht auf den Umbau durch *Georg Wenzeslaus von Knobelsdorff* (1746) zurück. Heute präsentiert in diesen historischen Mauern das **Filmmuseum Potsdam** (Breite Straße 1a, Tel. 0331/271 8112, www.filmmuseum-potsdam.de, Di–So 10–18 Uhr) seine vielfältige und unterhaltsame Sammlung zur Kinogeschichte der UFA bzw. DEFA, darüber hinaus beschäftigen sich auch interessante Wechselausstellungen mit dem Thema Film.

Nordwestlich schließt sich der **Neue Markt** an, ein schöner Barockplatz mit der Ratswaage (1735/1836) in der Mitte. Der Kutschpferdestall, ein klassizistischer Bau von 1790, beherbergt seit einigen Jahren das **Haus der Brandenburgisch-Preußischen Geschichte** (Am Neuen Markt 9, Tel. 0331/620 85 50, www.hbpg.de, Di–Do 10–17, Fr 10–19, Sa/So 10–18 Uhr), das über 900 Jahre Landeshistorie präsentiert.

Einzigartig in Deutschland ist das **Holländische Viertel**, das weiter nordöstlich, jenseits der Gutenbergstraße liegt. Um niederländische Handwerker an seinen Hof zu binden, ließ der Soldatenkönig 1734–40 unter der Leitung von *Johann Boumann* vier Karrees mit rund 130 Giebelhäusern à la Amsterdam erbauen. Sein Plan ging nicht auf, lediglich 22 holländische Familien blieben in Potsdam.

Weitere Bauten des 18./19. Jh. säumen die Einkaufsmeile der Landeshauptstadt, die **Brandenburger Straße**. An deren westlichem Ende steht das **Brandenburger Tor**, das 1770 nach Entwürfen Karl von Gontards und Georg Christian Ungers in Anlehnung an den Konstantinsbogen in Rom errichtet wurde – und damit 21 Jahre älter als sein weit berühmterer Berliner Namensvetter ist.

Lieblingssitz des Alten Fritz – Sanssouci mit den Weinbergterrassen und der Großen Fontäne

144 Schloss Sanssouci

TOP TIPP *Die bedeutendste deutsche Schlossanlage mit Gemäldegalerie.*

Schopenhauerstraße/Maulbeerallee
www.spsg.de
Tel. 03 31/969 42 02
S7 Potsdam Hbf., dann Bus 695, X15

Schloss Sanssouci (April–Okt. Di–So 10–18, Nov.–März Di–So 10–17 Uhr, mit Führung oder Audio-Guide) ist das berühmteste Bauwerk unter den *Schlössern und Parks von Potsdam und Berlin*, die 1990 von der UNESCO als Ensemble in die Liste des Weltkulturerbes aufgenommen wurden. *Friedrich der Große* (1712–1786) war es, der die Anlage als private Sommerresidenz vor den Toren der Stadt geplant hatte, er höchstselbst fertigte die ersten Skizzen an. 1744 ließ er zunächst sechs **Weinbergterrassen** in der Nähe des väterlichen königlichen Küchengartens anlegen. Sodann folgte das Rokokoschloss (1745–47, 1840–42 durch Persius erweitert). Fernab vom höfischen Zeremoniell und den Regierungsgeschäften wollte Friedrich hier im Sommer *›Sans Souci‹* (ohne Sorge) leben. Sein genialer Hofarchitekt *Knobelsdorff* schuf die eingeschossige Flügelanlage mit dem überkuppelten halbovalen Mittelbau. Dessen **Gartenfassade** bevölkert *Friedrich Christian Glumes* heiterer Skulpturenschmuck: Karyatiden, Atlanten und Putten gliedern die Wand. Die **Hauptfassade** – mit Ehrenhof und halbrunder Säulenkolonnade – wirkt dagegen eher nüchtern.

Im **Inneren** des Schlosses mit seinen zwölf Sälen sind Möbel, Porzellan, Skulpturen und Gemälde, überwiegend aus dem 18. Jh., zu sehen, darunter Werke Antoine Watteaus. Der ovale *Marmorsaal* im Mittelbau bezaubert mit Doppelsäulen, vergoldeter Kuppel und Nischenfiguren (*Venus* und *Apoll*). Im Ostflügel sticht unter den Privatgemächern des Königs das *Konzertzimmer* hervor, dessen Wände mit üppiger Goldrocaille, mit Spiegeln und Gemälden dekoriert sind. Die kreisrunde *Bibliothek* am Ende des Flügels wirkt gediegen, die Bücherschränke und die verzierte Wandverkleidung sind aus Zedernholz. Hier las Friedrich die Dichter der Antike und die Werke des großen Philosophen *Voltaire* (1694–1778), den er an seinen Hof holte und ab 1750 für drei Jahre im westlichen Gästeflügel unterbrachte. Das hübsche *Voltairezimmer* ist mit geschnitzten Naturmotiven dekoriert.

Am Rande der östlichen **Schlossterrasse** liegt Friedrichs schlichtes *Grab*. Erst spät ging sein Wunsch, in Sanssouci bestattet zu werden, in Erfüllung: Seine Gebeine überführte man 1991 von der Burg Hohenzollern in Württemberg hierher.

Noch zu Friedrichs Lebzeiten wurde die Schlossanlage durch weitere Bauten ergänzt – vor allem aber kam der **Park Sanssouci** hinzu, den man ab 1745 als Zier- und Nutzgarten anlegte. Vor den Weinbergterrassen entstand ein Wasserbecken mit der **Großen Fontäne** (1748–64), umringt von Marmorstatuen, einem Hofstaat von allegorischen Figuren und den Statuen antiker Götter. Das Wasserreservoir der Fontäne befand sich auf dem **Ruinenberg** (1748), überragt von der als Ruine gestalteten *Theaterwand* und dem *Normannischen Turm* (Mai–Okt. Sa/So/Fei 10–18 Uhr), von dem aus sich ein wunderbarer Blick bietet. Übrigens scheiterten zu Friedrichs Zeiten alle Bemühungen, die Fontäne in Gang zu setzen. Dies gelang erst im 19. Jh. mithilfe des *Dampfmaschinenhauses* [s. S. 157].

Da das Schloss für eine angemessene Präsentation seiner Gemäldesammlung nicht ausreichte, ließ Friedrich 1755–64 weiter östlich die **Bildergalerie** (Mai–Okt. Di–So 10–18 Uhr) bauen. In kostbar dekorierten Sälen werden Werke von Meistern gezeigt, die zu den größten Europas zählen – wie Caravaggio, Rubens, van Dyck oder Tintoretto.

Als Gegenstück zur Bildergalerie schuf Knobelsdorffs 1747 die *Alte Orangerie*. Sie wurde auf Friedrichs Wunsch hin von *Georg Christian Unger* 1771–74 zum Gästehaus **Neue Kammern** (April Sa/So/Fei 10–20, Mai–Okt. Di–So 10–18 Uhr) umgebaut. Die Glanzlichter im Reigen all der Festgemächer mit Rokokodekor setzen der reich mit Edelsteinen geschmückte *Jaspissaal* und die *Ovidgalerie*, wo Reliefs Szenen aus den ›Metamorphosen‹ dieses römischen Dichters illustrieren.

Goldenes Gehäuse für Kunst des 18. Jh. in der Bildergalerie von Sanssouci

Hinter den Kammern ragt die **Historische Mühle** (Maulbeerallee 5, April–Okt. tgl. 10–18, Nov./Jan.–März Sa/So 10–16 Uhr) auf. Der 1787–91 nach holländischem Vorbild errichtete Bau bietet dem Besucher außer herrlicher Aussicht auch die

Wo der große König großartig die Flöte blies – das Konzertzimmer im Schloss Sanssouci

Eine Fanfaronnade – Friedrich der Große sah das Neue Palais als Tempel seiner Überlegenheit

Gelegenheit, Getreide zu mahlen. Ferner gibt es einen Laden und eine Ausstellung, die über Funktion und Technik historischer Mühlen informiert.

Die luftige **Orangerie** (1851–64, April Sa/So/Fei 10–18, Mai–Okt. Di–So 10–18 Uhr, nur mit Führung) etwas weiter westlich schuf *Ludwig Persius* im Auftrag **Friedrich Wilhelms IV.** (1795–1861), des Initiators der zweiten großen Bauperiode in Sanssouci. Mit ihren Pflanzenhallen und dem *Orangerieschloss* ist sie stilistisch Renaissancevillen Italiens nachempfunden. Im *Raffaelsaal* des Schlosses sind 50 Kopien von Gemälde dieses einst wie jetzt von aller Welt verehrten Genies versammelt. Vom westlichen der zwei Türme (Zugang ohne Führung) bieten sich herrliche Blicke über die Potsdamer Parklandschaft.

Eine Allee führt gen Westen auf den Klausberg. Dort steht das fernöstlich inspirierte **Drachenhaus** (1770) von *Carl von Gontard*, das mit 16 Verkörperungen dieser Furcht erregenden Fabeltiere verziert

Ludwig Persius gestaltete die Neue Orangerie in Sanssouci nach italienischen Vorbildern

ist und ein Winzerhäuschen war. Heute nutzt man es als *Café* (Tel. 03 31/505 38 08, www.drachenhaus.de).

Das **Belvedere** (Mai–Okt. Sa/So/Fei 10–18 Uhr) auf dem Klausberg entstand 1769. Der Rundbau entzückt mit grazilen Säulenumgängen, stuckierten Innenräumen und malerischen Panoramen.

Nach Ende des *Siebenjährigen Krieges* (1756–63) aber wurde Friedrich des Großen größtes Projekt in Angriff genommen: Das **Neue Palais** (1763–69, Wiedereröffnung Mai 2012) im Westen des weitläufigen Parks – eine ›Fanfaronnade‹, eine Prahlerei, wie der König selbst das Gästehaus nannte, sollte es doch die Vormachtstellung Preußens demonstrieren. Das wuchtige Barockschloss wird von einer 55 m hohen Tambourkuppel bekrönt, 440 Skulpturen bevölkern den Außenbau. Das Innere birgt 200 Säle und Galerien, darunter im Südflügel die *Königswohnung* (nur mit Führung, April–Okt. Mi–Mo 10, 12, 14, 16 Uhr). Das kostbar ausgestattete, noch bespielte *Schlosstheater* zählt zu den schönsten erhalten gebliebenen Bühnen des 18. Jh.

Bereits in seiner Kronprinzenzeit ließ Friedrich Wilhelm IV. von *Karl Friedrich Schinkel* und *Ludwig Persius* das klassizistische **Schloss Charlottenhof** (1826–29, wegen Sanierung mittelfristig geschlossen) erbauen und es in den von *Peter Joseph Lenné* als Landschaftsgarten gestalteten **Park Charlottenhof** harmonisch eingliedern. Wohl dank ihrer versteckten Lage am südwestlichen Ende der Gärten blieb die Anlage samt klassizistischem *Interieur* (mit Schinkel-Mobiliar!) fast original erhalten. Witzig: das römischen Feldherrenzelten nachempfundene, blau-weiß gestreifte *Zeltzimmer*.

Die nahen **Römischen Bäder** (1829–40, Mai–Okt. Di–So 10–18 Uhr) wurden von Ludwig Persius im Stil antiker römischer Villen konzipiert. Zur Ausstattung gehört ein Dekor, das an pompejianischen Wandmalereien und Kopien berühmter Skulpturen des Altertums orientiert ist.

Das **Chinesische Haus** (Mai–Okt. Di–So 10–18 Uhr) im Süden von Park Sanssouci wurde 1754 von *Johann Gottfried Büring* im Stil der damaligen Chinamode errichtet. Auf der Spitze des Rundbaus thront eine vergoldete Chinesenfigur mit Sonnenschirm, im Inneren begeistern Meissener und ostasiatisches Porzellan.

Am Ostrand des Parks erhebt sich die **Friedenskirche** (1845–54, *Ludwig Persius, Friedrich August Stüler.*) Mit ihrem markanten Campanile und dem Mosaik aus dem 12. Jh. im Chor erinnert sie an die frühchristlichen Kirchen in Rom.

Anmut und Maß der Antike: Innenhof der Römischen Bäder, vorn der ›Dornauszieher‹

Für die Große Fontäne von Sanssouci ließ Friedrich Wilhelm IV. an der Havel südlich des Parks das **Dampfmaschinenhaus** (Breite Straße 28, Mai–Okt. Sa/So/Fei 10–18 Uhr, nur mit Führung) errichten. Der von Persius 1841–43 konzipierte Bau, der im Gewand einer maurischen Moschee daherkommt (Schornstein als Minarett!) birgt das Pumpwerk der Wasserspiele.

Hier möchte man wohl gern kampieren – das Zeltzimmer im Schloss Charlottenhof

145 Russische Kolonie Alexandrowka, Pfingstberg und Volkspark

Ein Stück Russland, tolle Pfingstberg-Perspektiven – und ein Glashaus.

S7 Potsdam Hbf., dann Bus 609, 638, 639, Tram 92, 96

Die **Russische Kolonie Alexandrowka** im Norden Potsdams ist eine Kuriosität. König Friedrich Wilhelm III. ließ die Siedlung 1826 als Geschenk für zwölf Sänger eines russischen Soldatenchors bauen – ehemalige Kriegsgefangene, die in Potsdam geblieben waren. Das Ensemble besteht aus 13 kleinen, reich mit Holzschnitzereien in russischem Stil verzierten Blockhäusern. Das zentral gelegene Gebäude war dem Aufseher zugeteilt. Aber nicht alle Sänger des Chors durften die Häuser beziehen: Als Bedingung dafür galt neben guter Gesundheit der Nachweis der Eheschließung, vorzugsweise mit einer preußischen Frau. Auch das Erbrecht bezüglich der Häuser war streng preußisch geregelt: Nur bei Geburt eines Sohnes blieb das Nutzungsrecht der Familie bestehen. Um einen Kindertausch zu verhindern, war stets ein offizieller Beobachter bei der Entbindung anwesend. Seit 2005 gibt das **Museum Alexandrowka** (Russische Kolonie 2, Tel. 0331/8170203, www.alexandrowka.de, im Sommer tgl. 10–18 Uhr) Auskunft über die Geschichte des Viertels. Weiter nördlich, auf dem Kapellenberg, steht die russisch-orthodoxe *Kirche des hl. Alexander Newski* von 1829.

Auf dem etwas weiter nördlich gelegenen **Pfingstberg** wurde 1992/93 der einstmals als Teehaus dienende *Pomonatempel* von 1801 rekonstruiert – erstes Werk des damals 19-jährigen Karl Friedrich Schinkel. 1847 beauftragte der König den Architekten Ludwig Persius, oberhalb dieses Baus einen edlen Aussichtspunkt zu gestalten – das **Belvedere** (Tel. 0331/20057930, www.spsg.de, Juni–Aug. tgl. 10–20, April/Mai, Sept./Okt. tgl. 10–18, März, Nov. Sa/So 10–16 Uhr). Die entstandene Anlage mit ihren Säulenkolonnaden und den Türmen im Stil der italienischen Renaissance ist eine Augenweide. Vom *Westturm* aus (mit Römischem Kabinett) bietet sich ein herrlicher Blick.

In Richtung Westen blickt man auf den zur Bundesgartenschau 2001 angelegten **Volkspark** mit der *Biosphäre Potsdam* (Georg-Hermann-Allee 99, Tel. 0331/550740, www.biosphaere-potsdam.de, Mo–Fr 9–18, Sa/So/Fei 10–19, letzter Einlass 16.30/17.30 Uhr). Dieses ist ein Glashausbiotop, das einen Tropengarten mit rund 20 000 Pflanzen beherbergt. Man kann die Anlage zu Lande, zu Wasser oder aus der Luft erforschen, die Attraktionen tragen die Namen Unterwasserstation, Höhenweg und Dschungelpfad.

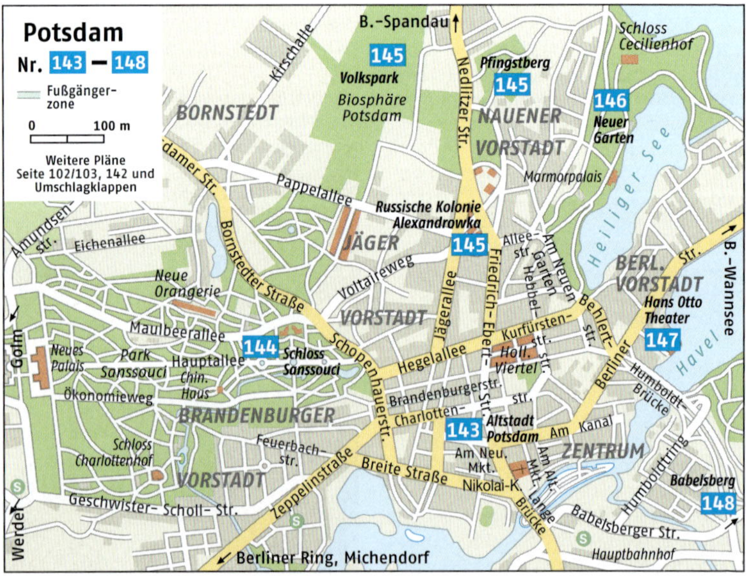

Hier stellte man 1945 die Weichen für Europas Nachkriegsentwicklung: Schloss Cecilienhof

146 Neuer Garten

Ein Idyll als Schauplatz eines Ereignisses von weltbewegender Bedeutung.

Am Neuen Garten
www.spsg.de
Bus 692

Im Westen des Pfingstbergs erstreckt sich der von *Lenné* gestaltete Neue Garten, dessen romantische Lage am **Heiligen See** wohl jedermann bezaubert. Direkt am Wasser ließ *Friedrich Wilhelm II.* sein Lust- und Sommerschloss errichten: Das **Marmorpalais** (Tel. 0331/9694555, Mai–Okt. Di–So 10–18, Nov.–April Sa/So/Fei 10–16 Uhr, nur mit Führung) wurde 1787–93 in frühklassizistischem Stil von *Carl von Gontard* und *Carl Gotthard Langhans* erbaut, die Seitenflügel kamen ab 1797 hinzu. Vom zierlich geformten *Rundtempel* auf dem Flachdach genießt man einen herrlichen Blick. Zur Ausstattung des Palais – mit Grottensaal, Konzertsaal und Orientalischem Kabinett – zählen Marmorkamine, antike Skulpturen und eine feine Kollektion englischen Wedgwood-Porzellans.

Die benachbarte *Schlossküche* wurde 1788–90 von Langhans im Stil einer halbversunkenen Tempelruine gestaltet.

Weiter südlich erhebt sich der Pavillon der **Gotischen Bibliothek** (1792–94), die die königliche Büchersammlung beherbergte. Die **Pyramide** im Norden fungierte einst als eine Art Kühlschrank: Vorräte wurden hier auf Eis gelegt, das man im Winter aus dem See geschlagen hatte.

Am nördlichen Ende des idyllischen Parks liegt **Schloss Cecilienhof** (Tel. 0331/9694200, April–Okt. Di–So 10–18, Nov.–März Di–So 10–17 Uhr, Kronprinzengemächer nur mit Führung Di–So 10, 12, 14, 16 Uhr). Dieser letzte Schlossbau der Hohenzollern wurde 1913–17 im Stil englischer Landhäuser errichtet – für *Kronprinz Wilhelm* (1882–1951), der indessen nur ein Jahr lang, bis zur Revolution von 1918, hier lebte und dann wie sein Vater, Kaiser Wilhelm II., nach Holland floh – während *Kronprinzessin Cecilie*, seine Gattin, mit den sechs Kindern zurückblieb.

Berühmt wurde Schloss Cecilienhof durch die **Potsdamer Konferenz** (17. Juli bis 2. August 1945). Hier handelten die Staatsmänner Stalin, Truman und Churchill (bzw. dessen Nachfolger Attlee) das Potsdamer Abkommen aus, worin das weitere Vorgehen der Besatzungsmächte in Deutschland geregelt wurde. Außer den *Konferenzräumen* können die *Wohnhalle* und die Gemächer des Kronprinzenpaars besichtigt werden, z.B. ein Kabinett im Stil einer *Schiffskabine*. Im Westflügel residiert das *Schlosshotel* [s. S. 182].

Oben: *Fernöstliche Anmutung: Das Hans Otto Theater zeigt Blütenblätter-Architektur*
Rechts oben: *Die Burgenromantik des 19. Jh. nahm in Schloss Babelsberg Gestalt an*
Rechts unten: *Kampfgetümmel – erhascht hinter den Kulissen der Filmstadt Babelsberg*

147 Hans Otto Theater

Neues Schauspielhaus an der Havel, ein Architekturjuwel à la Sydney.

Schiffbauergasse 11
Tel. 03 31/98118
www.hansottotheater.de
S7 Potsdam Hbf., dann Tram 93

Im Jahr 2006 wurde am Ufer der Havel und des Tiefen Sees das spektakuläre neue Domizil des Hans Otto Theaters eröffnet. *Gottfried Böhms* herausfordernder Glasbau mit seinen drei roten, kühn aufgefächterten Dächern, exotisch geformt wie die Blütenblätter einer Orchidee, hat man schon mit der berühmten Oper im australischen Sydney verglichen. In den Komplex integriert wurden historische Bauten – ein Gasometer und der Turm einer alten Zichorienmühle, worin heute das Restaurant *Il Teatro* [s. S. 168] seine Gäste erwartet. Bühne und Zuschauerraum (485 Plätze) sind mit modernster Technik ausgestattet. Die Besucher können sogar per Schiff anreisen, denn es gibt eine Anlegestelle vor dem Theater.

148 Babelsberg

Kaiserliche Sommerresidenz und Traditionsstätte des deutschen Films.

S7 Babelsberg und Griebnitzsee,
Tram 94, 99, Bus 601, 690, 693, 694, 696, 699, 750

Potsdams Stadtteil Babelsberg ist untrennbar mit dem deutschen Kino verbunden: Seit 1912 werden auf dem Gelände des **Filmstudios Babelsberg** an der August-Bebel-Straße Geschichten auf Zelluloid gebannt. Erst war hier die Bioscop-Film beheimatet, dann die UFA, zu DDR-Zeiten die DEFA. In den UFA-Studios und -Ateliers entstanden so epochale Streifen wie ›Metropolis‹ (1927) oder ›Der blaue Engel‹ (1930), aber auch Komödien wie ›Die Drei von der Tankstelle‹ (1930). Vor dem Zweiten Weltkrieg bildeten die Produktionsstätten der UFA die größte Filmstadt Europas. Heute gehören die Studios zur **Medienstadt Babelsberg**, in der auch die *Hochschule für Film und Fernsehen* und das Deutsche Rundfunkarchiv ihren Platz beanspruchen. Wie in der Vergangenheit werden hier auch internationale Kinofilme gedreht – wie z. B. ›Operation Walküre‹ mit Tom Cruise.

Wer Studioatmosphäre und Kinogeschichte hautnah erleben möchte, sollte die Studiotour im **Filmpark Babelsberg** (August-Bebel-Straße 26–53, Tel. 0331/7212750, www.filmpark.de, April–Okt. tgl. 10–18 Uhr, S7 Babelsberg, dann Bus 601,

619, 690) mitmachen. Außerdem locken Attraktionen wie das 4D Actionkino, das Sandmann-Haus, die Filmtiershow und die Stuntshow. Im Fernsehstudio dürfen die Zuschauer bei einer TV-Show sogar selbst vor die Kamera. Im Erlebnisrestaurant *Prinz Eisenherz* kann man Requisiten des 1996 gedrehten gleichnamigen Films bewundern und zünftig speisen.

Die UFA-Stars früherer Zeiten wohnten oft ganz in der Nähe der Studios: Heinrich George residierte in Kohlhasenbrück, Johannes Heesters am Stölpchensee und viele andere Schauspieler hatten im **Villenviertel Neu-Babelsberg** am Ufer des Griebnitzsees ihr Domizil. Kino-Nostalgiker können Rundfahrten auf ihren Spuren (z. B. StaTours, s. S.180) unternehmen.

In der Nähe erhebt sich **Schloss Babelsberg** (Tel. 0331/9694250, www.spsg.de, wegen Sanierung mittelfristig geschlossen). Prinz Wilhelm, der spätere Kaiser Wilhelm I., ließ es 1833 als Sommersitz auf den Höhen des Babelsberges errichten. Karl Friedrich Schinkel entwarf nach Anregungen von Wilhelms Gattin *Augusta* einen Bau in englisch-neogotischem Stil, den die Architekten Persius und Strack bis 1859 vergrößerten. Der König und Kaiser liebte seine *Sommerresidenz*, in der er sich bis zu seinem Tod 1888 oft aufhielt. Gern gesehener Gast war Otto von Bismarck. Prächtig sind die kaiserlichen Privatgemächer, die Bibliothek, Augustas Arbeitszimmer und Persius' *Tanzsaal*, ein achteckiger Turmbau in Weiß und Gold.

Die Gestaltung des **Parks Babelsberg** übernahm anfangs Lenné, ab 1843 dann *Hermann Fürst von Pückler-Muskau*.

Nicht zu übersehen ist der 45 m hohe **Flatowturm** (Tel. 0331/6009494, Mai–Okt. Sa/So/Fei 10–18 Uhr) von 1853–56, von dem man eine herrliche Aussicht hat. Der Blick schweift dabei über das **Kleine Schloss** (1841/42, Persius), in dem einst der Thronfolger lebte (heute dient es als *Restaurant*), über das Matrosenhaus (1842), den Marstall und das Dampfmaschinenhaus (1843). Auf der Lennéhöhe im Süden steht die Berliner **Gerichtslaube** von 1270, die dem Neubau des Roten Rathauses [Nr. 49] weichen musste und seit 1871 als Rekonstruktion hier steht. Der kubische Backsteinbau birgt ein Teezimmer.

Ein Kultur-Standort im Herzen Berlins:

Wir laden Sie herzlich ein, uns zu besuchen.

Lassen Sie sich durch das Haus führen oder schauen Sie sich eine unserer sehenswerten Ausstellungen an. Oder sind Sie daran interessiert, Kunstwerke tiefergehend zu betrachten?
Dann ist unser Angebot „Kunst am Mittag", immer sonntags, 13:00 Uhr, das Richtige für Sie.
Wichtig: bei Kunst am Mittag ist die Teilnehmerzahl begrenzt, daher bitten wir um rechtzeitige Anmeldung.
Weitergehende Informationen finden Sie im Internet unter www.willy-brandt-haus.de.
Sie können uns aber auch anrufen:
Telefon: 0 30/2 59 93-711 oder 0 30/2 59 93-712.

Alle Angebote sind kostenfrei. Personalausweis erforderlich.

Willy-Brandt-Haus

10963 Berlin-Kreuzberg · Wilhelmstraße 140

U-Bahn: U1 + U6, Haltestelle Hallesches Tor
U7, Haltestelle Möckernbrücke
S-Bahn: S1 + S2, Haltestelle Anhalter Bahnhof
Bus: M41, Haltestelle Willy-Brandt-Haus

Öffnungszeiten:

Di – So 12 – 18 Uhr oder nach Vereinbarung
Montag geschlossen

Berlin aktuell A bis Z

Vor Reiseantritt

ADAC Info-Service,
Tel. 018 05/10 11 12 (0,14 €/Min.)

Unter dieser Servicenummer können ADAC-Mitglieder auch kostenloses **Informations- und Kartenmaterial** anfordern. Im ADAC Verlag ist außerdem der Reiseführer *Brandenburg* erschienen.

ADAC im Internet:
www.adac.de
www.adac.de/reisefuehrer

Berlin im Internet:
www.berlin.de
www.berlinonline.de

BTM, Berlin Tourismus Marketing GmbH, Tel. 030/25 00 25, www.visitberlin.de. Allgemeine Informationen, Hotelbuchungen, Tickets etc.

Museumsinformation Berlin, Tel. 030/24 74 98 88, www.kultur projekte-berlin.de. Auskünfte zu allen Berliner Museen, Gedenkstätten usw., ferner zu Stadt- und Museumsführungen – auch mit Kindern!

Berlin WelcomeCard und **CityTourCard**, s. S. 183

Allgemeine Informationen

Tourismusbüros

Berlin infostore, Brandenburger Tor, südliches Torhaus, Pariser Platz (Mitte), tgl. 10–18 Uhr

Berlin infostore, Neues Kranzler Eck, Passage, Kurfürstendamm 21 (Charlottenburg), Mo–Sa 10–20, So 10–18 Uhr

Berlin infostore, Hauptbahnhof, Erdgeschoss, Europaplatz (Mitte), tgl. 8–22 Uhr

Berlin infostore, ALEXA Shopping Center, Erdgeschoss, Grunerstr. 20 (Mitte), Mo–Sa 10–20 Uhr

Tourismusverein Berlin Treptow-Köpenick, Alt-Köpenick 31–33, Tel. 030/ 655 75 50, www.berlin-tourismus-online. de. Mo–Fr 9–18.30, Sa 10–13 Uhr

Potsdam Tourismus Service, Info-Tel. 03 31/27 55 88 99, www.potsdamtouris mus.de. Informationsbüros: Hauptbahnhof, Babelsberger Str. 16, Potsdam, April–Okt. Mo–Sa 9.30–20, Nov.–März 9.30–18, So 10–16 Uhr; Am Brandenburger Tor, Brandenburger Str. 3, Potsdam, April–Okt. Mo–Fr 9.30–18, Sa/So 9.30–16, Nov.–März Mo–Fr 10–18, Sa/So 9.30–14 Uhr

Hinweise zu aktuellen Veranstaltungen in und um Berlin findet man in der Tagespresse und den Stadtmagazinen ›Zitty‹ (www.zitty.de), ›Tip‹ (www.tip-berlin.de), ›030‹ (www.berlin030.de) sowie ›Prinz‹ (www.prinz.de).

Notrufnummern und Informationsdienste

Einheitlicher Notruf: Tel. 112 (EU-weit, auch mobil: Polizei, Unfallrettung, Feuerwehr)

ADAC-Pannenhilfe: Tel. 018 02/22 22 22 (0,06 €/Anruf), Mobil-Tel. 22 22 22

ADAC-VerkehrsService: Mobil Tel. 224 11, e-plus Tel. 114 11 (individuell, 1,10 €/Anruf plus Verbindungskosten), aus dem Festnetz: Tel. 090 01 12 24 11 (1,39 €/Min.)

ADAC Stau-Info: Mobil-Tel. 224 99 (0,51 €/Anruf plus Verbindungskosten)

ADAC-Geschäftsstellen: Bundesallee 29–30 (Wilmersdorf), Tel. 030/868 60; Taubenstr. 20–22 (Mitte), Tel. 030/203 93 70

ÖAMTC Schutzbrief-Nothilfe: Tel. 00 43/(0)1/251 20 00, www.oeamtc.at

TCS Zentrale Hilfsstelle: Tel. 00 41/(0)2 24 17 22 20, www.tcs.ch

Ärztliche Versorgung

Ärztlicher Notdienst: Tel. 030/31 00 31

Zahnärztlicher Notdienst: Tel. 030/89 00 43 33

Giftnotrufzentrale: Tel. 030/192 40

Apotheken-Notdienst: Tel. 080 00 02 28 33, Mobil-Tel. 228 33

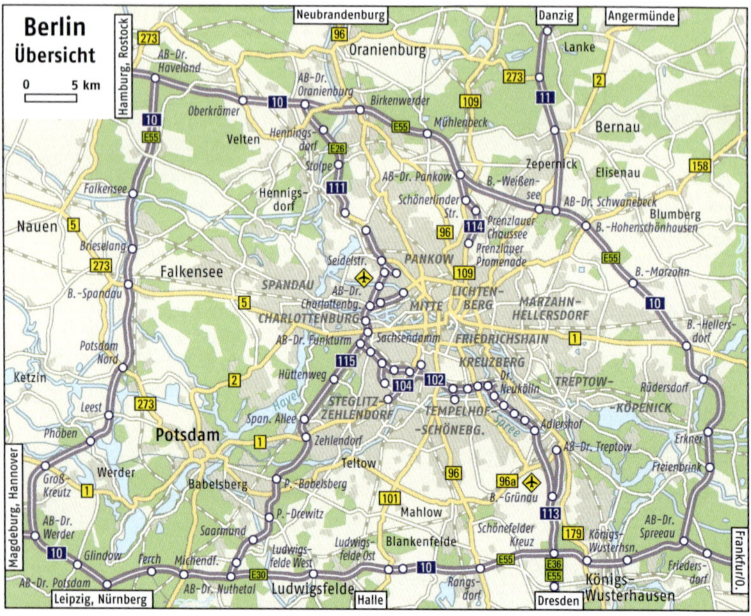

Fundbüros

Zentrales Fundbüro, Platz der Luftbrücke 6 (Tempelhof), Tel. 030/902773101

BVG Fundbüro, Potsdamer Str. 180–182 (Schöneberg), Tel. 030/19449

Fundbüro der Deutschen Bahn, Tel. 0900/1990599 (0,59 €/Min)

Anreise

Auto

Nach Berlin gelangt man von *Westen* über die **A 2**, von *Süden* aus Richtung Hof über die **A 9** oder aus Richtung Dresden über die **A 13**, von *Osten* aus Richtung Frankfurt/Oder über die **A 12**, von *Norden* aus Richtung Szczecin (Stettin) über die **A 11**, aus Richtung Hamburg über die **A 24**.

Seit 2008 gilt die Berliner Innenstadt als **Umweltzone** (Grenze: Innerer S-Bahnring). Hier dürfen nur Autos mit einer Plakette, welche die Schadstoffgruppe kennzeichnet, fahren.

Bahn

Fernbahnhöfe sind der Hauptbahnhof, daneben Spandau, Ostbahnhof, Potsdamer Platz, Lichtenberg, Südkreuz, Wannsee und Gesundbrunnen. Der Bahnhof Zoo ist Regionalbahnhof.

Deutschland

Deutsche Bahn, Tel. 01805/996633 (0,14 €/Min.; allgemeine Service-Nummer), Tel. 0800/1507090 (kostenlose Fahrplanauskunft), www.bahn.de

Österreich

Österreichische Bundesbahn, Tel. 051717, www.oebb.at

Schweiz

Schweizerische Bundesbahnen, Tel. 0900/300300 (max. 68€/Min), www.sbb.ch

Informationen über Nachtzüge:

CityNightLine, Tel. 0041/(0)442477575, www.citynightline.ch

Bus

ZOB, Zentraler Omnibusbahnhof am Funkturm, Masurenallee 4–6 (Westend), Tel. 030/3025361, www.zob-berlin.de. Anschluss in die Innenstadt mit der U2 ab Kaiserdamm, mit der S41, S42, S45, S46, S47 ab Messe Nord/ICC oder mit den Bus-Linien M49, X34, X49, 104, 139, 149, 218 sowie den Nachtbuslinien N2 und N42.

BerlinLinienBus, Mannheimer Str. 33/34 (Wilmersdorf), Tel. 030/86096211, www.berlinlinienbus.de

Gullivers, Cicerostr. 38 (Wilmersdorf), Tel. 030/89066100, www.gullivers.de

Flugzeug

Wenn im Juni 2012 der Flughafen Berlin Brandenburg International wie geplant in Betrieb geht, ist die Ära von Tegel und dem ›alten‹ Schönefeld, wo der neue Großflughafen liegt, vorüber.

Flugauskunft: Tel. 01 80/500 01 86 (0,14 €/Min.), www.berlin-airport.de

Tegel: Bus TXL, X9, 109, 128

Schönefeld: S45, S9, Bus X7, 162, 163, 171, 734, 736, Nachtlinien N60, N71. Der Airportexpress (RE7, RB14) verkehrt tgl. 5–24 Uhr alle 30 Min. zum Hauptbahnhof. Es gelten die normalen BVG-Fahrscheine [s. S. 183]. Der *SFX1 Expressbus* fährt tgl. 5–23 Uhr im 20 Min.-Takt zum Bhf. Südkreuz.

Bank und Post

Bank

Öffnungszeiten: i. d. R. Mo–Fr 10–16 Uhr

Post

Öffnungszeiten: i. d. R. Mo–Fr 8–18, Sa 8–13 Uhr

Einkaufen

Antiquariat

Antiquariat Düwal, Schlüterstr. 17 (Charlottenburg), Tel. 030/313 30 30, www.duewal.de. Wertvolle Bücher aller Sparten.

Antiquariat Knut Ahnert, Sybelstr. 58 (Charlottenburg), Tel. 030/324 09 07, www.ahnert.com. Besuch nach Absprache. Berlinbände, Fotografie, Literatur.

Antiquitäten

Glenk und Hansen, Keithstr. 13 (Charlottenburg), Tel. 030/23 62 72 17, www.glenkundhansen.de. Design-Klassiker des 20. Jh. (Do/Fr 15–18 Uhr und nach Absprache).

Auktionen

Villa Grisebach Auktionen, Fasanenstr. 25 (Charlottenburg), Tel. 030/885 91 50, www.villa-grisebach.de. Klassische Moderne, zeitgenössische Kunst und Fotos.

Bücher

artificium Kunstbuch und Galerie, Hackesche Höfe, Rosenthaler Str. 40/41 (Mitte), Tel. 030/30 87 22 80, www.artificium.com. Kunst des 20. Jh., Fotografie, Design, Architektur und Theater.

Berlin Story, Unter den Linden 40 (Mitte), Tel. 030/20 45 38 42, www.berlinstory.de. Über 3000 Titel zum Thema Berlin: Geschichte, Architektur, Belletristik, Stadtpläne und Poster.

Dante Connection, Oranienstr. 165 a (Kreuzberg), Tel. 030/615 76 58, www.danteconnection.de. Feine Auswahl an internationaler Literatur.

Dussmann – das Kulturkaufhaus, Friedrichstr. 90 (Mitte), Tel. 030/20 25 11 11, www.kulturkaufhaus.de. Bücher, CDs und DVDs auf fünf Etagen.

Grober Unfug, Torstr. 75 (Mitte), Tel. 030/281 73 31; Filiale: Zossener Str. 33 (Kreuzberg), Tel. 030/69 40 14 90, www.groberunfug.de. Internationaler Comicladen.

Kochlust, Alte Schönhauser Str. 36/37 (Mitte), Tel. 030/24 63 88 83, www.kochlust-berlin.de. Kleiner Kochbuchladen, der auch Kochkurse anbietet.

Kisch & Co., Buchhandlung: Oranienstr. 25 (Kreuzberg), Tel. 030/614 80 87, Antiquariat: Wiener Str. 17 (Kreuzberg), Tel. 030/25 29 36 44, www.kisch-online.de. Buchhandlung und modernes Antiquariat. Belletristik, Zeitschriften, Fotobücher.

Extras und Accessoires

Ampelmann Galerie Shop, Hackesche Höfe, Rosenthaler Str. 40–41 (Mitte), Tel. 030/44 72 64 38, www.ampelmann.de. Ampelmännchen und andere lustige Lifestyle-Produkte. Mehrere Dependancen in der Stadt.

Bonbonmacherei, Oranienburgerstr. 32, (Mitte), Tel. 030/44 05 52 43, www.bonbonmacherei.de. Original Berliner Bonbons über dem Feuer gekocht. Mit Schaubereich (Juli/Aug. geschl.).

Hanfhaus, Oranienstr. 192 (Kreuzberg), Tel. 030/614 81 02, www.hanfhaus-kreuzberg.de. Hanfprodukte wie Kosmetik, Kleidung und Nahrungsmittel.

TOP TIPP **Königliche Porzellan-Manufaktur Berlin (KPM)**, Wegelystr. 1 (Tiergarten), Tel. 030/39 00 90, www.kpm-berlin.de. KPM Welt mit Manufaktur-Besichtigung. Hier kann man die kostbaren Stücke [s. S. 60] im Werksverkauf noch etwas günstiger erwerben, auch das Café ist empfehlenswert (Mo– Sa 10–18, letzter Einlass

17.15 Uhr). Adressen weiterer Verkaufsstätten: Friedrichstr. 158–164 (Berlin-Mitte) und Kurfürstendamm 27 (Charlottenburg).

Leporello, Rykestr. 46 (Prenzlauer Berg), Tel. 030/44 35 69 12, www.leporello-berlin.de. Hübsche Papeterie.

Spielbrett, Körtestr. 27 (Kreuzberg), Tel. 030/692 42 50, www.spielbrett-berlin.de. Spiele jeder Art, auch sehr schöne Holzspiele.

Wo die Zitronen blühen, Senefelder Str. 33 (Prenzlauer Berg), Tel. 030/40 50 59 68, www.wodiezitronenbluehen.eu. Edles Kunsthandwerk und schicke Designermode aus Süditalien.

Zauberkönig, Hermannstr. 84 (Neukölln), Tel. 030/621 40 82, www.zauberkoenig-berlin.de. Traditionsgeschäft für Scherzartikel und magische Utensilien.

Feinkost **Confiserie Mélanie**, Goethestr. 4 (Charlottenburg), Tel. 030/313 83 30, www.bei-melanie.de. Exquisite Feinkost, hausgemachte Pralinen.

TOP TIPP **Kaufhaus des Westens (KaDeWe)**, 6. Stock, Tauentzienstr. 21–24 (Schöneberg), Tel. 030/212 10, www.kadewe.de. Pilgerstätte für Gourmets [Nr. 112].

Knofi, Bergmannstr. 98 (Kreuzberg), Tel. 030/694 58 07, www.knofi.de. Mediterrane Spezialitäten, z. B. feine Oliven, Wein und Backwaren.

Kaufhäuser

Kaufhäuser findet man am Kurfürstendamm und in der Tauentzienstraße, in der Friedrichstraße und am Alexanderplatz, in der Schlossstraße in Steglitz und der Wilmersdorfer Straße in Charlottenburg.

Galeria Kaufhof am Alexanderplatz, Alexanderplatz 9 (Mitte), Tel. 030/ 24 74 30, www.galeria-kaufhof.de. Edles Ambiente und freundliche Atmosphäre. Das Restaurant (5. Stock) bietet einen schönen Blick über den Alex.

TOP TIPP **Galeries Lafayette**, Friedrichstr. 76–78 (Mitte), Tel. 030/20 94 82 80, www.galerieslafayette.de. Gehobenes Kaufvergnügen in der Dependance des berühmten Pariser Kaufhauses.

TOP TIPP **Kaufhaus des Westens (KaDeWe)**, Tauentzienstr. 21–24 (Schöneberg), Tel. 030/212 10, www.kadewe.de. Legendärer Einkaufstempel mit riesiger Auswahl auf sechs Etagen [Nr. 112].

Märkte

Kein Berliner Stadtteil ist ohne Wochenmarkt. Zu den bekanntesten zählen der **Türkenmarkt** am Maybachufer in Neukölln (s. S. 93, Di, Fr 11–18.30 Uhr), der **Winterfeldtmarkt** am Winterfeldtplatz in Schöneberg (Mi 8–13, Sa 8–16 Uhr) und der **Markt am Kollwitzplatz** (Do 12–19, Sa 9–16 Uhr) in Prenzlauer Berg.

Unter den Flohmärkten sind herauszuheben: der **Trödel- und Kunstmarkt an der Straße des 17. Juni** (S-Bahnhof Tiergarten, www.berliner-troedelmarkt.de, Sa/So 11–17 Uhr) und der **Berliner Kunst- und Nostalgiemarkt** (Am Zeughaus, Sa 11–17, So 10–16 Uhr) in Mitte. Sehr beliebt ist auch der **Flohmarkt am Mauerpark** (Bernauer Str. 63/64, www.mauerparkmarkt.de, So 7–17 Uhr) in Prenzlauer Berg.

Mode

Nach wie vor sind **Kurfürstendamm** und **Tauentzienstraße** wichtige Shopping-Zentren Berlins, mit Modedesignern internationalen Modeketten und vielen Boutiquen. Auch der südliche Teil der **Friedrichstraße** zwischen Unter den Linden und Leipziger Staße, weist interessante Passagen und Einkaufstempel auf, ebenso der **Potsdamer Platz** (Arkaden). Um die **Hackeschen Höfen** (Rosenthaler Str. 40/41 und Sophienstr. 6), findet man Szeneboutiquen und Designerläden.

Jordan, Anklamer Str. 38, Hof 1 EG, (Berlin Mitte), Tel. 030/281 50 43, www.karinjordan.de. Klassische Eleganz.

Luzifer, Oranienstr. 38 (Kreuzberg), Tel. 030/615 22 39 und Kollwitzstr. 47 (Prenzlauer Berg), Tel. 030/34 39 73 53, www.luzifer.com. Farbenfrohe Kleidung aus Leinen, Hanf und Wolle.

Mientus, Wilmersdorfer Str. 73 (Wilmersdorf), Tel. 030/323 90 77, www.mientus.com. Auf vier Etagen alles für den Mann.

Molotow, Gneisenaustr. 112 (Kreuzberg), Tel. 030/693 08 18, www.molotowberlin.de. Damenmode von Berliner Designern, nach Maß gearbeitet.

Paltó, Ullsteinstr. 114 (Tempelhof), Tel. 030/885 40 23, www.palto.de. Exklusive Damenbekleidung.

Patrick Hellmann, Kurfürstendamm 190 (Charlottenburg), Tel. 030/88 48 77 11, www.patrick-hellmann.com. Vornehm-klassische Herrenmode.

Rodan Lederdesign, Kurfürstendamm 73 (Charlottenburg), Tel. 030/885 15 09, www.rodan.de. Spezialist für Ledermode, u.a. Abendgarderobe und Show-Outfits.

Essen und Trinken

Gourmet-Restaurants

Alt Luxemburg, Windscheidstr. 31 (Charlottenburg), Tel. 030/323 87 30, www.altluxemburg.de. Die Kreationen von Küchenchef Karl Wannemacher beglücken den Gaumen (So geschl.).

Altes Zollhaus, Carl-Herz-Ufer 30 (Kreuzberg), Tel. 030/692 33 00, www.altes-zollhaus-berlin.de. Sehr gute deutsche und internationale Küche, mit Sommergarten am Landwehrkanal (So/Mo geschl.).

TOP TIPP **Borchardt**, Französische Str. 47 (Mitte), Tel. 030/81 88 62 62. Feinschmeckerrestaurant am Gendarmenmarkt mit französischen Speisen.

Facil, The Mandala Hotel, 5. Etage, Potsdamer Str. 3 (Tiergarten), Tel. 030/590 05 12 34, www.facil-berlin.de. Hochgelobte moderne Küche, mediterran inspiriert (Sa/So geschl.).

Fischers Fritz, Charlottenstr. 49 (Mitte), Tel. 030/20 33 63 63, www.fischersfritz berlin.com. Zwei-Sterne-Koch Christian Lohse steht für höchste Delikatesse.

Goldener Greif Restaurant Schloss Glienicke, Königstr. 36 (Wannsee), Tel. 030/805 40 00, www.schloss-glienicke.de. Regionale Küche in historischem Ambiente (Mo geschl.).

Kaisersaal, Sony Center, Bellevuestr. 1 (Tiergarten), Tel. 030/25 75 14 54, www.kaisersaal-berlin.de. Gehobene deutsche und französische Küche..

Lorenz Adlon, Unter den Linden 77 (Mitte), Tel. 030/22 61 19 59, www.kempinski.com/berlin. Hendrik Otto kocht göttlich, von zwei Sternen illuminiert (Di–Sa).

Margaux, Unter den Linden 78 (Mitte), Tel. 030/22 65 26 11, www.margaux-berlin.de. Feine französische Küche von Spitzenkoch Michael Hoffmann (So geschl.).

Reinstoff, Schlegelstr. 26c (Mitte) Tel. 030/30 88 12 14, www.reinstoff.eu. Daniel Achilles' innovative Avantgarde-Kochkunst mit regionalem Bezug wurde 2011 mit einem zweiten Stern geadelt.

REmake, Große Hamburger Str. 32 (Mitte), Tel. 030/20 05 41 02, www.restaurant-remake.de. Szenerestaurant mit kreativer Küche und erlesenen Weinen.

Hummerbar im Hotel Kempinski

Volt, Paul-Linke-Ufer 21 (Kreuzberg), Tel. 030/61 07 40 33, www.restaurant-volt.de. Allein schon architeltonisch interessantes Gourmetrestaurant mit Terrasse am Landwehrkanal [s. S. 93].

Neue Küche

Austeria Brasserie, Kurfürstendamm 184 (Charlottenburg), Tel. 030/881 84 61, www.austeria-brasserie.de. Austern, Hummer, Fisch – bereitet mit der Raffinesse der französischen Küche.

Café Orange, Oranienburger Str. 32 (Mitte), Tel. 030/28 38 52 42. Italienische Küche in einem Lokal mit kosmopolitischem Ambiente.

TOP TIPP **Dachgartenrestaurant im Deutschen Bundestag**, Platz der Republik (Tiergarten), Tel. 030/226 29 90, www.feinkost-kaefer.de. Gehobene Küche und gutes Frühstück. Mit Reservierung separater Eingang (Besucherempfang in der Scheidemannstr.), sonst im Rahmen des Kuppelbesuchs, wenn es freie Plätze gibt.

Grill Royal, Friedrichstr. 105 b (Mitte), Tel. 030/28 87 92 88, www.grillroyal.com. Steaks und Champagner, am Spreeufer serviert.

Paris–Moskau, Alt-Moabit 141 (Tiergarten), Tel. 030/394 20 81, www.paris-moskau.de. Delikate Gerichte aus internationale Küche, aufgetischt in netter Atmosphäre.

Berliner Küche

TOP TIPP **Blockhaus Nikolskoe**, Nikolskoer Weg 15 (Wannsee), Tel. 030/805 29 14, www.blockhaus-nikolskoe.de. Ausflugslokal mit wunderschönem Ausblick auf die Havel.

Brauhaus Georgbraeu, Spreeufer 4 (Mitte), Tel. 030/242 42 44, www.georgbraeu.de. Eisbein mit Sauerkraut, dazu ein hausgebrautes Bier im Nikolaiviertel.

Dicke Wirtin, Carmerstr. 9 (Charlottenburg), Tel. 030/312 49 52, www.dicke-wirtin.de. Berlin-typisches Bierlokal. Beliebt sind die Eintöpfe.

Diener, Grolmannstr. 47 (Charlottenburg), Tel. 030/881 53 29, www.diener-tattersall.de. Rustikales Lokal und Künstlertreff.

TOP TIPP **Henne**, Leuschnerdamm 25 (Kreuzberg), Tel. 030/614 77 30, www.henne-berlin.de. Bouletten und Brathähnchen im Alt-Berliner Lokal. Unbedingt Tisch reservieren (Mo geschl.).

Klipper, Bulgarische Str. (Treptow), Tel. 030/53 21 64 90, www.klipper-berlin.de. Trendiges Restaurantschiff am Plänterwald mit Blick auf die Insel der Jugend.

Kolk, Hoher Steinweg 7 (Spandau), Tel. 030/333 88 79, www.kolk.im-netz.de. Deutsche Spezialitäten, hervorragender Service und schöner Sommergarten.

Prater Garten, Kastanienallee 7–9 (Prenzlauer Berg), Tel. 030/448 56 88, www.pratergarten.de. Traditionslokal und ältester Biergarten Berlins [Nr. 78].

Schrörs am Müggelsee, Josef-Nawrocki-Str. 16 (Friedrichshagen), Tel. 030/64 09 58 80, www.schroers-online.de. Deftige Grillspezialitäten im Biergarten.

Sophien 11, Sophienstr. 11 (Mitte), Tel. 030/283 21 36. Berliner Gemütlichkeit hinter schöner Barockfassade [s. S. 74].

Ständige Vertretung, Schiffbauerdamm 8 (Mitte), Tel. 030/282 39 65, www.staev.de. Kult-Polit-Kneipe, die mit den Politikern von Bonn nach Berlin zog; die Speisekarte schlägt eine Brücke zwischen Rheinischer und Berliner Küche.

Tegeler Seeterrassen, Wilkestraße 1 (Tegel), Tel. 030/433 80 01, www.tegeler-seeterrassen.de. Traditionsreiches Restaurant in toller Lage am See [s. S. 138].

Wirtshaus Moorlake, Moorlakeweg 6 (Wannsee), Tel. 030/805 58 09, www.moorlake.de. Beliebtes Ausflugsziel an der Havel [s. S. 144].

Zenner Eierschale, Alt-Treptow 14–17, Tel. 030/533 73 70, www.zenner-eierschale.de. Traditionsreiches Ausflugslokal mit Biergarten im Treptower Park [s. S. 111].

Zillemarkt, Bleibtreustr. 48 a (Charlottenburg), Tel. 030/881 70 40, www.zillemarkt.de. Restaurant, Bar, Biergarten.

Zum Nussbaum, Am Nussbaum 3 (Mitte), Tel. 030/242 30 95. Deftiger Speisen in rustikalem Ambiente [s. S. 67].

Zur Gerichtslaube, Poststr. 28 (Mitte), Tel. 030/241 56 98, www.gerichtslaube.de. Berliner Klopse und Pökeleisbein in historischem Gebäude [s. S. 67].

Zur letzten Instanz, Waisenstr. 14–16 (Mitte), Tel. 030/242 55 28, www.zurletzteninstanz.de. Die älteste erhaltene Gaststätte Berlins (seit 1621) bietet gute regionale Küche (So geschl.).

Nationalitäten-Restaurants

Asiatisch

Daitokai, Tauentzienstr. 9–12, im 1. Stock des Europa-Centers (Charlottenburg), Tel. 030/261 80 90, www.daitokai.de. Feine japanische Küche, vor den Augen der Gäste zubereitet.

Kamala, Oranienburger Str. 69 (Mitte), Tel. 030/283 27 97, www.kamala-thaifood.de. Thailändische Küche.

Le Lamian, Simon-Dach-Str. 2 (Friedrichshain), Tel. 0176/22 73 04 91, www.lamian.de. Feine chinesische Menüs in edlem Ambiente (Mo geschl.).

Mao Thai, Wörther Str. 30 (Prenzlauer Berg), Tel. 030/441 92 61, www.maothai.de. Reichhaltiges Angebot an thailändischen Gerichten.

Suriya Kanthi, Knaackstr. 4 (Prenzlauer Berg), Tel. 030/442 53 01, www.suriya-kanthi.de. Gute Sri Lanka-Küche, vorwiegend aus ökologischer Landwirtschaft.

Tuk Tuk, Großgörschenstr. 2 (Schöneberg), Tel. 030/781 15 88, www.tuk-tuk-berlin.de. Leckere indonesische Gerichte unter Bambusdächern (Mo geschl.).

Italienisch

Aroma, Hochkirchstr. 8 (Schöneberg), Tel. 030/782 58 21, www.cafe-aroma.de. Moderne italienische Köstlichkeiten.

Bocca di Bacco, Friedrichstr. 167/168 (Mitte), Tel. 030/20 67 28 28, www.boccadibacco.de. Edles Ambiente, klassische italienische Küche und exquisite Weine.

Enoiteca Il Calice, Walter-Benjamin-Platz 4 (Charlottenburg), Tel. 030/324 23 08, www.enoiteca-il-calice.de. Gute italienische Küche und große Weinauswahl.

Il Teatro, Schiffbauergasse 12, Potsdam, Tel. 03 31/20 09 72 91, www.ilteatro-potsdam.de. Feine Fisch- und Fleischgerichte in einer alten Mühle, Seeblick [s. S. 160].

Osteria No. 1, Kreuzbergstr. 71 (Kreuzberg), Tel. 030/786 91 62, www.osteria-uno.de. In dem beliebten Lokal speist man gemütlich bei Kerzenschein.

Jüdisch

It's Gabriel's, Fasanenstr. 79/80 (Charlottenburg), Tel. 030/882 61 38, www.itsgabriel.de. Koscheres Restaurant im Jüdischen Gemeindehaus [Nr. 108].

Spanisch-Baskisch

Lafil, Wörther Str. 33 (Mitte), Tel. 030/28 59 90 26, www.lafil.de. Spanisch-baskische Küche in mediterranem Ambiente. Sa Tapasbrunch.

Mexikanisch

TOP TIPP **Frida Kahlo**, Lychener Str. 37 (Prenzlauer Berg), Tel. 030/445 70 16, www.fridakahlo.de. Schön gestaltetes Lokal am Helmholtzplatz, auch mit gutem Sonntagsbrunch.

Locus, Marheinekeplatz 4 (Kreuzberg), Tel. 030/691 56 37, www.locus-berlin.de. Mexikanisch und mehr. Sonntags großes Frühstück und Kuchenbuffet.

Russisch

Gorki Park, Weinbergsweg 25 (Mitte), Tel. 030/448 72 86, www.gorki-park.de. Hier gibt es mit Sauerkraut, Spinat oder Lachs gefüllte Bliny (russische Crêpes), Pelmeni, Borschtsch und Soljanka.

Pasternak, Knaackstr. 22–24 (Prenzlauer Berg), Tel. 030/441 33 99, www.restaurant-pasternak.de. Traditionelle russische Gerichte im Szene-Treiben am Wasserturm.

Tadshikische Teestube, Palais am Festungsgraben, Am Festungsgraben 1 (Mitte), Tel. 030/204 11 12. Russische Küche und Teespezialitäten in [s. S. 28].

Süddeutsch, Österreichisch

Hofbräu Berlin, Karl-Liebknecht-Str. 30 (Mitte), Tel. 030/23 45 98 20., www.berlin-hofbraeu.de. Seit November 2011 besitzt bayerische Lebensart mit diesem Groß-Wirtshaus am Alex ein neues Zuhause.

Kellerrestaurant im Brecht-Haus, Chausseestr. 125 (Mitte), Tel. 030/282 38 43, www.brechtkeller.de. Wiener Küche nach Rezepten von Helene Weigel [s. S. 83].

Lutter & Wegner am Gendarmenmarkt, Charlottenstr. 56 (Mitte), Tel. 030/202 95 40, www.lutter-wegner-gendar menmarkt.de. Gutbürgerliche deutsche und österreichische Küche. Mit exzellenter Weinstube, Reservierung empfohlen.

Dem Zufall sei Dank!

Aus der Not wurde eine Tugend, und zwar eine deftige: Imbissbudenbesitzerin Herta Heuwer erfand die **Currywurst** – ganz zufällig – am 4. September 1948 in ihrem Stand am Stuttgarter Platz. Ihr aus der amerikanischen Kriegsgefangenschaft zurückgekehrter Mann verlangte an jenem Tag nach einer für Berlin untypischen Köstlichkeit, nämlich Spare-Ribs. Herta dachte nach, improvisierte – und kredenzte ihrem Gatten zerkleinerte Bockwurst mit Ketchup und viel Curry. Mittlerweile hat die Currywurst den Status eines **Klassikers** erreicht – und sogar ein **Museum** [s. S. 49]. Allerhöchste Currywurst-Weihen schreiben Kenner übrigens Konnopke's [s. S. 170] zu.

Ottenthal, Kantstr. 153 (Charlottenburg), Tel. 030/313 31 62, www.ottenthal.com. Hier gibt es Tafelspitz, Zwiebelrostbraten und hausgemachte Mehlspeisen.

Schillerklause, Am Schillertheater 1 (Charlottenburg), Tel. 030/313 59 96, www.schillerklause.de. Leckeres aus dem Schwabenländle.

Türkisch

Bagdad, Schlesische Str. 2 (Kreuzberg), Tel. 030/612 69 62. Türkische Küche vom Döner bis zur Grillplatte.

Hasir, Oranienburger Str. 4 (Mitte), Tel. 030/28 04 16 16, www.hasir.de. Feinste türkische Küche in goldenem Ambiente.

Vegetarisch

Natural'Mente, Schustehrusstr. 26 (Charlottenburg), Tel. 030/341 41 66, www.naturalmente.de. Abwechslungsreiche makrobiotische Küche (abends und Sa geschl.).

Seerose, Mehringdamm 47 (Kreuzberg), Tel. 030/69 81 59 27, www.seerose-berlin.de. Spinatlasagne, Gemüseaufläufe und Pastavariationen.

Dunkelrestaurants

Nocti Vagus, Saarbrücker Str. 36–38 (Prenzlauer Berg), Tel. 030/74 74 91 23, www.noctivagus.de. Kulinarische Genüsse und wechselndes Kulturprogramm.

unsicht-Bar Berlin, Gormannstr. 14 (Mitte), Tel. 030/24 34 25 00, www.unsicht-bar-berlin.de. Tafeln im Dunkeln.

Fast Food

Berlin ist bekannt für seine **Imbisskultur**. Ob früh morgens schnell 'ne Currywurst an der U-Bahn oder mitten in der Nacht Minipizza oder Döner – der kleine Hunger hat keine Chance.

Frittiersalon, Boxhagener Str. 104 (Friedrichshain), www.frittiersalon.de. Hausgemachte Hamburger mit Käse, Chili oder Speck, vegetarische Soja- und Camembert-Burger, Bio-Pommes Frites. Besonders gut: die Burger Menüs (Mo mittag geschl.)

Habibi, Goltzstr. 24 (Schöneberg), Tel. 030/215 33 32. Leckere Falafel, frittierte Bällchen aus Kichererbsenpüree, sind eine vegetarische Variante der orientalischen Fast-Food-Küche.

Konnopke's, Schönhauser Allee 44 a (Prenzlauer Berg), Tel. 030/442 77 65, www.konnopke-imbiss.de. Currywurst von legendärem Ruf, nach Umbau wieder direkt unterm Bahn-Viadukt (U-Bahn Eberswalder Straße, So geschl.).

Cafés

Anita Wronski, Knaackstr. 26 (Prenzlauer Berg), Tel. 030/442 84 83. Buntes Treiben an der Café- und Kneipen-Meile.

Atlantic, Bergmannstr. 100 (Kreuzberg), Tel. 030/691 92 92. Viel Glas, Chrom und Licht, cool mit modischem Chic. Frühstück bis 17 Uhr.

Barcomi's Deli, Sophienstr. 21 (Mitte), Tel. 30 28 59 83 63. Kaffeespezialitäten und kleine Gerichte.

Bateau Ivre, Oranienstr. 18 (Kreuzberg), Tel. 030/61 40 36 59. Warme Küche bis 16 Uhr, ansonsten gibt's leckere Tapas, Salate, Kaffee und Wein.

Café Einstein, Kurfürstenstr. 58 (Schöneberg), Tel. 030/26 39 19 18, www.cafe einstein.com. Beliebtes Café, eingerichtet im Stil eines zünftigen Wiener Kaffeehauses; mit Sommergarten.

Café Einstein, Unter den Linden 42 (Mitte), Tel. 030/204 36 32, www.einstein udl.de. Treffpunkt von Politikern, Wirtschafts- und Medienleuten – aber auch andere Leute dürfen hinein. Mit Autorenlesungen und Foto-Ausstellungen.

Café Hardenberg, Hardenbergstr. 10 (Charlottenburg), Tel. 030/312 26 44, www.cafe-hardenberg.de. Sympathisches Großraum-Café, als Studententreff eine bekannte Adresse.

Café im Literaturhaus-Wintergarten, Fasanenstr. 23 (Charlottenburg), Tel. 030/882 54 14, www.literaturhaus-berlin.de. Kaffee, Leckereien und Lesungen.

Café Kranzler, Kurfürstendamm 18 (Charlottenburg), Tel. 030/887 18 39 25, www.cafekranzler.de. Neuauflage des weltberühmten Cafés in der Rotunde im 2. Stock des Neuen Kranzler Ecks, mit perfektem Ausblick auf das quirlige Ku'damm-Treiben.

Café November, Husemannstr. 15 (Prenzlauer Berg), Tel. 030/442 84 25, www.cafe-november.de. Freundliches Café in der Nähe vom Kollwitzplatz.

Cinema, Rosenthaler Str. 39 (Mitte), Tel. 030/280 64 15. Stimmungsvolles Café in der Nähe vom Hackeschen Markt mit schönen Schwarz-Weiß-Fotos.

Entwederoder, Oderberger Str. 15 (Prenzlauer Berg), Tel. 030/448 13 82. Schön in der Sonne sitzen und Leute beobachten.

Intimes, Boxhagener Str. 107 (Friedrichshain), Tel. 030/29 66 64 57. Nettes Eckcafé neben dem gleichnamigen Kino.

Kapelle, Zionskirchstr. 22–24 (Mitte), Tel. 030/44 34 13 00, www.cafe-kapelle.de. Gemütliches Café mit Blick auf die Zionskirche. Biokuchen.

Misses & Marbles, Raumerstr. 36 (Prenzlauer Berg), Tel. 030/49 78 62 82, www.misses-marbles.de. Café – unbedingt die Ozeantorte probieren – und Shop mit tollen (Wohn-)accessoires, Kleidung, Schmuck und Andenken.

Montevideo, Viktoria-Luise-Platz 6 (Schöneberg), Tel. 030/213 10 20. Großes Frühstücksangebot, Pasta, Pizza und Schnitzel. Mit schöner Terrasse.

Morena, Wiener Str. 60 (Kreuzberg), Tel. 030/611 35 78, Frühstück, Tapas, Burger, Cocktails bis spät in die Nacht. Mit Videos und Musik.

Operncafé, Opernpalais, Unter den Linden 5 (Mitte), Tel. 030/20 26 83, www.opernpalais.de. Hervorragendes Frühstücksbuffet und besonders feine Torten. Große Terrasse.

Osswald, Göhrener Str. 1 (Prenzlauer Berg), Tel. 030/442 74 50. Nettes Eckcafé in der Nähe vom Helmholtzplatz, Frühstück bis 17 Uhr. So mit Buffet.

Schlosscafé Köpenick, Schlossinsel, Tel. 030/65 01 85 85, www.schlosscafekoepenick.de. Café und Restaurant im noblen Barockschloss mit Sonnenterrasse am Wasser. So Brunch (Mo geschl.).

Sowohlalsauch, Kollwitzstr. 88 (Prenzlauer Berg), Tel. 030/442 93 11, www.tortenundkuchen.de. Köstliche hausgemachte Torten und Kuchen, dazu eine überzeugende Auswahl an Kaffee- und Teespezialitäten.

Schwarz-Sauer, Kastanienallee 13/14 (Prenzlauer Berg), Tel. 030/448 56 33. Beliebtes Szenecafé.

Strandbad Mitte, Kleine Hamburger Str.16 (Mitte), Tel. 030/24 62 89 63, www.strandbad-mitte.de. Café-Restaurant mit grünen Seepferdchenkacheln und einem Strandkorb vor der Tür.

Telecafé im Fernsehturm, Panoramastr. 1 a (Mitte), Tel. 030/247 57 58 75, www.tv-turm.de. Fulminanter Blick über Berlin.

Eis

Caffé & Gelato, Alte Potsdamer Str. 7, Potsdamer Platz Arcaden (Tiergarten), Tel. 030/25 29 78 32. Über 35 Eissorten.

Dolce Freddo, Maaßenstr. 6 (Schöneberg), Tel. 030/216 81 89, www.dolcefredo-berlin.de. Italienisches Eis.

Eissalon Tanne B., Eisenbahnstr. 48 (Kreuzberg), Tel. 030/69 56 78 11, www.tanneb.de. Feinste Eiskreationen, auch Bio- und Soja-Eis.

Il Glaciale, Kollwitzstr. 59 (Prenzlauer Berg), Tel. 030/44 05 55 08. Unsere Favoriten: Karotte-Orange- und Milchreiseis.

Kleine Eiszeit, Stargarder Str. 7 (Prenzlauer Berg), Tel. 030/447 90 37. Hausgemachtes Eis aus frischen Früchten.

Strandbars

Bundespressestrand, Kapelle-Ufer 1, (Mitte), Tel. 030/28 09 91 19, www.derbundespressestrand.de. Gastronomie, Liegestühle, Strandkörbe, Musik gegenüber dem Reichstagsgebäude (Mai–Sept.).

Oststrand, Mühlenstr. 24–26 (Friedrichshain), Tel. 030/28 38 55 88, www.oststrand.de. Sandstrand an der bunten East Side Gallery. Ab 17 Uhr wird Pizza aus dem Steinofen angeboten (Mai–Sept.).

Strandbar Mitte, Monbijoustr. 3 (Mitte), Tel. 030/28 38 55 88, www.strandbar-mitte.de. Sandstrandvergnügen im Monbijou-Park mit Blick auf die Museumsinsel (Mai–Sept.).

Feiertage

Neujahr, Karfreitag, Ostermontag, 1. Mai (Tag der Arbeit), Himmelfahrt, Pfingstmontag, 3. Oktober (Tag der Deutschen Einheit), 1./2. Weihnachtsfeiertag

Festivals und Events

Da in Berlin fast ununterbrochen gefeiert wird, kann hier nur eine Auswahl der wichtigsten Festivals, Volksfeste und turnusmäßig veranstalteten kulturellen Ereignisse angezeigt werden. Den hauptstädtischen Veranstaltungskalender findet man unter www.berlin.de.

Februar

Berlinale – Internationale Filmfestspiele Berlin, Tel. 030/25 92 00, www.berlinale.de. Filmwettbewerb um die Goldenen Bären.

März

maerzmusik, Tel. 030/25 48 90, www.maerzmusik.de. Internationales Festival für Neue Musik.

April/Mai

Neuköllner Maientage, Volkspark Hasenheide (Neukölln), www.neukoellner-maientage.de. Volksfest (Ende April–Mitte Mai).

Mai

Theatertreffen Berlin, Tel. 030/25 48 92 33, www.theatertreffen-berlin.de. Leistungsschau des deutschsprachigen Theaters.

Mai/Juni

Köpenicker Sommer, Köpenicker Altstadt, Tel. 030/655 75 50. Traditionelles Volksfest mit Festumzug (Mitte Juni).

Karneval der Kulturen, Tel. 030/60 97 70 22, www.karneval-berlin.de. Straßenfest, Parade und Partys mit Akteuren aus aller Welt (Pfingsten).

Juni

Fête de la Musique, Tel. 030/41 71 52 89, www.fetedelamusique.de. Ein weltweites Projekt: 500 Bands aus 100 Ländern spielen über die Stadt verteilt (21. Juni).

CSD – Christopher Street Day, www.csd-berlin.de. Schwulen- und Lesben-Parade (Ende Juni).

Juni/Juli

Deutsch-Französisches Volksfest, Kurt-Schumacher-Damm (Reinickendorf),

Film ab!

Jedes Jahr im Februar bekommt die deutsche Hauptstadt hautnah jede Menge **Hollywood-Atmosphäre** zu spüren. Vor den Luxushotels warten Autogrammjäger, der Berlinale Palast am Marlene-Dietrich-Platz wird von Premierenlichtern angestrahlt, und in den Cafés und Restaurants drängen sich Künstler, Presse- und Sehleute. Seit 1951 gibt es die **Internationalen Filmfestspiele Berlin** (Tel.030/25 92 00, www.berlinale.de) – und mit ihnen den Kampf um den **Goldenen Bären**.

Die **Berlinale** ist jedoch nicht nur etwas für Profis. In vielen Kinos der Stadt laufen die **Wettbewerbsfilme** auch für das normale Publikum, und darüber hinaus gibt es allerlei cineastische Retrospektiven und Sonderaufführungen zu sehen.

An den **Zentralen Vorverkaufsstellen** in den Arkaden am Potsdamer Platz, im Haus der Berliner Festspiele (Schaperstr. 24) und im Kino International (Karl-Marx-Allee 33) sind Dauerkarten erhältlich. Karten für die einzelnen Filme gibt es im Vorverkauf, immer drei Tage vor der jeweiligen Vorführung oder aber am selben Tag an der jeweiligen Kinokasse.

Tel. 030/213 32 90, www.volksfest-berlin.de. Seit 1963 gibt es dieses gern besuchte Spektakel, das sich zu einem der größten Volksfeste Berlins entwickelt hat. (Mitte Juni–Mitte Juli).

Juli

Classic Open Air, Tel. 030/315 75 40, www.classicopenair.de. Für die Liebhaber schöner Stimmen und sinfonischer Klänge gibt es hier Melodien aus Oper, Operette, Musical u. ä. auf dem Gendarmenmarkt (Anfang Juli).

Juli/August

Deutsch-Amerikanisches Volksfest, Tel. Tel. 030/43 40 79 05, www.deutsch-amerikanisches Volksfest.de. Diese über 50-jährige Berliner Institution findet seit 2010 nicht mehr in Zehlendorf, sondern an der Heidestraße in Moabit (nahe dem Hauptbahnhof) statt. Jedes Jahr steht das quicklebendige Spektakel (inklusive Rummel!) unter einem anderen Motto – und bringt den Berlinern die USA noch ein Stück näher (Ende Juli–Mitte Aug.).

August

Tanz im August, Hebbel am Ufer, Hallesches Ufer 32, Tel. 030/69 56 95 24, www.tanzimaugust.de. Internationale Tanzstars der Gegenwart.

September

Internationales Literaturfestival, Tel. 030/27 87 86 20, www.literaturfestival.com. Literarisches Großereignis von großer Anziehungskraft weit über die Berliner Stadtgrenzen hinaus.

Musikfest Berlin, Tel. 030/25 48 91 00, www.berlinerfestspiele.de. Veranstaltet von den Berliner Festspielen und den Berliner Philharmonikern, bringt dieses Ereignis zahlreiche Stars der internationalen orchestralen Musik auf die Bühne – ein Hörgenuss.

Oktober

Tag der Deutschen Einheit, Tel. 030/25 00 25. Inzwischen hat sie längst eine Tradition begründet, die spektakuläre alljährliche Party auf der Meile zwischen Brandenburger Tor und Rotem Rathaus (3. Okt.).

November

JazzFest Berlin, Tel. 030/25 48 90, www.berlinerfestspiele.de. Für Freunde dieses Genres ein absolutes Muss: Jazz als Weltmusik, zelebriert auf einem der renommiertesten Festivals der Welt (Anfang Nov.).

November/Dezember

Weihnachtsmärkte, die sich großer Beliebtheit erfreuen, findet man u. a. am Breitscheidplatz, am Gendarmenmarkt, am Opernpalais, in der KulturBrauerei und in der Spandauer Altstadt am Rathaus.

Silvesterparty am Brandenburger Tor, www.silvester-berlin.de. Größtes Silvesterevent des Landes.

Klima und Reisezeit

Im Sommer zeigt das Thermometer in Berlin durchschnittlich 22–23 °C, es kann aber auch deutlich wärmer werden. Im Winter sind es im Durchschnitt etwa 2–3 °C. Niederschläge fallen gleichmäßig, doch mit 580 mm im Jahresdurchschnitt nicht übermäßig häufig.

In Berlin ist ist das ganze Jahr über der Bär los, es gibt keine bevorzugte Reisezeit.

Klimadaten Berlin

Monat	Luft (°C) min./max.	Wasser (°C)	Sonnen-std./Tag	Regen-tage
Januar	-3/ 2	2	2	10
Februar	-2/ 4	3	3	9
März	0/ 8	5	4	8
April	4/13	10	5	9
Mai	8/19	16	7	10
Juni	11/22	20	7	10
Juli	13/23	22	7	9
August	12/23	22	7	9
September	9/19	18	5	9
Oktober	6/13	13	4	8
November	2/ 7	8	2	10
Dezember	1/ 3	4	1	11

Kultur live

Vorverkaufsstellen

Berlin Tourismus Marketing, Buchungshotline Tel. 030/25 00 25, www.visitberlin.de

Showtime, Tel. 030/80 60 29 29, www.showtimetickets.de. Filialen in den Kaufhäusern KaDeWe, Karstadt Hermannplatz, Karstadt Spandau, Karstadt Tempelhofer Damm und Hertie Tegel.

Hekticket, Tel. 030/230 99 30, www.hekticket.de. Filialen: Alexanderplatz 8, bei Articket im ehem. Saturn (Mitte); am Zoo, Hardenbergstr. 29 d (Charlottenburg). Karten für denselben Tag gibt es ab 14 Uhr mit bis zu 50 % Ermäßigung.

Musik

Klassische Musik

Berliner Dom, Am Lustgarten (Mitte), Tel. 030/20 26 91 36, www.berliner-dom.de

Berliner Philharmonie und Kammermusiksaal, Herbert-von-Karajan-Str. 1 (Tiergarten), Tel. 030/25 48 80, www.berliner-philharmoniker.de [Nr. 36]

Konzerthaus Berlin, Gendarmenmarkt 2 (Mitte), Tel. 030/203 09 21 01, www.konzerthaus.de

Radialsystem V, Holzmarktstr. 33 (Friedrichshain), Tel. 030/288 78 85 88, www.radialsystem.de

Oper und Ballett

Deutsche Oper Berlin, Bismarckstr. 35 (Charlottenburg), Tel. 030/34 38 43 43, www.deutscheoperberlin.de

Komische Oper, Behrenstr. 55–57 (Mitte), Tel. 030/47 99 74 00, www.komische-oper-berlin.de

Neuköllner Oper, Karl-Marx-Str. 131–133 (Neukölln), Tel. 030/68 89 07 89, www.neukoellneroper.de

Staatsoper Unter den Linden, Unter den Linden 7 (Mitte), Tel. 030/20 35 45 55, www.staatsoper-berlin.de [Nr. 13]. Das renommierte Haus ist zur Zeit wegen umfänglicher Sanierung bis ca. 2013 geschlossen. Ausweich-Spielstätte ist während der Bauarbeiten das Schiller Theater, Bismarckstr. 110 (Charlottenburg).

Tanzfabrik Berlin, Möckernstr. 68 (Kreuzberg), Tel. 030/786 58 61, www.tanzfabrik-berlin.de

Musicals und Operetten

Bluemax, Marlene-Dietrich-Platz 4 (Tiergarten), Tel. 018 05/44 44 (0,14 €/Min.), www.stage-entertainment.de. Hier agiert die Blue Man Group.

TOP TIPP **Theater des Westens**, Kantstr. 12 (Tiergarten), Tel. 018 05/44 44 (0,14 €/Min.), www.stage-entertainment.de [Nr. 109]. Traditionsreiche Spielstätte von Musicalproduktionen.

Theater am Potsdamer Platz, Marlene-Dietrich-Platz 1 (Tiergarten), Tel. 018 05/44 44 (0,14 €/Min.), www.stage-entertainment.de

Rock und Pop

C-CLUB, Columbiadamm 9–11 (Tempelhof), Tel. 030/78 09 98 10, www.c-club-berlin.de

Columbiahalle, Columbiadamm 13–21 (Tempelhof), Tel. 030/698 09 80, www.columbiahalle.de

Max-Schmeling Halle, Falkplatz 1 (Prenzlauer Berg), Tel. 030/44 30 44 30, www.max-schmeling-halle.de

O2 World, Mühlenstr. 12–30 (Mitte), Tel. 018 03/20 60 70 (0,09 €/Min.), www.o2world.de. Neue Event- und Konzertarena zwischen Warschauer Straße und Ostbahnhof.

Tempodrom, Anhalter Bahnhof, Möckernstr. 10 (Kreuzberg), Tel. 01 80/555 41 11 (0,14 €/Min.), www.tempodrom.de

Velodrom, Paul-Heyse-Str. 26 (Prenzlauer Berg), Tel. 030/44 30 44 30, www.velodrom.de

Open Air

Freilichtbühne an der Zitadelle Spandau, Mauerstr. 6 (Spandau),

Tel. 030/333 40 22, www.freilichtbuehne-spandau.de

Kindl-Bühne Wuhlheide, An der Wuhlheide 187 (Köpenick), Tel. 030/857 58 10, www.wuhlheide.de

Waldbühne, Am Glockenturm (Charlottenburg), Tel. 030/747 375 00, www.waldbuehne-berlin.de [Nr. 124]

Olympiastadion, Olympischer Platz 3 (Charlottenburg), Tel. 030/30 68 81 00, www.olympiastadion-berlin.de [Nr. 124]

Theater

Admiralspalast, Friedrichstr. 101 (Mitte), Tel. 030/47 99 74 99, www.admiralspalast.de. Traditionsbühne für Theater- und Musikproduktionen der gefälligen Art, 2006 aufwändig saniert und z.Z. trotz Turbulenzen mit einem attraktiven Spielplan an der Unterhaltungsfront aktiv.

Ballhaus Ost, Pappelallee 15 (Prenzlauer Berg), Tel. 030/44 04 92 50, www.ballhaus ost.de. Schauspiel und Tanz.

Ballhaus Naunynstraße, Naunynstr. 27 (Kreuzberg), Tel. 030/75 45 37 25, www.ballhausnaunynstrasse.de. Theater und Tanz von und mit Jugendlichen mit Migrationshintergrund.

BAT Studio-Theater, Belforter Str. 15 (Prenzlauer Berg), Tel. 030/755 41 77 77, www.bat-berlin.de. Studenten der Hochschule für Schauspielkunst Ernst Busch bei der Arbeit.

Berliner Ensemble, Theater am Schiffbauerdamm, Bertolt-Brecht-Platz 1 (Mitte), Tel. 030/28 40 81 55, www.berliner-ensemble.de [Nr. 9]

TOP TIPP **Deutsches Theater und Kammerspiele**, Schumannstr. 13 a (Mitte), Tel. 030/28 44 12 21, www.deutschestheater.de [Nr. 68]

Hans Otto Theater, Schiffbauergasse 11, Potsdam, Tel. 03 31/981 18, www.hansottotheater.de.

HAU – Hebbel am Ufer, drei Spielstätten in Kreuzberg: *HAU 1*: Stresemannstr. 29; *HAU 2*: Hallesches Ufer 32; *HAU 3*: Tempelhofer Ufer 10, Tel. 030/25 90 04 27, www.hebbel-am-ufer.de

Maxim Gorki Theater, Am Festungsgraben 2 (Mitte), Tel. 030/20 22 11 15, www.gorki.de

Renaissance Theater, Knesebeckstr. 100 (Charlottenburg), Tel. 030/312 42 02, www.renaissance-theater.de

Schaubühne am Lehniner Platz, Kurfürstendamm 153 (Wilmersdorf), Tel. 030/89 00 23, www.schaubuehne.de

Schlossparktheater, Schlossstr. 48 (Steglitz), Tel. 030/78 95 66 71 00, www.schlossparktheater.de

Theater & Komödie am Kurfürstendamm, Kurfürstendamm 206–209 (Charlottenburg), Tel. 030/88 59 11 88, www.komoedie-berlin.de

Vagantenbühne, Kantstr. 12 a (Charlottenburg), Tel. 030/312 45 29, www.vagantende

TOP TIPP **Volksbühne**, Spielstätten: *am Rosa-Luxemburg-Platz*, Linienstr. 227 (Mitte), *im Prater*, Kastanienallee 7–9 (Prenzlauer Berg), Tel. 030/24 06 57 77, www.volksbuehne-berlin.de [Nr. 61]

Puppentheater

Figurentheater Grashüpfer, Puschkinallee 16 a (Treptow), Tel. 030/53 69 51 50, www.theater-grashuepfer.de

Hans Wurst Nachfahren, Gleditschstr. 5 (Schöneberg), Tel. 030/216 79 25, www.hans-wurst-nachfahren.de

Puppentheater Firlefanz, Sophienstr. 10 (Mitte), Tel. 030/283 35 60, www.puppentheater-firlefanz.de

Schaubude Berlin, Greifswalder Str. 81–84 (Prenzlauer Berg), Tel. 030/423 43 14, www.schaubude-berlin.de

Varieté und Kabarett

Bar jeder Vernunft, Schaperstr. 24 (Wilmersdorf), Tel. 030/883 15 82, www.bar-jeder-vernunft.de

BKA, Berliner Kabarett Anstalt, Mehringdamm 34 (Kreuzberg), Tel. 030/202 20 07, www.bka-theater.de

TOP TIPP **Chamäleon Varité**, Hackesche Höfe, Rosenthaler Str. 40/41 (Mitte), Tel. 030/400 05 90, www.chamae leonberlin.com [s. S. 73]

Distel, Friedrichstr. 101 (Mitte), Tel. 030/204 47 04, www.distel-berlin.de. Kabarett.

Die Stachelschweine, Europa-Center, Tauentzienstr. 9–12 (Charlottenburg), Tel. 030/261 47 95, www.die-stachel schweine.de. Kabarett.

Die Wühlmäuse, Pommernallee 2–4 (Charlottenburg), Tel. 030/30 67 30 11, www.wuehlmaeuse.de. Kabaret.

TOP TIPP **Friedrichstadtpalast**, Friedrichstr. 107 (Mitte), Tel. 030/23 26 23 26, www.friedrichstadtpalast.de.

Großes Revuetheater in Showbühnenstil nach Las-Vegas-Art [s. S. 79].

Tipi am Kanzleramt, Große Querallee (Mitte), Tel. 030/390 66 50, www.tipi-am-kanzleramt.de

ufaFabrik, Viktoriastr. 10–18 (Tempelhof), Tel. 030/75 50 30, www.ufafabrik.de. Konzerte, Theater, Kabarett und Tanz.

Kinder

Kinder- und Jugendtheater

Atze Musiktheater, Luxemburger Str. 20 (Wedding), Tel. 030/81 79 91 88, www.atzeberlin.de

Circus Cabuwazi, Bouchéstr. 74 (Treptow), Tel. 030/533 70 16, www.cabuwazi.de. Zirkus von Kindern für Kinder – auch in Kreuzberg, Marzahn und Altglienicke.

Grips Theater, Spielstätten: Altonaer Str. 22 (Tiergarten) und Klosterstr. 68 (Mitte), Tel. 030/39 74 74 77, www.grips-theater.de

Theater an der Parkaue, Parkaue 29 (Lichtenberg), Tel 030/55 77 52 0, www.parkaue.de

Zaubertheater Igor Jedlin, Roscherstr. 7 (Charlottenburg), Tel. 030/323 37 77, www.zaubertheater.de

Sonstiges

FEZ-Berlin, Straße zum FEZ 2 (Köpenick), Tel. 030/53 07 10, www.fez-berlin.de. Kinder-, Jugend- und Familienzentrum.

Labyrinth Kindermuseum, Osloer Str. 12 (Wedding), Tel. 030/800 93 11 50, www.labyrinth-kindermuseum.de. Mitmachmuseum mit Wechselausstellungen.

Lindenpark, Stahnsdorfer Str. 76–78, Potsdam, Tel. 03 31/747 97 0, www.lindenpark.de. Jugendkultur- und Familienzentrum mit buntem Programm.

Machmit! Museum für Kinder, Senefelderstr. 5 (Prenzlauer Berg), Tel. 030/74 77 82 00, www.machmitmuseum.de. Mit Druckerei und Spiegelkabinett.

Kinos

Acud, Veteranenstr. 21 (Mitte), Tel. 030/44 35 94 98, www.acud.de. Zwei kleine Kinos im Kunst- und Kulturzentrum.

Arsenal, Potsdamer Str. 2 (Tiergarten), Tel. 030/26 95 51 00. Von Filmgeschichte bis Videokunst.

Babylon, Rosa-Luxemburg-Str. 30 (Mitte), Tel. 030/242 59 69, www.babylonberlin.de. Programmkino mit rekonstruiertem Großen Saal von 1929.

Brotfabrik, Caligariplatz 1 (Weißensee), Tel. 030/471 40 01, www.brotfabrik-berlin.de. Kleines Kino mit außergewöhnlicher Filmauswahl.

Central, Rosenthaler Str. 39 (Mitte), Tel. 030/28 59 99 73, www.kino-central.de. Aktuelle Filme und Retrospektiven.

Cinema Paris, Kurfürstendamm 211 (Charlottenburg), Tel. 030/881 31 19, www.cinema-paris.de. Europäische Filme im Maison de France.

CinemaxX Potsdamer Platz, Potsdamer Str. 5 (Tiergarten), Tel. 018 05/24 63 62 99 (0,14 €/Min.), www.cinemaxx.de. 19 Säle.

CineStar im Sony Center, Potsdamer Str. 4 (Tiergarten),Tel. 030/26 06 64 00 www.cinestar.de. Multiplex für Filme in der Originalfassung.

Colosseum, Schönhauser Allee 123 (Prenzlauer Berg), Tel. 030/44 01 92 00, www.uci-kinowelt.de. 10 Kinosäle. Saal 1 ist denkmalgeschützt (1924).

Delphi-Filmpalast, Kantstr. 12 a, (Charlottenburg), Tel. 030/312 10 26, www.delphi-filmpalast.de. Aktuelle Filme im traditionsreichen Kinopalast von 1949.

Eiszeit, Zeughofstr. 20 (Kreuzberg), Tel. 030/611 60 16, www.eiszeit-kino.de. Filmkunst in ausgebauter Fabriketage.

fsk – Kino am Oranienplatz, Segitzdamm 2 (Kreuzberg), Tel. 030/614 24 64, www.fsk-kino.de. Feines Programmkino.

Hackesche Höfe Filmtheater, Rosenthaler Str. 40/41 (Mitte), Tel. 030/283 46 03, www.hackesche-hoefe.org. Breit gefächertes Programm.

International, Karl-Marx-Allee 33 (Mitte), Tel. 030/24 75 60 11, www.yorck.de. Großer Kinopalast von 1963 im Osten Berlins.

Lichtblick, Kastanienallee 77 (Prenzlauer Berg), Tel. 030/44 05 81 79, www.lichtblick-kino.org. Kleines, alternatives Programmkino für Filmkunst, Dokus und Kiezfilme.

Odeon, Hauptstr. 116 (Schöneberg), Tel. 030/78 70 40 19, www.yorck.de. Filme in der englischen Originalfassung.

Tilsiter Lichtspiele, Richard-Sorge-Str. 25 a (Friedrichshain), Tel. 030/426 81 29, www.tilsiter-lichtspiele.de. Gelungene Mischung aus Kino und Café.

Xenon, Kolonnenstr. 5/6 (Schöneberg), Tel. 030/78 00 15 30, www.xenon-kino.de. Berlins Kino für Lesben und Schwule.

Zeughauskino, Unter den Linden 2 (Mitte), Tel. 030/20 30 47 70, www.dhm.de. Filmklassiker und -reihen im Kino des Deutschen Historischen Museum.

Zoo Palast, Hardenbergstr. 29 a (Charlottenburg), Tel. 030/25 41 47 77, www.uci-kinowelt.de. Großkino mit 9 Sälen.

Freiluftkinos

Freiluftkino Friedrichshain, Volkspark Friedrichshain, Tel. 030/29 36 16 29, www.freiluftkino-berlin.de

Freiluftkino Hasenheide, Volkspark Hasenheide (Neukölln), Tel. 030/283 46 03, www.freiluftkino-hasenheide.de

Freiluftkino Kreuzberg, Mariannenplatz (Kreuzberg), Tel. 030/29 36 16 28, www.freiluftkino-kreuzberg.de

Sommerkino Kulturforum, Matthäikirchplatz 4–6 (Tiergarten), zwischen Neuer Nationalgalerie und Philharmonie, Tel. 030/89 37 14 31, www.yorck.de

Nachtleben

Berlins schillernde Bar- und Klubszene ist breit aufgestellt und präsentiert sich als höchst vielfältig. Tummelplätze sind die Stadtteile Mitte, Prenzlauer Berg, Friedrichshain und Kreuzberg. Bei der Suche nach den unterhaltsamsten Nightspots helfen sie *Stadtmagazine* [s. S. 163] sowie www.berlinatnight.de weiter.

Bars und Kneipen

TOP TIPP **Bar am Lützowplatz**, Lützowplatz 7 (Tiergarten), Tel. 030/262 68 07, www.baramluetzowplatz.com. Klassische Cocktailkarte, exzellente Auswahl an Whiskeys und Champagner.

Bristol-Bar, Kurfürstendamm 27 (Charlottenburg), Tel. 030/88 43 40, www.kempinski-berlin.de. Berühmte Bar im Kempinski Hotel Bristol.

Dachkammer, Simon-Dach-Str. 39 (Friedrichshain), Tel. 030/296 16 73. Unten Szenekneipe, oben Cocktailbar mit heiß begehrtem Balkon.

Dante beim Hackeschen Markt, Am Zwirngraben 8–10 (Mitte), Tel. 030/24 72 74 01, www.dante-club.de. Umfangreiche Cocktailkarte und große Tanzfläche.

TOP TIPP **Harry's New York Bar**, Lützowufer 15 (Tiergarten), Tel. 030/25 47 80, www.esplanade.de. Bar-Klassiker im Grandhotel Esplanade. Internationale Getränkekarte mit 200 verschiedenen Drinks.

Madonna, Wiener Str. 22 (Kreuzberg), Tel. 030/611 69 43. Kreuzberger Institution, ziemlich laut und meist gut gefüllt.

Reingold, Novalisstr. 11 (Mitte), Tel. 030/28 38 76 76, www.reingold.de. Cooles Design, gute Cocktailauswahl (So/Mo geschl.).

Schwarzes Café, Kantstr. 148 (Charlottenburg), Tel. 030/313 80 38, www.schwarzescafe-berlin.de. Szene-Treff für Nachtschwärmer, Frühstück rund um die Uhr.

Würgeengel, Dresdner Str. 122 (Kreuzberg), Tel. 030/615 55 60, www.wuergeengel.de. Longdrinks an der Bar, an den Tischen auch Vorspeisen und Tapas.

Zosch, Tucholskystr. 30 (Mitte), Tel. 030/280 76 64, www.zosch-berlin.de. Eine Mischung aus Kneipe und Café. Im Keller finden Lesungen und Konzerte statt.

Zoulou Bar, Hauptstr. 4 (Schöneberg), Tel. 030/70 09 47 37, www.zouloubar-berlin.de. Sehr beliebte American Bar.

Livemusik

Badenscher Hof Jazzclub, Badensche Str. 29 (Wilmersdorf), Tel. 030/861 00 80, www.badenscher-hof.de. Jazzklub, Restaurant, Musikcafé (So geschl.).

Café Zapata im Tacheles, Oranienburger Str. 54–56 a (Mitte), Tel. 030/281 61 09, www.cafe-zapata.de, Konzerte im Kunsthaus [Nr. 67].

Grüner Salon in der Volksbühne, Rosa-Luxemburg-Platz (Mitte), Tel. 030/688 33 23 90, www.gruener-salon.de. Eingang an der rechten Seite des Hauses. Verbindet Salonkultur und Klubleben. Lesungen, Tanz- und Chansonabende.

Junction Bar, Gneisenaustr. 18 (Kreuzberg), Tel. 030/694 66 02, www.junction-bar.de. Rock, Indie und Alternative.

KulturBrauerei, Knaackstr. 97 (Prenzlauer Berg), Tel. 030/44 31 51 52, www.kulturbrauerei.de. Konzerte und Parties [Nr. 79].

Rickenbackers Music Inn, Bundesallee 194 b (Wilmersdorf), Tel. 030/81 89 82 90. Sieben Tage in der Woche Live-Gigs von Arrivierten und Newcomern aus den Genres Chanson, Jazz, Rock, Country, Rock und Blues. Auch Auftritte von

Kabarettisten und Literaten stehen auf dem Programm.

Roter Salon in der Volksbühne, Rosa-Luxemburg-Platz (Mitte), Tel. 030/24 06 58 06, www.volksbuehne-berlin.de. Eingang an der linken Seite des Hauses. DJs und Livemusik in gemütlichem Ambiente. Mo Elektrolounge, Mi Tango.

Quasimodo, Kantstr. 12 a (Charlottenburg), Tel. 030/312 80 86, www.quasimodo.de. Renommierter Jazzklub, tagsüber nettes Café mit Terrasse.

Schlot, Chausseestr. 18 (Mitte), Tel. 030/448 21 60, www.kunstfabrik-schlot.de. Jazz und Kabarett.

Trompete, Lützowplatz 9 (Tiergarten), Tel. 030/23 00 47 94, www.trompete-berlin.de. Jazz und mehr.

Diskotheken und Klubs

Arena, Eichenstr. 4 (Treptow), Tel. 01 63/746 03 32, www.arena-berlin.de. 8000 m^2 für kleine und große Konzerte. Mit Klubschiff Hoppetosse und Badeschff.

TOP TIPP **Berghain**, Am Wriezener Bahnhof (Friedrichshain), Tel. 030/29 36 02 10, www.berghain.de. Weltberühmter Technoklub mit berüchtigt strenger Tür.

Clärchens Ballhaus, Auguststr. 24 (Mitte), Tel. 030/282 92 95, www.ballhaus.de. Nostalgie pur bei Tango, Swing und Walzer. Das Restaurant serviert Berliner Küche.

Cookies, Friedrichstr./Unter den Linden (Mitte), Tel. 030/280 88 06, www.cookies-berlin.de. (Di, Do 22.30–6 Uhr). House, Elektro, Partys.

Duncker, Dunckerstr. 64 (Prenzlauer Berg), Tel. 030/445 95 09, www.duncker-club.de. Oldies, Gothic und Independent.

Hochprozentig Mao: Bar am Lützowplatz

Fritzclub im Postbahnhof, Straße der Pariser Kommune 8 (Friedrichshain), Tel. 030/698 12 80, www.fritzclub.com. Studentenparties, u.a.

Golgatha, Dudenstr. 40, im Viktoriapark (Kreuzberg), Tel. 030/785 24 53, www.golgatha-berlin.de. Black Music und Alternative Pop. Mit Biergarten.

Hafenbar, Chausseestr. 20 (Mitte), www.hafenbar-berlin.de. Freitags Schlager pur.

Hoppetosse, Eichenstr. 4 (Treptow), Tel. 030/53 32 03 40, www.mshoppetosse.de. Klubschiff der Arena. Reggae und Soul.

Kingkongklub, Brunnenstr. 173 (Mitte), Tel. 030/91 20 68 60, www.king-kong-klub.de. Hübscher Trashklub.

Knaack Klub, Greifswalder Str. 224 (Prenzlauer Berg), Tel. 030/442 70 60, www.knaack-berlin.de. Karaoke, Indie-Disko und Konzerte.

Lido, Cuvrystr. 7 (Kreuzberg), Tel. 030/69 56 68 40. www.lido-berlin.de. Funk, Soul, Reggae & Rock.

Magnet Club, Falckensteinstr. 48 (Kreuzberg), Tel. 030/44 00 81 40, www.magnet-club.de. Rock und Metal.

Maria am Ostbahnhof, An der Schillingbrücke/Stralauer Platz 33/34, (Friedrichshain), Tel. 030/21 23 81 90, www.clubmaria.de. Elektrobeats.

Matrix, Warschauer Platz 18, Gewölbe 11 (Friedrichshain), Tel. 030/29 36 99 90, www.matrix-berlin.de. R&B, HipHop, Soul und Pop.

m-bia, Dircksenstr./Karl-Liebknechtstr. (Mitte), Tel. 01 72/758 26 50, www.m-bia.de. Elektronische Musik (Do–So).

Oxymoron, Hackesche Höfe, Rosenthaler Str. 40/41 (Mitte), Tel. 030/28 39 18 86, www.oxymoron-berlin.de. Fr/Sa DJ-Lounge in elegantem Ambiente.

Rosi's, Revaler Str. 29 (Friedrichshain), www.rosis-berlin.de. Indie Pop, Dub, Reggae und Break Beats.

TOP TIPP **Sage Club**, Köpenicker Str. 76 (Mitte), Tel. 030/278 98 30, www.sage-club.de. Rock at Sage! Die Dancefloors werden mit Classics, Indierock, Metal beschallt (Do ab 19 Uhr).

Silverwings, Columbiadamm 8–10 (Tempelhof), Tel. 030/69 50 92 11, www.silverwings.de. Independent, Punk und Rock'n'Roll im ehem. Flughafen.

Sophienclub, Sophienstr. 6 (Mitte), www.sophienclub-berlin.de. Pop, Soul und andere Tanzmuik.

TOP TIPP **Tanzwirtschaft Kaffee Burger**, Torstr. 60 (Mitte), Tel. 030/28 04 64 95, www.kaffeeburger.de. Lokal, Literatentreff und Partylocation, Schauplatz der Russendisko.

Tresor, Köpenicker Str. 70 (Mitte), www.tresorberlin.de. Legendärer Technoklub (Mi, Fr/Sa ab 00 Uhr).

Watergate, Falckensteinstr. 49 (Kreuzberg), www.water-gate.de. Techno.

Weekend, Am Alexanderplatz 5 (Mitte), www.week-end-berlin.de. Techno und House im Haus des Reisens mit Blick über Berlin, Dachterrasse (Do–Sa).

Wild at Heart, Wiener Str. 20 (Kreuzberg), Tel. 030/611 92 31, www.wildatheartberlin.de. Rock'n'Roll, Metal und Co. Konzerte.

Sport

Berlin bietet zahlreiche Betätigungsmöglichkeiten für sportlich aktive Menschen. Außerdem finden hier nationale und internationale sportliche **Großereignisse** statt wie der *Berlin-Marathon* (www.berlin-marathon.com), das *ISTAF* (www.istaf.de) für Leichtathleten oder das *DFB-Pokal-Finale* (www.dfb.de). Infos zu den Sportmöglichkeiten in Berlin erhält man im Internet unter: www.sport-berlin.net.

Bäder, Fitness und Wellness

Fast in jedem Stadtteil gibt es Fitness Center und ein Hallenbad. Hinzu kommen mehrere Freibäder und die Strandbäder an den Seen in und um Berlin. Soweit nicht anders angegeben, gibt es Informationen zu den unten genannten Bädern unter:

Berliner Bäderbetriebe, Tel. 018 03/10 20 20 (0,09 €/Min.), www.berlinerbaederbetriebe.de

Hallenbäder

Bad am Spreewaldplatz, Wiener Str. 59 h (Kreuzberg). 25 m-Becken, Wellen- und Kinderbecken, Tauch- und Sprungbecken, Whirlpools.

SSE Europa-Sportpark, Paul-Heyse-Str. 26 (Prenzlauer Berg). 50 m-Becken, Nichtschwimmer- und Planschbecken, Bistro.

Stadtbad Lankwitz, Leonorenstr. 39 (Lankwitz). 25 m-Becken, 1 & 3 m-Sprungbrett, Nichtschwimmer- und Babybecken, 60 m-Rutsche, Whirlpools, Sauna mit Dachgarten.

Stadtbad Neukölln, Ganghoferstr. 3 (Neukölln). Bei der Eröffnung 1914 als schönstes Hallenbad Europas gepriesen. 25 m-Becken, Kräuter- und Finnische Sauna, Dampfbad.

Stadtbad Schöneberg, Hauptstr. 39 (Schöneberg). 25 m-Becken, Nichtschwimmer- und Kleinkinderbecken, 3 m-Sprunganlage, Außenschwimmbecken, Großrutsche.

Sauna und Wellness

Al Andalus, Buschkrugallee 64 (Neukölln), Tel. 030/60 90 60, www.saunawelt-al-andalus.de. Zehn unterschiedliche, mediterran gestaltete Saunabereiche.

Liquidrom, Möckernstr. 10 (Mitte), Tel. 030/258 00 78 20, www.liquidrom-berlin.de. Therme, Sauna, Massagen im Tempodrom, Do–Sa abend mit Livemusik.

Saunalandschaft Lichterfelde ›Spucki‹, Hindenburgdamm 9–10 (Lichterfelde). Finnische Sauna, Dampfbad, Kräutersauna, Bio-Sauna mit Panoramablick, beheiztes Außenbecken.

Thermen am Europa-Center, Nürnberger Str. 7 (Charlottenburg), Tel. 030/257 57 60, www.thermen-berlin.de. Sole- und Dampfbad, Hamam, Sauna und Solarium, Massage, 500 m² große Dachterrasse.

Freibäder

Badeschiff, Eichenstr. 4 (Treptow), Tel. 030/533 20 30, www.badeschiff.de. Schiff mit großem beheizbarem Pool und Bar, Stege mit Hängematten, Sandstrand am Ufer (Mai–Sept.).

Kombibad Gropiusstadt – Sommerbad, Lipschitzallee 27–33 (Buckow). 50 m-Becken mit 1 & 3 m-Brett, Kinderrutsche und Planschbecken.

Seebad Wendenschloss, Möllhausenufer 30 (Köpenick). Sandstrand und Liegewiese.

Sommerbad Am Insulaner, Munsterdamm 80 (Steglitz). 50 m-Schwimmbecken, 1, 3 und 5 m-Brett, Nichtschwimmerbereich mit Rutsche, Babybecken.

Sommerbad Kreuzberg (Prinzenbad), Prinzenstr. 113–119 (Kreuzberg). Zwei 50 m-Schwimmbecken und ein Nichtschwimmerbecken.

Sommerbad Wilmersdorf, Forckenbeckstr. 14 (Wilmersdorf). 50 m-Schwimmbecken, Sprunganlage.

Strandbad Wannsee, Wannseebadweg 25 (Wannsee). Das größte Binnenseebad Europas ist das beliebteste in Berlin. Mit einem über 1 km langen Sandstrand und Strandkörben.

Eislaufen

Eisstadion Neukölln, Oderstr. 182 (Tempelhof), Tel. 030/62 80 44 03, www.eissport-berlin.de. Freiluftbahn.

Horst-Dohm Eisstadion, Fritz-Wildung-Str. 9 (Wilmersdorf), Tel. 030/824 10 12, www.horst-dohm-eisstadion.de. Freiluftbahn.

Golf

Rund um Berlin gibt es ca. 20 Golfplätze, die meist schön gelegen sind. Informationen unter:

Golfverband Berlin-Brandenburg, Forststr. 34 (Steglitz), Tel. 030/823 66 09, www.gvbb.de

Pferdesport

Für Pferde- und Wettfreunde

Galopprennbahn Hoppegarten, Goetheallee 1 (Dahlwitz-Hoppegarten), Tel. 033 42/389 30, www.hoppegarten.com. 1868 eröffnete Bahn mit denkmalgeschützter Haupttribüne.

Pferdesportpark Berlin-Karlshorst, Treskowallee 129 (Lichtenberg), www.pferdesportpark-berlin-karlshorst.de

Trabrennbahn Mariendorf, Mariendorfer Damm 222 (Mariendorf), Tel. 030/740 12 12, www.berlintrab.de

Für Reiter

Landesverband Pferdesport Berlin-Brandenburg, Passenheimer Str. 30 (Charlottenburg), Tel. 030/30 09 22 10, www.lpbb.de. Informationen über Reitvereine und Turniere in Berlin und Brandenburg.

Tennis

Tennis-Verband Berlin-Brandenburg, Hüttenweg 45 (Zehlendorf), Tel. 030/89 72 87 30, www.tvbb.de

City Sports, Brandenburgische Str. 53 (Charlottenburg), Tel. 030/873 90 97, www.citysports-berlin.com. Squash, Tennis, Badminton, Sauna.

Wassersport und Bootsverleih

Marina Lanke Berlin, Scharfe Lanke 109–131 (Spandau), Tel. 030/362 00 90, www.marina-lanke.de. Vermietung von Jachten und Motorbooten, Segel- und Motorbootschule.

M. Mühl, An der Sechserbrücke (Tegel), Tel. 030/433 76 90. Ruder- und Tretbootverleih, Minigolfplatz.

Segelschule Berlin, Friederikestr. 24 (Tegel), Tel. 030/431 11 71, www.segelschule-berlin.de. Segelkurse und Bootverleih.

Wassersport Berlin, Fürstenwalder Damm 838 (Rahnsdorf), Tel. 030/648 15 80, www.wassersport-berlin.de. Kanutouren und -verleih, Surfen und Segeln am Großen Müggelsee [Nr. 102].

Fußball

Der Fußballklub Hertha BSC spielt im *Olympiastadion* (Olympischer Platz, Charlottenburg). Karten gibt es an den üblichen Vorverkaufsstellen oder direkt bei:

Hertha BSC, Tel. 018 05/18 92 00 (0,14 €/Min.), www.hertha.de

Stadtbesichtigung

Berlin aus der Luft

Um Berlin einmal aus der Vogelperspektive zu sehen, kann man z. B. mit dem Heißluftballon in die Luft gehen. Infos:

Air Service Berlin CFH GmbH, Flughafen Berlin-Schönefeld, Terminal C, Tel. 030/53 21 53 21, www.air-service-berlin.de. Auch Flüge mit Helikopter, Wasserflugzeug und Doppeldecker – übrigens dem größten der Welt.

Stadttouren

Wer an einer individuellen Stadtführung teilnehmen möchte, wende sich an *Berlin Tourismus Marketing* [s. S. 163]. Es werden allerlei Fahrten und Rundgänge zu speziellen Themen angeboten:

art:berlin, Oranienburger Str. 32 (Mitte), Tel. 030/28 09 63 90, www.artberlin-online.de. Berlin von A–Z und ausgefallen.

Art Escort, www.art-escort.de. Mit Künstlern und Kreativen auf individuellen Touren durch Galerien, Klubs etc.

Berliner Unterwelten, Tel. 030/49 91 05 17, www.berliner-unterwelten.de. Thementouren in Berlins Untergrund. Tickets: Brunnenstr. 105, U-Bhf. Gesundbrunnen, südl. Vorhalle, Ausgang Humboldthain.

KulturBüro Berlin, Malmöer Str. 60 (Prenzlauer Berg), Tel. 030/444 09 36, www.stadtverfuehrung.de. Museumsführungen, Stadt- und Parkspaziergänge mit Kunst-Schwerpunkt.

StaTours, Tel. 030/30 10 51 51, www.sta-tours.de. In Kleingruppen zu den Wohnungen und Palästen der Stars von gestern und heute.

Stattreisen Berlin, Malplaquetstr. 5 (Wedding), Tel. 030/455 30 28, www.stattreisenberlin.de. Stadtspaziergänge zu historischen und kulturellen Themen.

Ticket B, Frankfurter Tor 1 (Friedrichshain), Tel. 030/420 26 96 20, www.ticket-b.de. Stadtführungen von Architekten.

Stadtrundfahrten

Die zentralen Abfahrtsstellen der mindestens stündlich stattfindenden **Bus-Sightseeing-Touren** sind Kurfürstendamm/Meinekestraße und Tauentzien-/Marburger Straße, weitere Ein- und Ausstiegesstellen verteilen sich entlang der Routen.

Berlin City Tour, Tel. 030/68 30 26 41, www.berlin-city-tour.de

Berliner Bären Stadtrundfahrt, Tel. 030/35 19 52 70, www.bbsberlin.de

Berolina Stadtrundfahrten, Tel. 030/88 56 80 30, www.berolina-berlin.com

Severin und Kühn, Kurfürstendamm 216, Tel. 030/880 41 90, www.berlinerstadtrundfahrten.de

Trabi Safari, Tel. 030/27 59 22 73, www.trabi-safari.de. Mit dem Trabi durch Berlin. Tages- und Nachtfahrten.

Videobustour, Luisenstr. 41 (Mitte), Tel. 030/44 02 44 50, www.videobustour.de

Besonders günstig kann man die Stadt mit dem **Bus 100** besichtigen. Er fährt vom Bahnhof Zoo über Reichstag, Brandenburger Tor und Unter den Linden bis zum Alexanderplatz. Eine Fahrt mit der Straßenbahn Linie **M1** von der Friedrichstraße über den Hackeschen Markt nach Prenzlauer Berg bietet ebenfalls schöne Aussichten (Infos bei der BVG, s. S. 183).

Panorama-S-Bahn, Tel. 030/29 74 33 33, www.panorama-bahn.de. Stadttouren in attraktiven S-Bahn-Waggons mit Panoramafenstern und Bar.

Schiffsrundfahrten

Berlin kann man dank seiner zahlreichen Wasserstraßen auch per Schiff besichtigen. Die **Anlegestellen** im Zentrum sind Jannowitz-, Schloss-, Hansa- und Kottbusser Brücke sowie Pergamonmuseum. Für **Ausflüge** in die Umgebung sind es die Anleger beim Bahnhof Wannsee (Richtung Pfaueninsel, Potsdam oder Werder), Treptower Park (Richtung Südosten auf Dahme und Spree zum Müggelsee und in die Teuplitzer Gewässer) und an der Greenwich-Promenade in Tegel (Tegeler See und Oberhavel). Infos:

Reederei Riedel, Planufer 78 (Kreuzberg), Tel. 030/61 65 79 30, www.reederei-riedel.de. Die Fahrten starten von Hansabrücke, Märkisches Ufer, Moltkebrücke, Alte Börse, Haus der Kulturen der Welt, O2 World, u. a.

Stern- und Kreisschifffahrt, Puschkinallee 15 (Treptow), Tel. 030/536 36 00, www.sternundkreis.de. Die Reederei bietet Fahrten durch Stadt und Umgebung.

Statistik

Bedeutung: Hauptstadt und zugleich Land der Bundesrepublik Deutschland.

Stadtwappen: Ein nach links schreitender schwarzer Bär auf silbernem Grund; über dem Schild eine fünfzackige goldene Krone.

Lage: 52°31'12" nördl. Breite und 13°24'36" östl. Länge. Durchschnittliche Höhe 34 m über N.N., höchste Punkte: Teufelsberg 115 m, Müggelberge 115 m.

Fläche: 892 km^2, davon Wasserfläche: 60 km^2; Waldfläche: 161 km^2; Erholungsfläche (Parks, Kleingärten, Sportanlagen): 103 km^2.

Länge der Stadtgrenzen: 234 km.

Einwohner (2010): 3,45 Mio.

Verkehrsnetz: 5376 km Straßen, 476 km U-Bahn-, 257 km S-Bahn-, 1703 km Bus-, 190 km Tramlinien. Vom öffentlichen Nahverkehr beförderte Personen pro Jahr: U-Bahn 473 Mio., S-Bahn 388 Mio., Bus 387 Mio., Tram 167 Mio.

Flughafen: Der größere der zwei Internationalen Flughäfen Berlins, *Tegel* (zuletzt 14,5 Mio. Fluggäste), wird 2012 geschlossen, wenn der Ausbau *Schönefelds* zum Flughafen *Berlin Brandenburg International* (BBI) vollendet ist.

Tourismus: 7,9 Mio. Gäste und 17,7 Mio. Übernachtungen bei einer Bettenkapazität von 97205.

Wirtschaft: Von etwa 1,64 Mio. Erwerbstätigen arbeiten fast 1,42 Mio. in Dienstleistungsbereichen; das Bruttoinlandsprodukt beträgt 87,5 Mrd. Euro; die Arbeitslosenquote liegt bei 13,9 %.

Stadtverwaltung: Die 149 Sitze im Abgeordnetenhaus verteilen sich seit der Wahl vom September 2011 auf SPD (47), CDU (39), Bündnis 90/Die Grünen (29), Die Linke (19) und die Piraten (15). Regierender Bürgermeister ist seit 2001 der Sozialdemokrat Klaus Wowereit.

Bezirke: Berlin ist in folgende 12 Bezirke eingeteilt: Charlottenburg-Wilmersdorf, Friedrichshain-Kreuzberg, Lichtenberg, Marzahn-Hellersdorf, Mitte, Neukölln, Pankow, Reinickendorf, Spandau, Steglitz-Zehlendorf, Tempelhof-Schöneberg und Treptow-Köpenick.

Bildung: Berlin hat 134500 Studierende an 30 Hochschulen, unter denen die vier größten ein großes Renommee besitzen: – nämlich die im einstigen West-Berlin gegündete Freie Universität, deren östliches Pendant, die Humboldt-Universität, ferner die Technische Universität und die Universität der Künste. Damit ist Berlin die größte von allen Universitätsstädten in Deutschland.

Unterkunft

Camping

Eine Auswahl geprüfter Campingplätze bietet der jährlich erscheinende *ADAC Camping Caravaning Führer* mit CD-Rom (Band Deutschland Nordeuropa), der im Buchhandel und bei ADAC-Geschäftsstellen erhältlich ist. Der ebenfalls jährlich erscheinende *ADAC Stellplatz Führer* informiert über Übernachtungsmöglichkeiten für alle, die mit dem Wohnmobil oder einem Caravan unterwegs sind (www.adac.de/camping).

Hotel und City-Camping Berlin, Gartenfelder Str. 1 (Spandau), Tel. 030/33 50 36 33. www.hettler-lange.de. Ganzjährig.

DCC-Campingplatz Kladow, Krampnitzer Weg 111–117 (Spandau), Tel. 030/365 27 97, www.dccberlin.de. Ganzjährig.

DCC-Camping am Krossinsee, Wernsdorfer Str. 38 (Schmöckwitz), Tel. 030/675 86 87, www.dccberlin.de. Ganzjährig.

Hostels, Pensionen und Apartments

A & O Hostel, drei Häuser: Joachimstaler Str. 1–3 (Charlottenburg), Tel. 030/ 809 47 53 00, Boxhagener Str. 73 (Friedrichshain), Tel. 030/809 47 54 00, Köpenicker Str. 127–129 (Mitte), Tel. 030/ 809 47 52 00, www.aohostels.com. Ordentliches Low-Budget-Angebot mit Einzel-, Doppel- und Mehrbettzimmern.

Hotel Bogota, Schlüterstr. 45 (Charlottenburg), Tel. 030/881 50 01, www. bogota.de. Große, luftige Zimmer.

EastSeven Berlin Hostel, Schwedter Str. 7 (Prenzlauer Berg), Tel. 030/93 62 22 40, www.eastseven.de. Ausgezeichnetes Hostel mit 24 Zimmern, meist mit Gemeinschaftsbad. Mit Garten.

Etap Hotel Berlin Alexanderplatz, Mollstr. 30 (Mitt), Tel. 030/339 39 11 20 www.etap-hotel.com.de. Preisgünstiges großes Hotel (157 Zimmer) in verkehrsgünstiger Lage.

Hotel-Pension Funk, Fasanenstr. 69 (Charlottenburg), Tel. 030/882 71 93, www.hotel-pensionfunk.de. Beliebte Pension in schönem Gründerzeitbau.

Kreuzberg, Großbeerenstr. 64 (Kreuzberg), Tel. 030/251 13 62, www.pension-kreuzberg.de. Adrettes einfaches Haus.

Merkur, Torstr. 156 (Mitte), Tel. 030/ 282 82 97, www.hotel-merkur-berlin.de. Traditionelle Pension.

Miniloft, Hessische Str. 5 (Mitte), Tel. 030/847 10 90, www.miniloft.com. Schick designte Apartments in einem preisgekrönten Bau.

Hotels

*******Brandenburger Hof**, Eislebener Str. 14 (Charlottenburg), Tel. 030/21 40 50, www.brandenburger-hof.com. Das Haus in bester Lage bietet gediegene Salons, Zimmer in Bauhausdesign und das Gourmet-Restaurant *Die Quadriga*.

*******Grandhotel Esplanade**, Lützowufer 15 (Tiergarten), Tel. 030/25 47 80, www.esplanade.de. Dieses Haus hat jeden seiner fünf Sterne verdient! Allein schon die hauseigene *Harry's New York Bar* ist den Besuchwert.

TOP TIPP *******Hotel Adlon**, Unter den Linden 77 (Mitte), Tel. 030/226 10, www.hotel-adlon.de. Berühmtes

Hotel, im Krieg zerstört, heute wieder Publikumsmagnet [s. S. 20].

*******Hotel de Rome**, Behrenstr. 37 (Mitte), Tel. 030/4606090, www.hotelderome.de. 146 großzügige Zimmer und Suiten in der opulenten ehem. Zentrale der Dresdner Bank [s. S. 33].

*******Hotel Palace**, Europa-Center, Budapester Str. 45 (Charlottenburg), Tel. 030/250 20, www.palace.de. Elegant eingerichtete Suiten und Zimmer.

*******Hotel Q**, Knesebeckstr. 67 (Charlottenburg), Tel. 030/810 06 60, www.loock-hotels.com. Luxus-Designhotel am Ku'damm.

*******Hotel Steigenberger**, Los-Angeles-Platz 1 (Charlottenburg), Tel. 030/212 70, www.steigenberger.com/berlin. 397 Zimmer nahe beim Kurfürstenplatz.

*******Intercontinental**, Budapester Str. 2 (Tiergarten), Tel. 030/260 20, www.berlin.intercontinental. com. Im Herzen der Stadt gelegenes Haus mit Schachbrettmusterfassade.

*******Kempinski Hotel Bristol**, Kurfürstendamm 27 (Charlottenburg), Tel. 030/88 43 40, www.kempinski-bristol.de. Eine Berliner Hotel-Legende – nobelste Zimmer und Suiten, drei Restaurants und die berühmte *Bristol-Bar* [s. S. 113].

*******Radisson Blu Hotel**, Karl-Liebknecht-Str. 3 (Mitte), Tel. 030/23 82 80, www.radissonblu.de. Noble Unterkunft mit dem berühmten Aquarium AquaDom [s. S. 65].

*******Schlosshotel im Grunewald**, Brahmsstr. 10 (Grunewald), Tel. 030/89 58 40, www.schlosshotelberlin.com. Karl Lagerfeld stattete dieses traditionsreiche Luxushotel aus.

*******Swissôtel Berlin**, Augsburger Str. 44 (Tiergarten), Tel. 030/22 01 00, www.berlin.swissotel.com. Luxus in elegantem Rundbau am Ku'damm [s. S. 113].

*******The Regent Berlin**, Charlottenstr. 49 (Mitte), Tel. 030/203 38, www.regenthotels.com. Elegantes und stilvolles Luxushotel am Gendarmenmarkt.

*******Westin Grand Hotel Berlin**, Friedrichstr. 158–164 (Mitte), Tel. 030/202 70, www.westin.com/berlin. Klassisches Luxushotel mit altmodischem Charme und moderner Eleganz. Berühmte Freitreppe in der Lobby.

******ackselhaus & bluehome**, Belforter Str. 21 (Prenzlauer Berg), Tel. 030/44 33 76 33, www.ackselhaus.de.
Das Apartmenthotel besteht aus zwei Häusern mit thematisch gestalteten Zimmern (Honeymoon, Rom, Maritime). Ein schöner Garten und das Restaurant runden die Offerte ab..

******art'otel Berlin Mitte**, Wallstr. 70–73 (Mitte), Tel. 030/24 06 20, www.artotel.de. Attraktive Kombination aus historischem Ermeler Haus und Neubau mit Kunstwerken von Georg Baselitz [s. S. 70]

******Bleibtreu**, Bleibtreustr. 31 (Charlottenburg), Tel. 030/88 47 40, www.bleibtreu.com. Originell, modern gestyltes Hotel.

******Estrel Residence Hotel**, Sonnenallee 225 (Neukölln), Tel. 030/683 10, www.estrel.de. Hotelkomplex mit 1125 Zimmern & Conventio-Center.

******Golden Tulip Hotel Residenz**, Meinekestr. 9 (Charlottenburg), Tel. 030/88 44 30, www.hotel-residenz.com. Jugendstilhaus mit Flair und gutem Restaurant.

******Hotel Seehof Berlin**, Lietzensee Ufer 11 (Charlottenburg), Tel. 030/32 00 20, www.hotel-seehof-berlin.de. Oase in der Großstadt, nahe Messe Berlin. Schwimmbad mit Seeblick.

******Hecker's Hotel**, Grolmanstr. 35 (Charlottenburg), Tel. 030/889 00, www.heckers-hotel.com. Freundliches Privathotel.

******Honigmond**, Tieckstr. 12 (Mitte), Tel. 030/284 45 50, www.honigmond.de. Angenehmes Hotel in indiviuellem Stil.

******Luisenhof**, Köpenicker Str. 92 (Mitte), Tel. 030/246 28 10, www.luisenhof.de. 27 Zimmer in schlichter gründerzeitlicher Eleganz.

******Park Inn Berlin-Alexanderplatz**, Alexanderplatz 7 (Mitte), Tel. 030/238 90, www.parkinn-berlin.de. 1012 Zimmer auf 37 Etagen [s. S. 63].

******Schlosshotel Cecilienhof**, Neuer Garten, Potsdam, Tel. 03 31/370 50, www.relexa-hotels.de. Komfortable Zimmer im englischen Landhausstil [s S. 159].

*****art'otel Berlin Kudamm**, Joachimstaler Str. 28/29 (Charlottenburg), Tel. 030/88 44 70, www.artotels.com. Aufregend-avantgardistisches Hotel, geschmückt mit Kunstwerken von Wolf Vostell. Übrigens gibt's noch eine weitere Dependance des art'hotel in Berlin – und eine in Potsdam.

******Art Nouveau**, Leibnizstr. 59 (Charlottenburg), Tel. 030/3277440, www.hotelartnouveau.de. Schön gestylte Themenzimmer und Suiten in einem Jugendstilbau nahe Ku'damm.

******Askanischer Hof**, Kurfürstendamm 53 (Charlottenburg), Tel. 030/8818033, www.askanischer-hof.de. Hotel garni, großzügige Zimmer, Jugendstilinterieur.

******Dittberner**, Wielandstr. 26 (Charlottenburg), Tel. 030/8816485, www.hotel-dittberner.de. Behagliche Hotelpension, stilvoll eingerichtet.

******Hotel am Scheunenviertel**, Oranienburger Str. 38 (Mitte), Tel. 030/2822125, www.hotelas.com. Hotel in der Nähe der Friedrichstraße.

******Frauenhotel Artemisia**, Brandenburgische Str. 18 (Charlottenburg-Wilmersdorf), Tel. 030/8738905, www.frauenhotel-berlin.de. Hübsch eingerichtete Zimmer in einem Haus exklusiv für Frauen.

******Kastanienhof**, Kastanienallee 65 (Mitte), Tel. 030/443050, www.kastanienhof.biz. Angenehme Hotel-Pension am Prenzlauer Berg.

TOP TIPP ******Riehmers Hofgarten**, Yorckstr. 83 (Kreuzberg), Tel. 030/78098800, www.hotel-riehmers-hofgarten.de. Freundliches, geschmackvoll gestyltes Hotel in einem hübschen Bau der Gründerzeit. Das Restaurant *e. t. a. hoffmann* bietet klassisch-moderne Küche [s. S. 97].

*****Hotel Am Anhalter Bahnhof**, Stresemannstr. 36 (Kreuzberg), Tel. 030/2580070, www.hotel-anhalter-bahnhof.de. Freundliches Haus.

Jugendherbergen

Service-Center, Tel. 030/2649520, www.djh-berlin-brandenburg.de

Jugendherberge Berlin – Am Wannsee, Badeweg 1 (Zehlendorf), Tel. 030/8032034

Jugendherberge Berlin – International, Kluckstr. 3 (Schöneberg), Tel. 030/747687910

Jugendherberge Berlin – Ernst Reuter, Hermsdorfer Damm 48–50 (Hermsdorf), Tel. 030/4041610

Jugendherberge Potsdam, Schulstr. 9, Potsdam, Tel. 0331/5813100

Mitwohnzentralen

Agentur Wohnwitz, Holsteinische Str. 55 (Wilmersdorf), Tel. 030/8618222, www.wohnwitz.com

Home Company, Bundesalle 39/40 a (Wilmersdorf), Tel. 030/19445, www.berlin.homecompany.de

Zeitraum Wohnkonzepte, Immanuelkirchstr. 8 (Prenzlauer Berg), Tel. 030/4416622, www.zeit-raum.de

Verkehrsmittel

Öffentliche Verkehrsmittel

Die **Berliner Verkehrsbetriebe (BVG)** mit U-Bahn/Bus/ Trambahn und die **S-Bahn Berlin** bilden ein gemeisames Verkehrsnetz [Plan s. S. 184/185]. Beide gehören dem **Verkehrsverbund Berlin-Brandenburg (VBB)** an, ebenso wie die **Verkehrsbetriebe Potsdam GmbH (ViP)** mit ihren Bussen und Straßenbahnen. Da das Verkehrssystem häufig Veränderungen unterworfen und störanfällig ist (namentlich die S-Bahn betreffend), sollte man zusätzlich einen aktuellen Faltplan dabei haben bzw. das Internet nutzen:

BVG, Tel. 030/19449, www.bvg.de

S-Bahn Berlin, Tel. 030/29743333, www.s-bahn-berlin.de

Verkehrsbetrieb Potsdam GmbH, Tel. 0331/6614275, www.swp-potsdam.de

VBB, Tel. 030/25414141, www.vbbonline.de

Es gibt den Einzelfahrschein, Tageskarten, die 7-Tage-Karte, die Kleingruppenkarte (bis zu 5 Pers.) oder die 4-Fahrtenkarte für den Tarifbereich AB (ohne Umland).

Die bei BVG und S-Bahn erhältliche **City TourCard** (www.citytourcard.com) für 1 Person gilt 48 bzw. 72 Std. oder 5 Tage in den Tarifbereichen AB (Stadt) oder ABC (mit Umland). Auch Ermäßigungen bei touristischen Einrichtungen winken hier. Die **CityTour Card Museumsinsel** gilt 72 Std. im Tarifbereich AB und ermöglicht freien Eintritt zu den Museen der Museumsinsel. Mit der **Berlin und Potsdam Welcome-Card** können ein Erwachsener und bis zu drei Kinder (bis 14 Jahre) 48, 72 Stunden oder 5 Tage alle Busse und Bahnen in Berlin und Potsdam benutzen. Zusätzlich gewährt sie *Ermäßigungen* bei

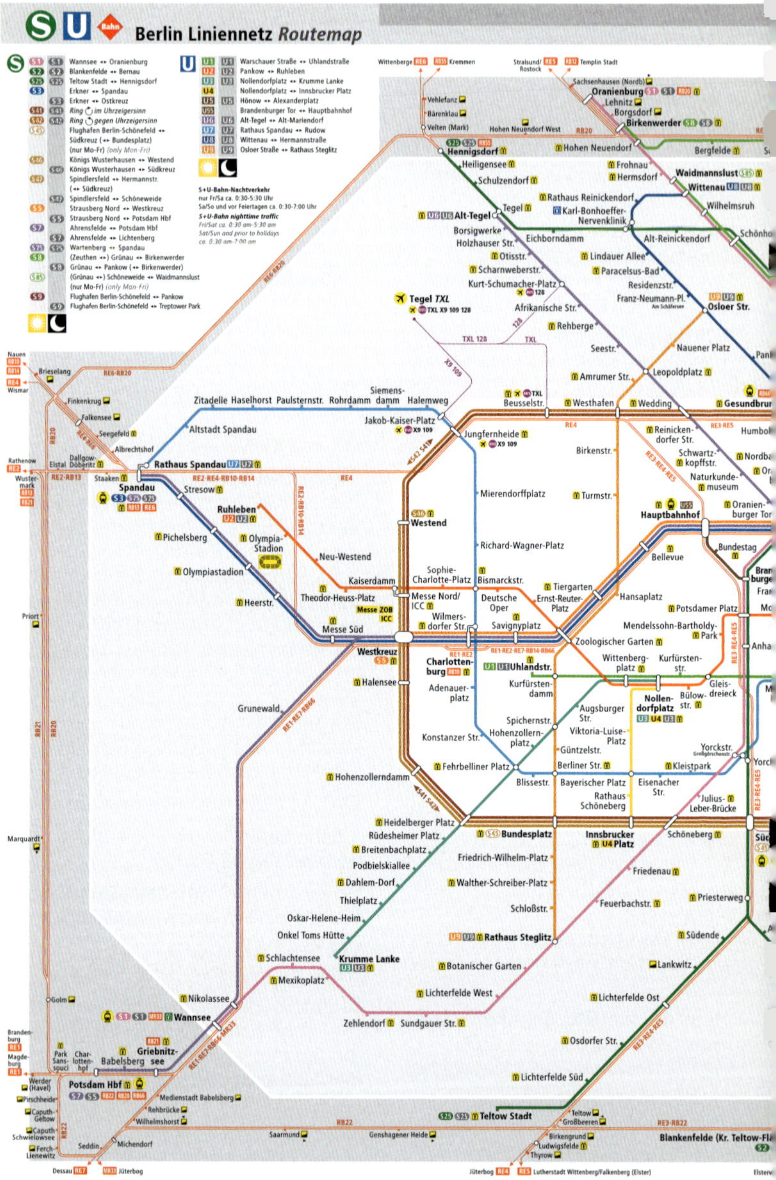

130 touristischen Stellen. Die Welcome-Card gibt's bei Berlin infostores [s. S. 163] Hotels, den Flughäfen, DB und BVG.

Fahrradverleih

Fahrradstation, Leipziger Str. 56, Friedrichstr. 95, Eingang Dorotheenstr. 30, Auguststr. 29 a (alle Mitte), Bergmannstr. 9 (Kreuzberg), Goethestr. 46 (Charlottenburg), Kollwitzstr. 77 (Prenzlauer Berg), Tel. 018 05/10 80 00 (0,14 €/Min.), www.fahrradstation.de

potsdam per pedales, Stationen am S-Bahnhof Griebnitzsee und am Hauptbahnhof von Potsdam, Tel. 03 31/748 00 57, www.pedales.de

Mietwagen

Die **ADAC Autovermietung** bietet Mitgliedern Mietwagen zu günstigen Kondi-

tionen. Buchungen in jeder *ADAC Geschäftsstelle* oder Tel. 089/76763434. Büros der großen Autovermieter gibt es an den Flughäfen:

AVIS, Budapester Str. 43 (Charlottenburg), Tel. 030/2309370, www.avis.de

Europcar, Kurfürstenstr. 101 (Schöneberg), Tel. 030/2350640, www.europcar.de

Sixt, Budapester Str. 45, Europa-Center, (Charlottenburg), Tel. 01805/252525 (0,14 €/Min.), www.sixt.de

Taxi

Taxi, Tel. 030/443322, 030/261026

Velotaxi, u.a. am Brandenburger Tor, Reichstag, Alexanderplatz, Tel. 030/23550077, www.velotaxi.de. Mit Muskelkraft durch Berlin kutschiert. Zwei Passagiere, leichtes Gepäck.

Register

Impressum

Chefredakteur: Dr. Hans-Joachim Völse
Textchefin: Dr. Dagmar Walden
Chef vom Dienst: Bernhard Scheller
Aktualisierung: Andreas Schimkus
Beiträge: Rolf Goetz, Renate Nöldeke, Christian Noß, Thomas Paulsen
Klappenkarten: ADAC e.V. Kartografie/KAR
Karten Innenteil: Huber Kartographie
Layout: Martina Baur
Herstellung: Ralph Melzer
Druck, Bindung: Rasch Druckerei und Verlag
Printed in Germany

Ansprechpartner für den Anzeigenverkauf: Kommunalverlag, München, Tel. 089/92 80 96 44

ISBN 978-3-89905-939-7

Neu bearbeitete Auflage 2012

Bildnachweis

Umschlag-Vorderseite: Reichstagkuppel und Quadriga auf dem Brandenburger Tor. Foto: Bildagentur Huber (Gräfenhain)

AKG: 129, 143 oben, 149 – Bildagentur Anzenberger: 85 oben (Fausto Giaccone) – archivberlin: 156 unten – Bildarchiv Preußischer Kulturbesitz:, 40, 4/2 (Wh. v. 41), 41 (Reinhard Görner), 81 (Jens Ziehe) – Constantin Beyer: 30 – Hans Christian Glave: 68, 83, 117 oben, 128 – ddp: 151 (Johannes Eisele) – Deutsches Technikmuseum Berlin: 99 (2)dpa, Picture Alliance: 59 (euroluftbild.de), 74 (Claudia Esch-Kenkel), 88/89 (Bernd Settnik), 101 unten (AKG), 117 unten (Jost Schilgen), 132 (Arno Burgi) – Ralf Freyer: 4 unten, 6 links, 2/1 (Wh. v. 23), 23, 29, 39, 3/1 (Wh. v. 42), 42, 106, 109, 3/3 (Wh. v. 111 oben), 111 oben, 148, 177 – Friedrichstadtpalast: 79 (Davids) – Galerie Deschler: 75 – Rolf Goetz: 107, 111 unten – Hausarchiv: 13 oben, 13 Mitte, 14, 15 oben, 150 – Hans Otto Theater: 160 – Bildagentur Huber: 9 unten, 25, 34, 67 (Gräfenhain), 71 (F. Damm), 80 (Gräfenhain), 92/93 (Mader), 96/97 (Bleyl), 134 (Gräfenhain), 138 (Damm), 154 (Gräfenhain) – Jupiterimages: 118 oben (K. Lehmann), 159 (Gräfenhain), 161 oben (Frima) – KulturBrauerei Berlin: 87 – laif: 7 oben (Kirchner), 6/7 (Zielske), 8 unten, 2/2 (Wh. v. 9 oben), 9 oben (Max Galli), 10/11 (Langrock/Zenit), 11 unten (Neumann), 15 unten (Langrock/Zenit), 16/17 (Zielske), 18/19 (Galli), 24 (Adenis/Gaff), 28 (Galli), 31 (Boening/Zenit), 35 (Chavakis), 48 (Neumann), Umschl.-Rücks. re., 52/53 (Zielske, Wh. von S. 6/7), Umschl.-Rücks. li. (Gerhard Westrich, Wh. v. S. 54), 56 (Craig/Rea), 61 oben (Kirchner), 61 unten (Boening/Zenit), 62/63 (Butzmann), 65 unten (Adenis/Gaff), 69 (Boening/Zenit), 73 (Galli), 78 (Baltzer/Zenit), 86 (Polaris), 90 (Galli), 95 (Boening/Zenit), 3/2 (Wh. v. 101 oben), 101 oben (Neumann), 3/2 (Wh. v. 112/113), 112/113 (Kirchner), 114 oben, 115, 116, 119 (Galli), 121 (Adenis/Gaff), 122/123 (Riehle), 127 (Westrich), 130/131 (Kirchner), 141, 146/147 (Neumann) – LOOK: 20 (Rainer Martini), 22, 27, 3/4 (Wh. v. 58), 58 (Max Galli), 120 (Karl Johaentges), 145 oben (travelstock44) – Mauritius: 21, 33, 36/37 (imagebroker net), 76 (Otto Werner), 85 unten (imagebroker net), 88 (Gerd Schnürer), 104, 124 (imagebroker net), 136 (Hackenberg), 152 (Reiner Elsen), 153 (Gerd Schnürer), 161 unten (imagebroker net) – Museum für Naturkunde der Humboldt-Universität zu Berlin 82 (Volker Kreidler) – Neumeister Photographie: 65 oben, 133 – Ostkreuz, Berlin/Fotofinder: 51 (Leo Seidel) – Günter Schneider: 44, 47, 77, 125, 140, 143 unten, 167 – Staatliche Museen zu Berlin–Preußischer Kulturbesitz: 13 unten (Kunstbibliothek), 38 unten (Ägyptisches Museum) – Stiftung Preußische Schlösser und Gärten Berlin-Brandenburg: 155 unten (Wolfgang Pfauder), 157 unten (Leo Seidel) – Superbild, Taufkirchen: 44/45, 49 (Geopress) – Süddeutscher Verlag/Bilderdienst (DIZ): 12, 13 oben links – Theater des Westens, Stage Entertainment: 118 unten – Tierpark Friedrichsfelde: 2/4 (Wh. v. 103), 103 (Klaus Rudloff) – Ullstein Bild: 55 (Bienert), 126 (N.N.), 145 unten (Fromm), 156 oben (Insadco/Kroeger), 157 (Sachse) – Alexander Walter: 155 oben – Michael Weber: 38 oben – Ernst Wrba: 114 unten

1 Tag in Berlin

Am Vormittag ist ein Bummel über den **Kurfürstendamm** oder eine Shopping-Tour durch die Einkaufstempel der **Friedrichstraße** oder des **Potsdamer Platzes** eine gute Idee. Auch fürs Auge wird überall eine Menge

geboten. Nachmittags kann man sich in die Schlangen all jener einreihen, die an einer offiziellen **Stadtrundfahrt** teilnehmen wollen. Ebenso interessant und – je nach Busfahrer genauso informativ – ist aber auch eine Fahrt mit dem Bus Nr. 100 ab **Bahnhof Zoo**. Der kommt an der **Siegessäule**, am **Schloss Bellevue**, an **Reichstag** und **Brandenburger Tor** vorbei, fährt dann über den Boulevard **Unter den Linden** zum **Alexanderplatz**. Einen Schnupperkurs in Sachen Hauptstadt hat man nun schon einmal gemacht. Ein süßer Tipp zur Abrundung noch: Köstliche Kuchen gibt's im **Operncafé**, das Unter den Linden in das ehem. Prinzessinnenpalais lockt. Und Orientalisches Flair bietet die **Tadschikische Teestube** im nahen Palais am Festungsgraben.

1 Wochenende in Berlin

Freitag: Nach der Ankunft über den **Ku'damm** schlendern, Schaufenstergucken und Shoppen in den zahlreichen Boutiquen und Kaufhäusern des Viertels rund um den Boulevard. Im Anschluss sollte man im **Café Einstein** (resp. **Café Kranzler**) ein Tässchen nehmen oder im **KaDeWe** die verführerische Feinschmeckeretage und das Restaurant mit Aussicht erkunden.

Am Nachmittag geht es dann nach obligatorischer **Stadtrundfahrt** auf Kiez-Erkundung. Eine für Berlin typische quirlige Atmosphäre zeichnet vor allem **Prenzlauer Berg**, **Kreuzberg** und **Friedrichshain** aus. Wer eher das Historisch-Gediegene sucht, kann das **Nikolaiviertel** in Mitte besuchen. Am Abend stehen reichlich **Unterhaltungsmöglichkeiten** zur Auswahl: Boulevardkomödien, Theater, Kinos oder Kabaretts und Musicals.

Samstag: Der Tag beginnt mit einem Bummel über den **Flohmarkt an der Straße des 17. Juni**. Ob Leinenbettwäsche, alte Lampen oder kostbares Geschirr – auf der Suche nach einem besonderen Souvenir wird hier sicher jeder fündig. Nicht entgehen lassen sollte man sich auch den Besuch in mindestens einem der grandiosen Berliner **Museen**. Mit gleich mehreren weltberühmten Sammlungen wartet die **Museumsinsel** in Berlin-Mitte auf: Bode-Museum, Pergamonmuseum, Alter Nationalgalerie,

Altem und Neuem Museum – im letztgenannten lockt die Nofretete. Auf dem **Kulturforum** beim Potsdamer Platz ist es die opulente Gemäldegalerie. Kunstfreunde haben da die Qual der Wahl. Nach so viel Kulturgenuss ist am Abend eine lukullische Stärkung willkommen. Wie wäre es etwa mit französischer Küche, genossen im **Borchardt** am malerischen Gendarmenmarkt?

Sonntag: Bei gutem Wetter ist eine Tour zum **Wannsee** ideal, von dort kann man eine Schiffsfahrt nach Potsdam oder zur **Pfaueninsel** unternehmen. Ein hübscher Spazierweg führt von der Insel am Havelufer entlang

zum **Schloss Glienicke**. Im **Blockhaus Nikolskoe** sollte man zur Pause einkehren. Spielt das Wetter nicht mit, ist ein Besuch in **Schloss Charlottenburg** mit seinen herrlichen Sammlungen in den prächtigen Sälen eine gute Alternative.